KB180423

한국어 흉내말의 이해

한국어 흉내말의 이해

박 동 근

도서출판 역락

책을 내면서

이 책은 글쓴이의 박사학위 논문인 '현대국어 흉내말의 연구'(건국대학교 대학원 1997년 2월)의 일부 내용을 고치고 제목을 바꾸어 다시 내는 것이다.

글쓴이의 흉내말에 대한 관심은 학부 시절로 거슬러 올라간다. 과제를 위해 서초동의 국립도서관에서 자료를 찾다가 우연히 휜들링그의 「한국어의 의성·의태어 연구」를 접하게 되었다. 마침 자료 신청을 하고 기다리던 중이어서 심심풀이로 책을 읽기 시작했다. 대부분 독일어로 쓰여 있어 읽을 수 있는 부분은 앞부분의 요약 정도였지만, 학부 기간 동안 어느 수업에서도 들어보지 보지 못했던 한국어의 흉내말에 대한 설명이 나의 주의를 끌기에 충분했으며 짧은 지식으로나마 휜들링그의 설명에 의심이 생기기도 하였다. 이러한 의심은 결국 학부 논문으로부터 시작해서 석사학위 논문과 박사학위 논문을 거쳐 지금에 이르기까지 내 연구의 주된 대상이 되었다.

사실 이 책을 내기로 마음 먹은 것은 꽤 오래 전이다. 그때는 학위논문에서 다루지 않았던 역사 부분을 더 연구한 후에 보완하여 낼 셈이었다. 하지만 하나의 완성된 체계로 구상된 논문에 역사 부분을 추가하는 것이 오히려 전체 체계를 깰 수 있다는 생각이 들었고, 결국 책을 내는 일을 잠정 보류하였다.

그렇게 묵혀 두었던 논문을 책으로 내기 위해 다시 읽어나가면서 스스로 기특함과 부끄러움이 교차하였다. 돌이켜 보건대 학위논문을 쓸 때는 요령을 피우지 않고 순수하게 공부 자체에만 목적을 두었던 가장 열정적인 시기였던 만큼 지금 보아도 그 결과물이 제법 당당하다. 이 책을 준비

하면서 개인적으로 얻은 가장 큰 성과는 그간의 안일함에 대해 스스로 반성할 수 있는 기회가 되었다는 점이다. 한편, 어설픈 설명이나 특히 엉터리 문장들, 수많은 오타 등은 누가 볼까 얼굴이 화끈거린다.

공부하는 사람에게 가장 큰 행운은 훌륭한 스승을 만나는 일일 것이다. 그런 점에서 나는 큰 행운아인 셈이다. 새로운 학문에 대한 쉼 없는 열정을 보여주시는 김승곤 선생님, 부족한 제자를 늘 귀하게 여기시고 현명하게 판단할 수 있도록 이끌어 주시는 조오현 선생님, 학부 시절 처음 국어학에 눈을 뜨게 하고 학문의 좌표가 되어 주시는 권재일 선생님, 자상한 지도와 학자로서 늘 귀감이 되어주시는 최남희 선생님은 이 책이 세상에 나올 수 있게 한 분들이다. 특히 이 책을 쓰는 데 큰 학자이신 허웅 선생님의 지도를 받을 수 있었던 것은 두고두고 영광이다.

1차 교정지를 보내고 3년 간이나 묵묵히 기다려 주신 이대현 사장님, 재미없고 까다로운 논문을 예쁘게 편집해 주신 김지향 님께도 감사드린다.

마지막으로, 평생 받기만 하고 자란 막내아들이 부모님께 처음으로 이 책을 드립니다.

2008년 8월 18일
박 동 근

차례

|제1장| 머 리 말

1. 연구 목적

이 책은 현대국어 흉내말[1]에 대한 종합적인 연구로, 현대국어 흉내말의 형태적 특성, 통어적 특성, 의미적 특성, 그리고 흉내말의 체계적 특성을 연구하는 것이 목적이다.

90년대 이전까지 흉내말에 대한 연구는 단일 주제로는 양적인 면에서 국어학의 다른 연구 분야에 비해 크게 뒤지지 않았으나, 대부분의 연구가 초학자들에 의한 단편적인 논의에 그쳐 비중 있는 성과를 얻지 못했을 뿐 아니라 방법론적으로도 큰 진전이 없었다. 그러나 90년대 들어 국어학의 연구 대상으로서 흉내말에 대한 관심이 높아지기 시작했고, 기존의 단편적인 연구에서 벗어나 새로운 접근 방법이 시도되기도 했으며, 90년대 중반에는 국내에서 다섯 편의 박사학위 논문이 비슷한 시기에 발표되기도 했다(김홍범 1995, 김인화 1995, 이영석 1995, 김중섭 1995, 이문규 1996).[2]

---

1) '흉내말'은 이 밖에 '상징어', '시늉말'이라고도 한다. '의성어', '의태어'를 포괄하는 개념으로 '상징어'(symbolic word)가 더 일반적으로 사용되지만 이 글에서는 '흉내말'이라는 용어를 쓰고자 한다. 다만 앞선 연구를 직접 인용하는 등, 필요에 따라 이들 용어들을 모두 사용할 것이다(용어 문제에 대해서는 제1장 2.1.에서 다시 다루기로 하겠다).

2) 이 밖에 국외의 박사학위 논문으로 흰들링그(1985)와 이진성(1992)이 있다.

　　이러한 시점에서, 이 연구는 앞선 연구 성과를 바탕으로 출발하되 기존
연구와 차별성을 갖고자 새로운 방법론과 자료 해석을 통해 현대국어 흉
내말의 특성을 살펴보려는 것이다.

　　한국에서 발간된 큰사전류의 올림말 수는 일반적으로 35～40만에 이르
는데, 이 가운데 흉내말 수는 적어도 15,000개 이상이 될 것으로 보인
다.[3] 한국어의 흉내말은 이렇게 수적으로 풍부할 뿐만 아니라 모두 고유
어이면서 음운, 형태, 의미면에서 상당히 체계적인 모습을 보인다는 점에
서 연구 결과에 객관성을 기대할 수 있다. 또한, 흉내말 연구의 성과는
흉내말의 특성을 살피는 데 국한되는 것이 아니라 연구 결과를 한국어
낱말의 특성을 밝히는 데 유용하게 적용할 수 있다는 점에서 남다른 의
의를 갖는다.

2. 흉내말의 성격

2.1. 흉내말의 정의

　　언어기호의 일부는 그 소리가 실물과 직접 결합되어 있어서 그 소리가
실물을 표현하는 데 다른 소리로써 하는 것보다 더 적절한 것으로 느껴
지는 경우가 있다. 이렇게 소리와 뜻과의 관계가 필연적인 것으로 느껴지
는 언어 표현을 '음성상징'(sound symbolism)이라 하며(허웅, 1985 : 583), 이것
이 어휘적으로 실현되었을 때 이를 흉내말, 상징어, 의성·의태어, 음성상
징어, 시늉말 등으로 부른다.[4]

---

3) 여기서 말하는 흉내말이란 넓은 의미의 흉내말로 전통적인 어찌씨 흉내말 외에 파
　생형을 포함하는 것이다(흉내말의 영역에 대해서는 제1장 2.3.에서 다루기로 하겠
　다).

이 가운데 가장 일반적으로 사용되는 용어는 의성어·의태어의 상위 개념으로 쓰이는 상징어이다. '상징'(symbol)은 크게 두 가지 개념으로 사용된다. 하나는 기호(sign)와 그것이 나타내는 지시물과의 관계가 관습적 혹은 자의적일 때 그 기호를 말하는 것이고, 다른 하나는 어떤 대상이 의미하는 바를 그와 상응하는 다른 지시물에 연상적으로 표현하는 일을 말한다.

그런데 상징어를 의성어와 의태어의 상위어로 파악할 때, 자연계의 소리를 직접 흉내낸 의성어는 그 대상이 되는 자연계의 소리와 어휘를 구성하는 음성형식이 연상 관계에 있는 것이 아니라 오히려 해당 언어의 음운체계가 허용하는 범위 안에서 직접적이며 필연적이다. 그러므로 '상징어'라는 용어는 의성어가 갖고 있는 '소리'와 '의미'와의 직접적인 특성을 지시하기에 적당하지 않다.

한편 상징어의 정의에 준해 하위어인 의태어를 모양이나 상태를 '상징'한 말이라고 한다면 움직임이나 상태를 지시하는 관습적인 풀이말과의 경계가 분명하지 않다. 또한 '상징'이라는 용어는 일반적으로 여기서 다루는 '음성상징'보다는 "빨간색은 정열을 상징한다", "노란색은 위험을 상징한다"처럼 '개념 상징'의 경우에 더 적극적으로 사용된다. 글쓴이는 이러한 이유로 상징어란 용어를 버리고 흉내말이라는 용어를 사용하기로 하겠다. 이는 국어의 흉내말의 실체는 '상징'이 아니라 '모방(흉내)'이라는 글쓴이의 입장을 더 잘 나타내는 용어이기도 하다.

흉내말의 정의에 앞서 우리가 먼저 분명히 해 두어야 할 것은 첫째, 흉내말이 비록 소리와 개념간의 유연성을 기본 성격으로 하고 있지만 그 역시 언어의 규범성(사회성)에서 완전히 자유로울 수는 없다는 점이다.5)

---

4) 물론 이들 용어가 모두 대등한 가치로 사용되는 것은 아니다(이에 대해서는 김인화, 1995 : 5〜7 참조).

5) 어떤 대상을 음성으로 모방하는 것은 적어도 한 언어의 음운 구조에서 벗어날 수 없으며, 이렇게 만들어진 어휘도 사회적으로 인정을 받아야 한다.

둘째, 이 글에서 앞으로 다루게 될－그리고 실제 앞선 연구자들이 다루어 왔던－모양흉내말[6]들의 상당수는 명백히 일반 낱말에서 파생된 것임에도 불구하고 이들을 흉내말로 다룰 것이라는 점이다.[7] 이는 흉내말을 발생학적인 입장에서 음성상징의 실현으로 본다면 마땅히 제외되어야 할 것이나, 일반 낱말에서 파생된 모양흉내말도 흉내말이 갖는 일반적인 특성을 두루 갖추고 있으며, 일반 언중 또한 전형적인 흉내말과 일반 어휘에서 파생된 흉내말을 구별하지 않으며, 또 이들이 흉내말 발달의 한 면을 보여준다는 점에서 매우 중요하기 때문이다. 그러므로 우리가 여기서 내리게 될 흉내말의 정의는 이러한 사실을 모두 포함하는 것이다.

이러한 입장에서 이 글에서는 다음과 같이 흉내말의 정의를 내렸다.

(1) '흉내말'의 정의
  흉내말은 자연계의 소리를 그와 유사한 음성으로 모방하여 관습화된 '소리흉내말'과, 소리 이외의 모양이나 상태를 특정한 음운으로 모방했거나, 모방했다고 인식되는 '모양흉내말'을 두루 일컫는 국어의 특수한 낱말군이다.[8]

---

6) 간접모방의 의태어에 대한 토박이말 용어로는 '짓흉내말'이 주로 사용되어 왔다. 그런데 '짓'은 '동작'이나 '행위' 등의 개념을 갖는데 반해, 실제 의태어의 영역은 동작성 외에 촉감(따끔), 심적 상태(답답), 겉모습(뚱뚱, 삐쩍) 등의 상태성을 포함하므로 이를 포괄하는 용어로 '짓흉내말'은 부적당하다고 판단된다. 실제 국어사전에서도 모양흉내말에 대한 풀이는 '무엇 무엇하는 모양(꼴)' 등으로 되어 있다. 그러므로 여기서는 기존에 사용해 오던 '짓흉내말'이라는 용어를 버리고 동작성과 상태성을 포괄할 수 있는 '모양흉내말'이라는 용어를 사용하였다.

7) 이러한 낱말로는 '굽실'(굽다), '기웃'(기울다), '흔들'(흔들다) 등이 있는데 이에 대한 처리는 '제1장 2.3. 흉내말의 영역'에서 좀더 구체적으로 다루기로 하겠다.

8) 이 밖에 흉내말에 대한 최근의 정의를 들면 다음과 같다.
  "음성상징어는 의미에 해당하는 감각을 음(혹은 음운)으로 모사·상징하는 어휘로서 음운교체, 첩용, 접사에 의한 파생 등의 형태적 특성을 갖는다"(김인화, 1995 : 5).
  "음성기호와 개념 사이에 얼마간의 필연적 관계를 가지는 상징어는, 무별성인 자연이나 동물의 소리와 유별성인 사람의 음성 자체가 가지는 청각적인 영상(개념)을 그대로 분절음소로 떠베끼는 소리흉내말과 어떤 상태나 움직임 등의 모양인 시각형상을 청각영상으로 바꾸어 분절음소로 떠베끼는 모양흉내말이 있다. 이 둘을 베낌의 대상에서 보면 소리흉내말이나 모양흉내말이 되나 결과적인 언어기호 쪽에

2.2. 흉내말의 판단 조건

흉내말 여부에 대한 판단은 모국어 화자라면 직관적으로 내릴 수 있는 것이 일반적이지만, 그 판단이 모두 일치하는 것은 아니다. 이에 대해 서상규(1993), 김홍범(1995), 김인화(1995)에서는 다음과 같이 흉내말 판단 기준을 제시하였다.

이를 표로 비교해 보면 다음과 같다.

〈표 1〉 흉내말의 판단 기준

판단 기준	흉내말	일반 낱말
① 기본의미의 바뀜이 없이 홀·닿소리 대응으로 말맛의 차이를 갖는다.	동실둥실 / 둥실동실 반짝반짝 / 빤짝빤짝	빨갛다 / 뻘겋다, 노랗다 / 누렇다, 이것 / 요것, 저것 / 조것
② 반복형이 어찌씨가 된다.	깡충깡충, 덜덜, 바들바들, 낑낑	조각조각, 조용조용, 차츰차츰
③ '-하다, -거리다, -대다, -이다'와 결합하여 풀이씨가 된다.	반들반들하다, 번쩍거리다 / 대다, 꿈적이다	충동(衝動)거리다, 질탕(跌宕)거리다
④ 임자말과 부림말 선택이나, 풀이말 수식에 제약이 높다.	고개(머리)를 끄덕이다. 깜짝 놀라다 / 텅 비다.	

보면 음소상징어(음성상징어)이다. 따라서 이 글에서는 상징과 피상징 사이에 상당한 자의성이 존재하는 경우는 상징어의 범주에서 제외하고, 음성상징어만을 상징어로 규정한다"(김홍범, 1995 : 2).
"상징어 : 음성상징과 형태상징을 아울러 가지는 어휘"(이문규, 1996 : 16~17).
ㄱ. 음성상징 : 음운의 자질과 의미의 유연성 - 덜컥 / 달칵.
ㄴ. 형태상징 : 형태의 양과 의미의 유연성 - 덜컥 / 덜커덕 / 덜컥덜컥.
흉내말에 대한 지금까지의 정의는 흉내말이 음성상징의 실현임을 전제하고 있다. 하지만 우리의 기대와는 달리 아직까지 국어의 흉내말에서 소리와 음운과의 대응관계가 명확히 밝혀진 것이 없으며, 위의 연구자들도 일반 낱말에서 파생된 모양 흉내말을 다루고 있어 스스로 내린 흉내말의 정의를 충실히 따르지 못하고 있다. 글쓴이가 본문에서 흉내말의 정의를 "모방했거나, 모방했다고 인식되는 모양흉내말"이라고 정의한 것은 이러한 점을 고려한 것이다.

⑤ 어찌씨로 쓰일 경우, 풀이말과의 사이에 '하고, 하니, 하게' 따위의 형식이 같이 쓰일 수 있다.	툭하고 떨어지다. 땅하고 소리가 나다. 휑하니 달려가다.	
⑥ 말뿌리가 그대로 풀이씨가 되거나, 되풀이꼴로도 쓰인다.	흔들다 / 흔들흔들 더듬다 / 더듬더듬	
⑦ 말뿌리에 뒷가지 '–앟다 / 엏다'가 붙어 그림씨를 파생하는 경우, 그 말뿌리가 위에 든 것과 같은 다른 조건들을 만족시키는가.	간지럽다 / 간질간질 어지럽다 / 어질어질 시끄럽다 / 시끌시끌	
⑧ 음성 자체가 의미를 지니는 어휘군이다.		
⑨ 언어가 표현하는 여러 의미 중 감각을 그 의미 내용으로 하는 어휘군이다.	따르릉(청각), 반짝(시각), 따끔(촉각), 퀘퀘(후각), 쌉쓸(미각), 답답(심각)	울리다(청각), 뛰다(시각), 따갑다(촉각), 쿠리다(후각), 짜다(미각), 우울하다(심각)

위의 표에서 ①, ②, ③, ④는 네 연구자가 공통적으로 제시한 흉내말 판단 기준이고 ⑤, ⑥, ⑦은 서상규(1993)에서, ⑧, ⑨는 김인화(1995)에서 제시한 흉내말 판단 기준이다.9)

그러나 위와 같은 흉내말 판단 기준은 흉내말을 일반 낱말과 구분할 수 있는 필요충분조건이 되지 못한다. 먼저 ①의 의미 기준을 만족하는 것은 흉내말뿐 아니라 일반 낱말에서도 찾아 볼 수 있으며, ②의 형태적 기준도 마찬가지이다. 오히려 흉내말 가운데 많은 수가 음운 대응쌍을 갖지 않으며,10) 반복형을 취할 수 없는 흉내말이 존재한다.

---

9) 이 밖에 이문규(1996 : 17)에서는 다음과 같이 제한적인 흉내말 조건을 제시하였다.
　ㄱ. 자음이나 모음의 일부 자질이 어감 결정의 요인으로 작용할 것.
　ㄴ. 첩용형으로 쓰일 수 있을 것.
10) 이에 대해서는 제5장 '흉내말의 체계적 특성'에서 다루도록 하겠다.

다만, ③의 낱말만들기 조건은 흉내말을 판단하는 객관적인 기준으로 삼을 만하다(단, '-하다'의 경우는 다양한 선행 범주를 취하므로 적당하지 않다). 『우리말 큰사전』에서 '충동(衝動)-거리다', '질탕(跌宕)-거리다' 등의 예외를 발견할 수 있지만 비적격한 어휘로 판단된다. 한편 '들락-거리다'의 '들락'은 '들다'에서 이음씨끝 '-락'이 결합한 형으로 보이는데 이를 흉내말로 처리할 수 있을지는 좀더 깊이 검토할 필요가 있다. 일부 예외가 있긴 하지만, '-거리다, -대다'의 결합 가능성은 흉내말을 판단하는 '충분조건'으로 삼을 만하다. 다만 '*꽁꽁거리다', '*벌러덩거리다', '*꼬끼오거리다' 등과 같이 모든 흉내말이 '-거리다, -대다'와 결합할 수 있는 것이 아니므로 이 역시 흉내말을 판단하는 제한적인 기준이다. ④의 통어적 기준은 정도성의 문제가 있으므로 역시 정밀한 기준이 되지 못한다. ⑥이나 ⑦은 일반 낱말과 파생관계에 있는 것이므로 이들을 흉내말로 처리할 수 있을지 논의되어야 한다. ⑧은 흉내말 판단 기준이라기보다는 흉내말의 정의에 가깝고, ⑨의 의미적 기준은 오히려 일반 낱말과 흉내말의 구분을 어렵게 한다.

이에 대해 김홍범(1995)에서는 흉내말을 판단하는 데 있어, 흉내말의 개념에 부합되며 앞에서 제시한 흉내말 판단 기준(①, ②, ③, ④) 가운데 2개 이상을 충족하는가를 복합적으로 고려한다고 하였다. 그러나 여기에서 '2개 이상'이라는 기준 역시 근거가 분명하지 않다. 실제 앞선 연구자들이 다룬 흉내말 목록을 보면 흉내말을 선정하는 데 연구자의 자의적인 판단에 의존하고 있음을 볼 수 있다.

이러한 점에서 지금까지 성공적인 흉내말 판단 기준은 제시되지 못한 것 같다. 그것은 흉내말의 정의 자체가 형식이나 기능에 대한 것이 아니라 심리적인 데 있기 때문이다.[11] <표 1>에 제시된 각각의 판단 기준은

---

11) 채완(1993)에서는 흉내말의 범위를 한정짓기 어려운 것은 그 정의 자체가 모호하기 때문이라고 지적하였다. 특히 모양흉내말(의태어)의 경우 어디까지를 모방이라 할 수 있을지 불분명하며, 모방의 개념을 어떻게 인식하느냐에 따라 극단적으로

흉내말의 일반적인 특성임에는 틀림없지만 그것은 흉내말에 대한 연구 결과이지 그에 선행하는 흉내말의 판단 기준이 아니다.

우리의 목적은 이미 존재하는 흉내말의 특성을 연구하는 것이지 몇 가지 형식적인 기준을 미리 정해 놓고 거기에 흉내말을 맞추는 것이 아님에 주의하여야 한다. 그러므로 <표 1>의 조건들이 흉내말을 판단하는 데 참고가 될 수는 있겠지만 절대적인 조건은 되지 못한다. 결국 일반 낱말과 흉내말을 구별하는 일은 연구자의 주관적인 직관에 의존할 수밖에 없을지도 모른다.12) 이는 흉내말 연구에서 첫 번째 부닥치는 문제이며, 어찌 보면 음성상징 문제와 관련하여 최종적으로 해결해야 할 과제이기도 하다.

이러한 한계를 인정하면서도 이 글 역시 나름대로의 흉내말 판단 조건을 제시하고자 한다. 이는 결국 <표 1>에서 제시된 흉내말의 일반적인 특성이 고려될 수밖에 없을 것이다. 다만 이 글에서는 앞에서 보인 흉내말의 특성이 모두 대등한 가치를 갖는 것이 아니라 '정도'에 있어서 보다 흉내말적인 특성과 그렇지 못한 것이 있다는 점에 주목하여 이를 단계적으로 적용하기로 하겠다. 이를 보이면 다음과 같다.

(2) **흉내말 판단의 기본 조건**
① '-거리다/대다'가 결합할 수 있는가.
② 홀·닿소리의 갈음에 의해 말맛을 달리하는 대응 낱말을 갖는가.
③ 반복형식을 갖는가.

첫 번째는 흉내말 판단의 절대조건이라 할 만하다. 이 기준에 만족하는 형식은 흉내말로 보아 크게 틀림이 없다. 이를 통과하지 못한 낱말들은 다음 두 번째 조건을 고려한다. 그러나 <표 1>에서 살펴보았듯이 ②의

는 모든 움직씨와 그림씨가 모양흉내말이 될 수 있다는 점에서 과연 모양흉내말 이라는 범주가 필요한지조차 의심할 수 있다고 보았다.
12) 흉내말 판단의 개인 차이는 오히려 음성상징론의 연구 대상이 될 수 있을 것이다.

특성은 일반 낱말에도 나타나므로, 이들은 다시 흉내말의 영역을 어디까지 포함시킬 것인가에 따라 재검토하여여야 한다. 세 번째 조건 역시 흉내말의 대표적인 특징이지만 일반 낱말에서도 볼 수 있는 형식이므로 이 역시 흉내말의 영역에 대한 재검토가 요구된다.[13)

문제는 이 세 조건 가운데 하나도 만족하지 못하는 일부 형식에 대한 처리이다. 이는 여전히 개인의 판단에 의존할 수밖에 없는 영역으로 남는다.

2.3. 흉내말의 영역

우리는 앞에서 흉내말의 정의 자체가 형식이나 기능에 의한 것이 아니라 심리적이기 때문에 흉내말 판단의 객관적 기준을 세우기가 매우 어렵다고 보았다. 또 흉내말 특성의 '정도'를 고려하여 단계적으로 흉내말을 설정하더라도 여전히 개인이 주관적으로 판단해야 할 영역이 남는다는 한계를 인정하였다. 이제 우리가 할 일은, (2)에 제시한 흉내말 판단 조건을 만족하는 낱말 가운데서 일반 낱말을 가려내는 작업과 우리의 연구가 목표하는 바에 맞도록 흉내말의 영역을 설정하는 것이다.

먼저, 흉내말의 영역을 세우는 데 검토해야 할 사항을 들면 다음과 같다.

(3) **흉내말 영역 설정의 검토 대상**
① 모양흉내말의 설정 문제
ㄱ. 일반 낱말과의 구분 문제
ㄴ. 일반 낱말에서 파생된 흉내말의 처리
ㄷ. 심적 태도를 모방한 말에 대한 처리
② 흉내말의 층위 문제
③ 흉내말의 범주 문제

---

13) <표 1>에 제시된 그 밖의 기준들은 '정도성'으로 보면 오히려 일반 낱말에서 더 널리 볼 수 있는 특성이므로 흉내말 여부를 판단의 조건으로 삼기에는 부적합하다고 본다.

흉내말 판단에 대한 화자의 인식은 크게 세 가지로 나눌 수 있다. 첫째
는 한국어 화자라면 누구나 흉내말로 판단하는 데 이의가 없는 경우로
'꼬끼오, 따르릉, 야옹야옹' 같은 소리흉내말이나 '둥실둥실, 벌떡, 주렁주
렁'과 같은 전형적인 모양흉내말이 이에 속한다. 둘째는 한국어 화자라면
누구나 자의적인 일반 낱말로 인식하는 데 이의가 없는 '나무, 하늘, 꽃,
사람' 등이다. 이 두 가지는 흉내말의 영역을 경계 짓는 데에 문제가 되
지 않는 부분이다.

셋째는 화자에 따라 흉내말로 인식하느냐 일반 낱말로 인식하느냐에
차이를 보이는 경우이다. 이러한 부류의 낱말들은 다시 몇 가지로 나눌
수 있다. 먼저 어찌씨로 1) '가득, 문득, 얼른, 훨씬, 선뜻'과 같은 유형이
며, 둘째, 반복형식을 갖는 2) '소리소리, 막막하다, 은은하다, 줄줄이, 서
서히'류이며, 셋째, 일반 낱말과 파생 관계에 있는 3) '들먹들먹, 울먹울
먹, 큼직큼직, 길쭉길쭉, 본척만척, 들락날락, 오락가락' 등이다. 이러한 부
류의 낱말은 연구자에 따라 흉내말 목록에 포함시키거나 그렇지 않았던
것들이다.

이들을 흉내말로 처리하는 데 차이를 보이는 것은 위와 같은 부류의
낱말들이 흉내말이 갖고 있는 일반적인 특성을 어느 정도 갖고 있기 때
문이다. 1)의 부류는 흉내말의 가장 전형적인 씨범주가 어찌씨라는 점에
서 일치한다. 특히 의미상 양태성 어찌씨의 경우에는 흉내말인지 아닌지
를 판단하기가 더욱 어렵다. 2)의 부류는 흉내말의 대표적인 구성 방식이
반복형을 취한다는 점에서 흉내말로 인식되는 경우이다. '소리소리'의 '소
리'는 명백히 일반 낱말임에도 불구하고 우인혜(1990)에서는 이를 흉내말
로 다루고 있는데 형식의 유사성에 이끌린 태도라 생각된다. 마찬가지로
'막막(寞寞)하다', '은은(殷殷)하다', '서서(徐徐)히'14) 등의 한자 어휘가 흉내
말로 인식되는 것은 일반인들에게 이들이 한자어라는 지식이 충분하지

---

14) 특히 '서서히'는 비슷한 의미의 흉내말 '천천히'와 형식이 동일하여 보다 쉽게 흉
     내말로 인식되는 것 같다.

않은 데다 흉내말과 마찬가지로 반복형을 취하고 있기 때문이라 생각한다. 1) 부류의 낱말들에 대한 흉내말 판단은 여전히 우리의 직관에 의지할 수밖에 없다.[15] 2) 부류의 낱말들이 때로 흉내말로 다루어지는 경우가 있었으나 어원이 분명한 한자어나 명백히 자의적인 낱말의 반복형은 흉내말 목록에서 제외되어야 한다.

일반 낱말과 파생 관계를 갖는 3) 부류의 낱말들은 다시 다음과 같이 몇 가지 유형으로 나누어 볼 수 있다.

(4) 일반 어휘에서 파생된 흉내말다운 낱말

ㄱ. 굽실굽실(굽다), 기웃기웃(기울다), 들썩들썩(들다)
ㄴ. 오락가락, 붉으락푸르락, 들락날락, 엎치락뒤치락
ㄷ. 큼직−, 먹음직−, 파릇파릇, 노릇노릇
ㄹ. 간질간질(간지럽다), 시끌시끌(시끄럽다)
ㅁ. 더듬더듬(더듬다), 흔들흔들(흔들다), 부풀부풀(부풀다), 구불구불(구불다)

(4ㄱ)의 '굽실굽실', '기웃기웃', '들썩들썩'은 모두 움직씨 '굽다', '기울다', '들다'에서 파생된 낱말들이다. 만약 우리가 흉내말의 '음성상징'을 순수히 발생학적 측면에서 본다면 이들은 흉내말로 볼 수 없을 것이다. 그러나 (4ㄱ)의 낱말들은 흉내말의 일반적인 특성을 갖고 있고,[16] 이들이 비록 발생학적으로는 음성상징에 기초하고 있지 않다 하더라도 현대 화자의 직관에 음성상징적 가치를 갖는 것으로 판단된다. 이는 글쓴이가 (1)

---

15) 이들 부류의 흉내말은 '가득'이 '그득'의 대응쌍을 갖는 것을 제외하고는 (2)에서 제시한 '흉내말 판단의 기본 조건'을 만족하지 못하고 있다. 이 글에서는 흉내말의 형식적인 조건을 만족하지 못하여 글쓴이의 판단에 의지하여야 할 경우에는 되도록이면 흉내말의 목록에 포함하는 입장을 취하였다. 이는 가능하면 개인적인 판단에 의해서 누락되는 흉내말이 없도록 하기 위해서이다.

16) 이들은 (2)에서 제시한 흉내말 판단 조건을 모두 만족하는 낱말들이다.
굽실굽실 / 곱실곱실 / 꿉실꿉실 / 굽실−거리다
기웃기웃 / 갸웃갸웃 / 끼웃끼웃 / 기웃−거리다
들썩들썩 / 달싹달싹 / 뜰썩뜰썩 / 뜰썩−거리다

에서 제시한 흉내말의 정의에도 부합되는 것이다. 실제 앞선 연구들에서
도 이들을 흉내말의 목록에 포함하는 데는 별 이의가 없었다.

(4ㄴ) 부류의 낱말들은 일반 낱말에 뒷가지가 결합하였다는 점에서 (4ㄱ)
과 외형적으로는 비슷하나, 이와는 다소 다른 형식상의 특성을 갖는다. (4
ㄴ)의 '붉으락푸르락'이나 '들락날락'은 일반 낱말에 '-락'이 결합하여 하
나의 낱말이 되었고 흉내말 '꼼지락꼼지락'이나 '조물락조물락'의 '-락'과
동일한 형식을 취하고 있으며, 유음반복형을 갖는다는 점에서 구성상 흉내
말처럼 인식된다. 그러나 이때 '-락'의 성질은 (4ㄱ)의 것과 다르다. 전형적
인 흉내말에 결합한 '-락'은 홀소리어울림 규칙에 따라 앞 형식이 음성의
홀소리이면 '-럭'으로 교체되어, '꼼지럭꼼지럭', '주물럭주물럭'의 형식을
갖는다. 이에 반해, (4ㄴ)에서의 '-락'은 앞에 오는 형식의 음양성에 관계
없이 모두 양성의 '-락'으로만 나타난다. 이는 (4ㄴ)의 '-락'이 '꼼지락'이
나, '조물락'의 '-락'과 달리 씨끝이기 때문이다.17)

마찬가지로 (4ㄷ)의 '큼직'은 움직씨나 그림씨와 광범위하게 결합하여
'그럴듯함'의 의미를 갖는 뒷가지 '-(음)직'이 결합한 일반 낱말이다. '파릇
파릇'이나 '노릇노릇'은 각각 '파랗-', '노랗-'에 'ㅅ'이 결합하여 이루어
진 것으로 '기웃기웃'이 '기울다'에서 파생된 것과 같으며, 또 홀소리 대응
쌍을 갖는다는 점에서 흉내말의 특성을 갖추었다고 할 수 있다. 그러나 이
연구에서는 색채어 줄기를 갖고 있는 낱말들은 연구 대상에서 모두 제외하
겠다. 색채어의 풍부한 파생력은 한국어의 한 특성으로, 이는 별도로 논의
될 만한 주제이기 때문이다. 그러므로 (4ㄴ, ㄷ)의 낱말들은 우리의 흉내말
목록에 포함되지 않는다.18) (4ㄹ, ㅁ)의 낱말들은 모두 일반 낱말과 뒷가지
파생 혹은 영파생의 관계를 갖는 것으로 본 연구에서는 이들을 모두 흉내말

---

17) 권재일(1992)에서는 이때의 '-락'을 '-으락~-으락'의 형식으로 중첩 구성을
    실현하는 내포문 씨끝으로 다루었다. 사전에 올림말로 되어 있는 (4ㄴ)의 낱말들
    은 씨끝 결합형이 어휘화된 것이라 하겠다.
18) 『우리말 갈래사전』, 『조선말 의성·의태어 분류 사전』 등에는 '들락날락', '오락
    가락'이 흉내말로 실려 있다.

연구의 영역에 포함하겠다. 이러한 태도는 이 논문의 목적 가운데 하나가 흉내말의 형태론적 특성으로서 흉내말의 다양한 파생형을 살펴보는 것이기 때문이다. 이 밖에 심적 태도를 나타낸 '섭섭하다, 답답하다, 갑갑하다'도 이 연구에서는 모두 흉내말 목록에 포함하였다.

다음은 흉내말의 층위 문제이다. 이 글에서는 흉내말이 낱말 층위의 범주임을 분명히 하였다. 앞선 연구들에서는 흉내말의 층위에 대해 분명히 언급하고 있지 않지만 내용으로 미루어 대부분 낱말로 파악하고 있음을 알 수 있다.

이때, 다음과 같은 부류의 낱말들에 대한 처리가 문제된다.

(5) 깜깜하다, 단단하다, 쌀쌀하다, 환하다, 빤하다

우리가 흉내말을 낱말 층위의 범주로 정의했을 때, (5)의 낱말들에서 '-하다'를 제외한 '깜깜-', '단단-', '쌀쌀-' 등은 전형적인 흉내말과 같이 직관적으로 음성상징의 실현으로 판단된다. 하지만 그것만으로는 자립할 수 없기 때문에 이를 자립성을 가진 '흉내말(낱말)'이라 할 수 없다. 반면에 '깜깜하다, 단단하다, 쌀쌀하다'는 자의적인 뒷가지 '-하다'를 포함하고 있기 때문에 이들 전체를 흉내말로 보는 것 또한 전형적인 흉내말이 대부분 어찌씨라는 점에서 만족스럽지 못하다.

서상규(1993)에서는 '깜깜-, 단단-, 쌀쌀-, 환-, 빤-' 등과 같은 의존 형식을 별도의 언급 없이 흉내말로 다루고 있다. 이에 반하여 김홍범 (1995 : 16)에서는 (5)와 같은 부류의 낱말은 그 흉내 요소나, 파생형 모두를 흉내말 목록에서 제외하였다. '어지럽다' 등에서 '어질-'과 '-업다'로 분석하여 '어질'을 흉내말로 기술하는 태도도 공시적 관점에서 인정할 수 없고, 다만 '어질어질'은 쓰임이 가능하다고 보았다.[19]

---

19) 이러한 처리로 볼 때 김홍범(1995)에서의 관점은 흉내말을 낱말 층위의 범주로 파악하고, 흉내 요소로만 이루어지며, 공시적으로 자립성을 갖는 형식에 대해서만

이 글에서는 유형 (5)의 낱말들을 모두 본 연구의 대상으로 삼는다. (5)의 형식에서 '깜깜-, 단단-, 쌀쌀-, 환-, 빤-' 등은 자립성이 없다는 점을 제외하고는 전형적인 흉내말과 다름없이 음성상징적 가치를 갖고 있다고 판단된다. 다만 이 글에서는 전형적인 흉내말과 뒷가지의 결합 없이 자립할 수 없는 형식을 구분하기 위하여 가지(접사)를 제외한 요소, 즉 '깜깜-, 단단-, 쌀쌀-' 등은 '흉내형식'이라고 부르고, '-하다' 등이 결합한 '깜깜하다, 단단하다, 쌀쌀하다'는 흉내형식으로만 이루어진 전형적인 어찌씨 흉내말과 구분하기 위하여, '풀이씨 흉내말'이라고 불러 '넓은 의미의 흉내말' 영역에 포함하도록 하겠다.20)

이러한 관점에서 이 글에서 다루는 흉내말은 다음과 같은 영역을 포함한다.

(6) 흉내말의 파생형(넓은 의미의 흉내말의 영역)
ㄱ. 가득히, 푸근히, 쓸쓸히, 말끔히, 삐죽이
ㄴ. 뚱뚱보, 꿀(꿀)돼지, 멍멍개, 복슬강아지, 부슬비, 반짝가수, 깜짝쇼
ㄷ. 간지럽다(간질간질), 시끄럽다(시끌시끌)
ㄹ. 흔들다(흔들흔들), 더듬다(더듬더듬), 시들다(시들시들)

(6ㄱ)의 보기들은 흉내형식에 어찌씨 파생의 뒷가지 '-이/히'가 결합한 어찌씨 흉내말로 '-이/히' 파생은 '-하다, -대다, -거리다, -이

흉내말로 인정한 듯하다. 그러나 김홍범(1995 : 22)의 <붙임7>에 제시한 '한국어 상징어 목록'에는 낱말로서의 자립성을 갖지 못한 형식들이 많이 올라 있다(보기 : *강장 / 강장강장, *거들 / 거들거들, *근들 / 근들근들, *그물 / 그물그물).
20) 김석득(1995)에서는 '달랑달랑-하다', '뒤뚱-거리다' 등과 같이 뒷가지가 결합한 낱말들은 전형적인 어찌씨 흉내말과 그 통어 기능을 달리하므로 흉내말로 볼 수 없다고 하였다. 그러나, 비록 흉내말의 가장 대표적인 씨범주가 어찌씨이기는 하나 흉내말은 기능 범주가 아니므로 씨범주를 기준으로 흉내말을 규정할 수 없으며, 실제 국어의 흉내말은 다양한 통어 범주로 실현된다(이에 대해서는 3장 '흉내말의 통어적' 특성에서 다시 다룬다). 국어의 흉내말이 대부분 어찌씨로 나타나는 것은 국어의 유형론적 특성으로 보인다.

다' 파생 다음으로 높은 생산성을 보이는 흉내말 파생법이다. 이 밖에 (6
ㄴ)과 같이 다양한 파생접사와 합성법에 의해 새로운 낱말을 만들 수 있
다. 이들은 모두 이 글의 연구 대상이 된다. (6ㄷ)의 '간지럽다, 시끄럽다'
는 표면적으로 흉내형식이 잘 드러나지 않지만 '간질간질', '시끌시끌' 등
과 비교해 볼 때 파생 관계가 분명히 드러나므로 흉내형식을 가진 낱말
로 판단하고 연구 대상으로 삼는다. (6ㄹ)의 영파생 관계를 갖는 '흔들다',
'더듬다', '시들다'는 이들이 현재 움직씨와 다름이 없지만, 그들이 '흔들
흔들', '더듬더듬', '시들시들' 등과 비교할 때 모두 흉내형식 '흔들', '더
듬', '시들' 등을 포함하고 있다는 점에서 연구 대상으로 삼는다.

이러한 처리에 대해서는 다소 부정적인 견해를 가질 수도 있겠으나, 이
글이 목표로 하는 흉내말의 형태적, 통어적, 의미적, 체계적 특성을 규명
하기 위해, 이들의 상호 관계를 살펴보는 것은 방법론상 매우 유용하다.
우리가 국어에서 흉내말이 발달했다고 하는 것은 단순히 전형적인 어찌
씨 흉내말의 수가 많기 때문만이 아니라, 매우 다양하면서 체계적인 파생
흉내말들을 갖고 있기 때문이다. 이 연구는 이러한 다양한 파생형에 관심
을 갖는다.

마지막으로 범주 문제에 있어, 흉내말의 씨범주는 어찌씨에 국한되는
것이 아니라 다양한 범주로 실현된다. (6)의 파생 흉내말 외에도 흉내형
식만으로 이루어진 '뽀뽀', '삐삐' 등의 이름씨 흉내말이 있으며, 소리흉내
말의 경우 매김씨로 기능하는 경우도 적지 않다.[21]

(7) '흉내형식'과 '흉내말'
① 흉내형식 : 흉내 요소로만 이루어진 형태론적 단위.
② 좁은 의미의 흉내말 : 흉내형식으로만 이루어진 어찌씨(일반적인 개
  념의 흉내말).
③ 넓은 의미의 흉내말 : 흉내형식을 갖고 있는 낱말.

---

21) 이에 대해서는 제3장 '흉내말의 통어적 특성'에서 다루기로 하겠다.

2.4. 기초 자료의 통계적 검토

국어는 매우 방대한 흉내말 자료를 갖고 있다. 흉내말의 목록으로 박용수(1989)에서는 모두 3,863개의 낱말을 수록하고 있으며, 조선어연구회 편(1971)에는 3,780개, 연변언어연구소(1982)에는 8,286개, 아오야마(1990)에서는 8,800개, 김홍범(1995)에서는 4,640개의 흉내말을 싣고 있다.

이들의 흉내말 목록 수가 서로 다른 것은 흉내말의 설정 기준과 목록 수집의 목적 및 자료 수집의 적극성 등에 차이를 보이기 때문이다. 예를 들어 박용수(1989)의 『우리말 갈래사전』에서는 '-하다, -거리다, -대다'나 어찌씨 파생의 뒷가지 '-이/히'의 결합형 등은 표제어로 삼지 않고, 흉내형식만으로 이루어진 흉내말만을 표제어로 삼았다. 그런데 단순형과 반복형의 올림말 설정에는 일관성이 없는 듯하다. 예를 들어 '글썽'과 '글썽글썽'을 모두 올림말로 수록한 데 반해 '가득가득'은 있지만 실제 더 자주 쓰이는 '가득'은 빠져있다. 이에 반해 아오야마(1990)는 파생 흉내말(이 글에서 말하는 넓은 의미의 흉내말)을 올림말로 삼고 있다.

이러한 방대한 자료를 체계적이며 효과적으로 연구하기 위해서는 먼저 이들 전체에 대한 계량적인 검토가 필요하다.[22]

이 연구에서는 우리의 통계가 일관된 기준에 의해 이루어질 수 있도록 '흉내뿌리'를 계량의 단위로 삼았다.[23]

(8) ㄱ. 꾸벅 / 꾸벅꾸벅
ㄴ. *따끔 / 따끔따끔
ㄷ. *끈끈 / 끈끈하다

만약 흉내말의 계량 단위를 낱말 층위로 삼는다면, (8ㄱ)의 흉내말과 같

---

22) 어휘의 계량적 연구의 필요성에 대한 의의 및 방법은 김광해(1993 : 67~103) 참조.
23) 여기서 '흉내뿌리'란 흉내말의 반복형을 구성하는 단순형식을 말한다. '흉내뿌리'의 설정에 대해서는 제2장 '흉내말의 형태적 특성'에서 다시 논하기로 하겠다.

이 단순형과 반복형 모두 자립성을 갖는 경우에는 '꾸벅'과 '꾸벅꾸벅' 2
개로 계산되고, (8ㄴ)과 같이 단순형이 자립성을 갖지 못하는 경우 '따끔'
은 흉내말에서 제외되므로 '따끔따끔'은 1개로 계산되며, (6ㄷ)의 '끈끈—'
처럼 자립성이 없는 흉내형식은 대상에 제외되는 불합리함이 있다.

이 연구를 위한 자료의 수집은 크게 두 가지 차원에서 이루어졌다. 첫째
는 사전을 통해 전체 흉내뿌리의 목록을 작성하는 일이며, 둘째는 문헌 조
사를 통해 수집한 흉내말과 그 흉내말이 쓰인 (월)을 조사하여 실제 쓰임을
살피는 것이다. 형태적 특성에 대한 연구는 모든 가능한 파생형을 검토한
다는 점에서 사전에 수록된 전체 흉내말 목록이 유용하며, 통어적 특성에
대한 연구는 실제 통어적 기능을 살핀다는 점에서 문헌에서 뽑은 자료를
대상으로 하는 것이 효과적이다. 물론 두 유형의 자료는 상호 보완적이다.

실질 조사는 1990년 이후에 출판된 '단편소설', '수기', '방송대본·시나리
오', '대화', '신문' 등을 대상으로 하였다. 조사 문헌의 종류에 따라 사용되는
흉내말의 쓰임에 다소 차이가 있었는데, '소설'류의 경우에는 장르의 성격상
작가의 자의적인 사용이 자주 눈에 띄었다. 흉내말의 사용이 가장 자연스러
운 자료는 '수기'와 '방송대본'이었다. 방송대본에서는 대화보다 지문에 흉내
말이 많이 나타나는데 지문의 성격상 완전한 월을 보이지 않는 경우가 많으
므로 '수기'가 가장 적당한 연구 문헌으로 판단된다.[24]

여기서 사용한 문헌 자료의 출전을 보이면 다음과 같다.

〈단편 소설〉
- 조성기(1991), 우리시대의 소설가, 『1991 이상문학상 수상작품집』, 문
  학사상사.
- 김지원(1991), 물이 물 속으로 흐르듯, 『1991 이상문학상 수상작품집』,

---

24) 흉내말이 가장 적극적으로 사용되는 분야는 '시'와 '만화'이다. 하지만 이들에서
사용되는 흉내말은 비형식적인 경우가 많아 일반적인 흉내말의 쓰임을 반영한다
고 보기 어렵다. 물론 이러한 쓰임이 흉내말의 한 특성으로 파악될 수 있지만 이
연구의 목적에는 맞지 않으므로 자료 수집의 대상에서 제외하였다.

문학사상사.
- 윤정선(1991), 기차와 별, 『1991 이상문학상 수상작품집』, 문학사상사.
- 이승우(1991), 세상 밖으로, 『1991 이상문학상 수상작품집』, 문학사상사.
- 이인성(1991), 마지막 연애의 상상, 『1991 이상문학상 수상작품집』, 문학사상사.
- 이문열(1992), 시인과 도둑, 현대문학상 수상.
- 최 윤(1992), 회색 눈사람, 동인문학상 수상.
- 송기원(1993), 아름다운 얼굴, 동인문학상 수상.
- 박완서(1993), 꿈꾸는 인큐베이터, 현대문학상 수상.
- 최수철(1993), 얼음의 도가니, 『1993 이상문학상 수상작품집』, 문학사상사.
- 김지원(1993), 구렁이 신랑과 그의 신부, 『1993 이상문학상 수상작품집』, 문학사상사.
- 송하춘(1993), 청량리 역, 『1993 이상문학상 수상작품집』, 문학사상사.
- 이승우(1993), 해는 어떻게 뜨는가-망구스족 이야기-, 『1993 이상문학상 수상작품집』, 문학사상사.
- 하창수(1993), 수선화를 꺾다, 『1993 이상문학상 수상작품집』, 문학사상사.
- 최 윤(1994), 하나코는 없다, 『1994 이상문학상 수상작품집』, 문학사상사.
- 공선옥(1994), 우리생애의 꽃, 『1994 이상문학상 수상작품집』, 문학사상사.
- 공지영(1994), 꿈, 『1994 이상문학상 수상작품집』, 문학사상사.
- 박완서(1994), 가는 비, 이슬비, 『1994 이상문학상 수상작품집』, 문학사상사.
- 오정희(1994), 옛 우물, 『1994 이상문학상 수상작품집』, 문학사상사.
- 구효서(1994), 깡통따개가 없는 마을, 창작문학상 수상.
- 윤후명(1995), 하얀 배, 『1995 이상문학상 수상작품집』, 문학사상사.
- 김향숙(1995), 추운 봄날, 『1995 이상문학상 수상작품집』, 문학사상사.
- 서하진(1995), 제부도, 『1995 이상문학상 수상작품집』, 문학사상사.
- 성석제(1995), 내 인생의 마지막 4.5초, 『1995 이상문학상 수상작품집』, 문학사상사.
- 윤대녕(1995), 피아노와 백합의 사막, 『1995 이상문학상 수상작품집』, 문학사상사.
- 최인석(1995), 노래에 관하여, 『1995 이상문학상 수상작품집』, 문학사

상사.
- 윤대녕(1996), 천지간, 『1996 이상문학상 수상작품집』, 문학사상사.
- 김이태(1996), 궤도를 이탈한 별, 『1996 이상문학상 수상작품집』, 문학사상사.
- 김형경(1996), 담배 피우는 여자, 『1996 이상문학상 수상작품집』, 문학사상사.
- 성석제(1996), 첫사랑, 『1996 이상문학상 수상작품집』, 문학사상사.
- 은희경(1996), 빈처, 『1996 이상문학상 수상작품집』, 문학사상사.
- 이순원(1996), 말을 찾아서, 『1996 이상문학상 수상작품집』, 문학사상사.
- 차현숙(1996), 나비, 봄을 만나다, 『1996 이상문학상 수상작품집』, 문학사상사.

〈수기〉
- 『포도주와 사랑은 묵을수록 맛이 있더라』, (1994), KBS 제2라디오 "안녕하세요, 김홍신-김수미입니다" 편지글 모음, 시공사.
- 『MBC 여성시대 편지 모음』, (1995), 『그래, 산다는 건 이런거야』, 다섯수레.
- 『재미 있는 세상』, (1995), MBC FM 박소현의 FM 데이트, 시대평론.

〈방송 대본·시나리오〉
- 송지나(1995), 『모래시계』.
- 김한석(1995), 『아까딴 유』, SBS 창사 5주년 기념 드라마 극본 최우수 당선작.
- 김상진 외(1995), 『마누라 죽이기』

〈신문〉
- 조선일보(1994. 10. 20일자) : 조사 월 : 모두 674월
- 동아일보(1994. 10. 19일자) : 조사 월 : 모두 1,008월

〈대화〉
- 대화 (1) P와 J의 25분 간의 대화 : 조사 월 : 모두 346월
- 대화 (2) "밤과 음악 사이" 1994년 10월 20일 방송(25분). 조사 월 : 모두 415월

〈사전〉
• 『우리말 큰사전』, (1992), 한글학회[25]

먼저 『우리말 큰사전』(1992)에서 뽑은 '흉내뿌리'의 빈도수는 다음과 같다.

(9) 흉내뿌리의 수 : 모두 3,627개
　　모양흉내뿌리 : 2,540개 (70.0%)
　　소리흉내뿌리 : 708개 (19.5%)
　　소리 / 모양흉내뿌리 : 379개 (10.4%)

여기서 '소리 / 모양흉내뿌리'란 사전에서 '~하는 소리 또는 그 꼴'로 뜻풀이 되어 있는 흉내말로 다음과 같은 보기들이 이에 해당한다.

(10) 가랑가랑, 낄낄, 잘가당, 주룩주룩, 지끈, 쪼르륵, 첨벙, 홀짝홀짝,
　　　후르륵 등

이들은 대부분 소리흉내말을 기원으로 하며 그 소리를 내는 동작에까지 연상적으로 의미가 확대된 것으로 보인다. 이들은 기원상 소리흉내뿌리로 처리하는 방법도 있겠으나 사전의 처리를 그대로 따랐다.

흉내뿌리에 대한 조사 결과, 모양흉내뿌리가 2,540개로 전체 흉내뿌리 3,627개 가운데 70%를 차지하여 흉내말에서 차지하는 비중이 소리흉내말에 비해 훨씬 높음을 알 수 있다. 또 모양흉내뿌리가 다양한 음운을 이용하는 데 비해 소리흉내뿌리는 된소리를 사용하는 빈도가 특히 높으며, 기본형태를 일부 변형한 경우가 많아 소리흉내말은 모양흉내말에 비해 수적으로나 형식의 다양성 면에서 떨어진다.

이렇게 수집한 흉내뿌리를 대상으로 음절 수에 따른 자립성을 조사하였다.

---

25) 이 글에서 전체 흉내말의 빈도수 조사와 뜻풀이는 주로 『우리말 큰사전』의 것을 따랐다.

〈표 3〉 흉내뿌리의 음절 수 및 자립성 조사　　　단위 : 개(%)

뿌리 음절수	모양흉내뿌리		소리흉내뿌리		소리/ 모양흉내뿌리		모두
1음절	295 (11.6)	57 / 238	158 (22.3)	79 / 79	56 (14.8)	18 / 38	509 (14.0)
2음절	1,805 (71.1)	484 / 1321	266 (37.6)	176 / 90	204 (53.8)	104 / 100	2,275 (62.7)
3음절	404 (15.9)	129 / 275	267 (37.7)	227 / 41	102 (27.0)	91 / 11	773 (21.3)
4음절	33 (1.3)	30 / 3	10 (1.4)	10 / 0	15 (3.6)	15 / 0	58 (1.6)
5음절	3 (0.1)	0 / 3	7 (1.0)	7 / 0	2 (0.5)	2 / 0	12 (0.3)
모두	2540		708		379		3,627

　　〈표 3〉에서 ‘ / ’ 앞의 수는 자립성을 갖는 흉내뿌리의 수이고 ‘ / ’ 뒤의 수는 자립성이 없는 흉내뿌리의 수이다. 조사 결과를 살펴보면, 2음절의 흉내뿌리가 가장 많고 다음이 3음절 흉내뿌리 순인데 2음절 흉내뿌리와 3음절 흉내뿌리를 합한 것이 전체 흉내뿌리 가운데 84%를 차지한다. 또 1음절 흉내뿌리는 전체의 14%로 나타났으며 4음절 흉내뿌리나 5음절 흉내뿌리의 수는 매우 적다.

　　소리흉내뿌리와 모양흉내뿌리의 비교에서, 소리흉내뿌리는 모양흉내뿌리에 비해 1음절 흉내뿌리와 3음절 흉내뿌리의 빈도가 상대적으로 높다.

　　다음 표는 음절 수에 따른 흉내뿌리의 자립도를 살펴본 것이다.

<표 4> 음절 수에 따른 흉내뿌리의 자립도 　　　　　단위 : %

음절수＼뿌리	모양흉내뿌리	소리흉내뿌리	소리/모양흉내뿌리	모두
1음절	19.3	50.0	32.1	30.3
2음절	26.2	66.2	50.9	33.6
3음절	31.9	85.0	89.2	57.8
4음절	90.9	100	100	94.8
5음절	0	100	100	75.1
모두	27.5	70.3	60.7	39.4

흉내뿌리의 자립성은 평균 39.4%인데 모양흉내뿌리는 27.5%로 평균보다 낮은 데 반해 소리흉내뿌리의 자립성은 70.3%로, 소리흉내말의 경우 단순형의 자립성이 높게 나타났다. 5음절의 모양흉내뿌리를 제외하고는 음절 수가 많을수록 흉내뿌리의 자립성이 높은 것을 볼 수 있다. 소리/모양흉내뿌리는 통계상 모양흉내뿌리와 소리흉내뿌리의 중간 수치를 보였다.

여기서 흉내뿌리를 우선 검토 대상으로 삼은 것은, 흉내말은 흉내뿌리를 바탕으로 하여, 단독으로 혹은 반복으로 새 흉내말을 만들 뿐만 아니라 일반 형태소와의 파생과 합성으로 새 낱말을 만드는 데 기본이 되는 형식이기 때문이다.

이 글에서 전체 흉내말의 수는 이차적인 문제이다.[26] 보다 중요한 것은 우리가 조사한 흉내뿌리들이 어떻게 낱말의 자격을 갖게 되며, 어떻게 월 구성에 참여하게 되는지를 검토하는 일이다.

문헌 자료를 대상으로 한 통계적 검토는 노마 히데키(1991)와 서상규(1993)에서 이루어진 바 있다. 노마 히데키(1991)는 17편의 소설에서 흉내말의 출현 빈도수를 조사한 바 있는데 조사한 2,692개의 월 중에서 462

---

26) 전체 흉내말의 수는 이들 흉내뿌리의 파생 규칙을 세운다면 예측이 가능할 것이다.

개의 월에 흉내말이 쓰이고 있어, 그 비율은 평균 17.16%에 이르며(서상규, 1993) 서상규(1993)는 1980년 이후에 간행된 표준어 중심의 입말이 잘 반영된 문헌을 대상으로 흉내말을 조사하여 다음과 같이 출현 빈도수를 제시하였다.

〈표 5〉 서상규(1993), 흉내말의 빈도

소 설	21,403월	3,734용례	17.45%
방송수기	7,433월	1,473용례	19.79%
대본·시나리오	7,581월	7,58용례	6.91%

글쓴이는 1990년 이후에 발표된 문헌을 대상으로 흉내말을 갖고 있는 6,458개의 월을 수집하였다. 문헌에 따른 흉내말의 출현 빈도수는 소설이나 방송수기에 있어서는 글쓴이의 조사가 서상규(1993)와 크게 다르지 않을 것으로 보인다.

서상규(1993)에서 제시되지 않은 신문과, 실제 대화에서의 흉내말 출현 빈도만을 보이면 다음과 같다.

〈표 6〉 대화와 신문에서의 흉내말 사용 빈도

대 화	1,681월	25용례	1.48%
신 문	761월	58용례	7.62%

소설 문장에서 사용된 흉내말의 출현 비율이 17.45%인 데 반해 대화에서는 1.48%로, 대화에서는 흉내말의 사용 빈도가 매우 낮은 것을 볼 수 있다. 이는 흉내말이 입말보다는 글말의 성격을 갖는다는 것을 보여 준다. 일반 담화에서 흉내말의 사용 빈도가 낮은 것은, 담화 상황에서 말하는 이와 듣는 이는 시각이나 청각 등의 정보로 현장에서 공유하고 있으므로 감각어인 흉내말의 사용이 그다지 필요하지 않기 때문이다.

여기서 다시 검토해야 할 것은 전체 용례에서 각 흉내말의 출현 빈도를 살펴보는 것이다. 이에 대한 앞선 연구로 서상규(1993)는 다음과 같은 기준에 의해서 흉내말의 출현 빈도를 조사하였다.

(11) 서상규(1993) : 흉내말 빈도 조사의 기준
① '-거리다, -대다, -하다, -앟다, -업다, -스럽다' 따위의 뒷가지가 붙어 풀이씨로 쓰인 것과 말뿌리(語根)가 그대로 뒤에 '-다'가 붙어 풀이씨로 쓰이는 것들은, 이들을 모두 떼고 말뿌리의 꼴로 통일하였다.
② '가만히, 곰곰이'와 같이, 어찌씨로 쓰이되 '-이, -히'를 생략해도 같은 뜻으로 쓰이는 것이나 '슬그머니', '우두커니'처럼 뒷가지 '-어니'를 분리시킨 말뿌리가 그대로는 시늉말로 쓰이지 않을 경우에는 이를 분리하지 않고 그대로 다루었다. 그러나 '-게'에 의한 어찌꼴은 그림씨로 다루었다.
③ '싱글벙글'과 같은 되풀이꼴은 모두 따로 다루었다.
④ '곱슬-머리'와 같이 이름씨의 일부를 이룬 것은, 뒤의 이름씨를 떼고 '곱슬'만 취하였다.
⑤ '이리 뒹굴 저리 뒹굴'과 같이 시늉말 사이에 어찌씨가 들어가 쓰인 것은 되풀이꼴인 '뒹굴뒹굴'로 다루었다.

여기서 글쓴이가 취한 흉내말 빈도수 계산 방법은 철저히 흉내뿌리를 단위로 하는 것이다. 서상규(1993)에서도 뒷가지를 제외한 부분을 계량의 단위로 삼는 것을 원칙으로 하여 글쓴이와 비슷한 점이 있으나(①, ⑤), '-이/히'를 분리하지 않은 점이나(②), 단순형태와 반복형태를 따로 계산하는 점(③) 등은 글쓴이가 취한 태도와 다르다. 특히 서상규(1993)에서는 홀·닿소리 대응형들은 하나로 묶어 빈도수로 계산하였으나, 이 글에서는 따로 처리하였다.

이러한 기준에 따라 조사한 결과, 흉내말을 갖고 있는 6,485개의 월에 쓰인 서로 다른 흉내뿌리의 수는 모두 1,240개였다.

(12) 총 용례 수 6,485개에서 흉내뿌리의 종류는 1,240개[27]

이 숫자는 『우리말 큰사전』에 실려 있는 총 흉내뿌리 3,627개의 34%에 해당하는 수이다. 이들의 출현 빈도를 상위 100위까지 보이면 다음과 같다.

〈표 7〉문헌에 나타난 흉내뿌리의 출현 빈도순(상위 100번째까지)

순위	흉내 뿌리	빈도 수	흉내말의 파생형
1	흔들	132	흔들흔들(2), 흔들거리다(2), 흔들다(79), 흔들리다(49)
2	움직	113	움직거리다(1), 움직이다(86), 움직임(26)
3	문득	113	문득(109), 문득문득(4)
4	가득	110	가득(74), 가득히(7), 가득하다(29)
5	천(천)	97	천천히(97)
6	따뜻	69	따뜻하다(68), 따뜻이(1)
7	휘	67	휘(2), 휘갈기다(1), 휘감다(8), 휘감돌다(1), 휘날리다(1), 휘늘어지다(1), 휘덮다(1), 휘돌다(3), 휘두르다(20), 휘둥그렇다(4), 휘말리다(2), 휘몰아치다(4), 휘번득거리다(1), 휘젓다(12), 휩싸이다(3), 휩쓸리다(3)
8	끄덕	64	끄덕거리다(6), 끄덕이다(58)
9	깨끗	44	깨끗이(16), 깨끗하다(28)
10	비틀	43	비틀비틀(8), 비틀거리다(25) 비틀대다(1)
11	더듬	43	더듬더듬(1), 더듬거리다(9), 더듬대다(1), 더듬다(32)
12	텅	43	텅(41), 탕(1)
13	불쑥	42	불쑥(39), 불쑥불쑥(3)
14	망설	42	망설이다(42)
15	부들	41	부드럽다(41)
16	단(단)	41	단단하다(24), 단단히(17)
17	벌떡	40	벌떡(40)

---

27) 글쓴이가 1994년 1차로 조사한 3,447개의 월에서는 모두 976개의 서로 다른 흉내뿌리를 얻을 수 있었다.

18	깜짝	37	깜짝(36), 깜짝깜짝(1)
19	툭	36	툭(20), 투욱(1), 툭툭(8), 툭하다(7)
20	잔뜩	36	잔뜩(36)
21	아득	36	아득하다(25), 아득히(11)
22	슬쩍	36	슬쩍(31), 슬쩍슬쩍(5)
23	엉뚱	35	엉뚱하다(35)
24	캄(깜)	34	캄캄하다(34)
25	환	31	환하다(23), 화안하다(1), 환히(7)
26	꼭	31	꼭(22), 꼬옥(9), 꼭꼭(3)
27	꼼짝	30	꼼짝(19), 꼼짝하다(3), 꼼짝없다(1), 꼼짝없이(7)
28	쓸(쓸)	29	쓸쓸하다(25), 쓸쓸히(4)
29	끔찍	29	끔찍하다(24), 끔찍스럽다(5)
30	우뚝	28	우뚝(26), 우뚝하다(2)
31	살짝	28	살짝(26), 살짝살짝(2)
32	반짝	28	반짝(6), 반짝반짝(4), 반짝하다(2), 반짝반짝하다(2), 반짝거리다(4), 반짝이다(10)
33	뒤척	28	뒤척거리다(1), 뒤척이다(27)
34	섭(섭)	26	섭섭하다(26)
35	푹	25	푹(19), 푹푹(5), 푸욱(1)
36	뚝	25	뚝(13), 뚝뚝(12)
37	얼핏	24	얼핏(24)
38	번쩍	24	번쩍(15), 번쩍번쩍(1), 번쩍하다(1), 번쩍거리다(3), 번쩍이다(4)
39	허둥	23	허둥거리다(6), 허둥대다(8), 허둥지둥(9)
40	비스듬	23	비스듬(1), 비스듬하다(1), 비스듬히(20)
41	꿈틀	23	꿈틀(1), 꿈틀꿈틀(2), 꿈틀거리다(17), 꿈틀대다(2), 꿈틀하다(1)
42	훌쩍	22	훌쩍(14), 훌쩍훌쩍(1), 훌쩍거리다(3), 훌쩍이다(4)
43	답(답)	21	답답하다(21)
44	시원	20	시원하다(16), 시원히(2), 시원스럽다(1), 시원스레(1)

45	멍	20	멍하다(12), 멍멍하다(4), 멍하니(7)
46	꽉	20	꽉(20)
47	벌컥	19	벌컥(14), 벌컥벌컥(5)
48	꾹	19	꾹(10), 꾸욱(1), 꾹꾹(8)
49	거칠	19	거칠다(19)
50	쭈글	18	쭈글쭈글(1), 쭈글거리다(2), 쭈글다(1), 쭈그러들다(1), 쭈그리다(13)
51	언뜻	18	언뜻(13), 언뜻언뜻(5)
52	슬그머니	18	슬그머니(18)
53	서성	18	서성거리다(9), 서성대다(1), 서성이다(8)
54	바싹	18	바싹(18)
55	뚱(뚱)	18	뚱뚱하다(11), 뚱뚱보(1), 뚱보(5), 뚱녀(1)
56	둥글	18	둥글둥글(1), 둥글둥글하다(1), 둥글다(14), 둥그렵다(1), 둥그레뭉실하다(1)
57	꼼(꼼)	18	꼼꼼하다(7), 꼼꼼스럽다(1), 꼼꼼히(10)
58	딱	18	딱(11), 딱딱(4), 딱딱거리다(2), 딱딱이(1)
59	활짝	17	활짝(17)
60	헐떡	17	헐떡거리다(5), 헐떡이다(12)
61	허겁	17	허겁지겁(17)
62	지겁	17	허겁지겁(17)
63	속삭	17	속삭속삭(1), 속삭이다(16)
64	뻣(뻣)	17	뻣뻣하다(17)
65	두리번	17	두리번(1), 두리번두리번(1), 두리번거리다(15)
66	끈(끈)	17	끈끈하다(4), 끈기(2), 끈끈이(1), 끈질기다(10)
67	획	16	획(10), 획획(6)
68	우르르	16	우르르(16)
69	얼룩	16	얼룩(3), 얼룩덜룩(1), 얼룩말(2), 얼룩무늬(3), 얼룩지다(4)
70	어렴풋	16	어렴풋하다(8), 어렴풋이(8)
71	씩	16	씩(7), 씨익(9)

72	싱(싱)	16	싱싱하다(16)
73	선뜻	16	선뜻(16)
74	달콤	16	달콤하다(16)
75	깜박	16	깜박(7), 깜박거리다(3), 깜박이다(6)
76	딱(딱)	15	딱딱하다(15)
77	팽(팽)	15	팽팽(1), 팽팽하다(13), 팽팽히(1)
78	우두커니	15	우두커니(15)
79	심(심)	15	심심하다(10), 심심찮다(4), 심심풀이(1)
80	시끌	15	시끌시끌하다(1), 시끌벅적(1), 시끌벅적하다(3), 시끄럽다(10)
81	뿌듯	15	뿌듯하다(15)
82	비슷	15	비슷비슷하다(2), 비슷하다(13)
83	머뭇	15	머뭇머뭇(2), 머뭇거리다(13)
84	글썽	15	글썽글썽(1), 글썽하다(1), 글썽거리다(2), 글썽이다(11)
85	힐끗	14	힐끗(13), 힐끗거리다(1)
86	튼(튼)	14	튼튼하다(13), 튼튼히(1)
87	엉거주춤	14	엉거주춤(12), 엉거주춤하다(2)
88	뽀(뽀)	14	뽀뽀(14)
89	빙	14	빙(5), 비잉(1), 빙빙(7)
90	물끄러미	14	물끄러미(14)
91	뚜렷	14	뚜렷하다(13), 뚜렷이(1)
92	뒹굴	14	뒹굴(1), 뒹굴다(1)
93	미끌	13	미끌거리다(1), 미끄럽다(2), 미끄러지다(1), 미끄러뜨리다(1)
94	깔(깔)	13	깔깔(2), 깔깔거리다(3), 깔깔대다(2)
95	흐뭇	13	흐뭇하다(13)
96	허우적	13	허우적거리다(6), 허우적대다(1), 허우적이다(1)
97	탁	13	탁(6), 탁탁(7)
98	축(축)	13	축축하다(12), 축축이(1)
99	싸늘	13	싸늘하다(13)
100	멀쩡	13	멀쩡하다(13)

모든 흉내형식에 대해 위와 같이 총 출현 빈도수와 파생형을 조사하여
흉내말 연구의 기초 자료로 삼았다.

이들은 다시 개별 흉내말의 출현 빈도에 따라 순서를 매길 수 있다. 이
때 높은 빈도수를 차지하는 것은 대체로 출현 빈도가 높은 흉내형식 가
운데 다양한 파생형을 갖지 않거나, 특정 파생형의 빈도가 높은 흉내말들
이다. 이를 표로 보이면 다음과 같다.

〈표 7〉 흉내말 파생어의 출현 빈도순

빈도순	흉내말	빈도순	흉내말	빈도순	흉내말	빈도순	흉내말
1	문득(109)	20	슬쩍(31)	39	툭(20)	58	시원하다(16)
2	천천히(97)	21	가득하다(29)	40	꽉(20)	59	찡그리다(16)
3	움직이다(86)	22	깨끗하다(28)	41	휘두르다(19)	60	딱딱하다(15)
4	흔들다(79)	23	뒤척이다(27)	42	꼼짝(19)	61	우두커니(15)
5	가득(74)	24	살짝(26)	43	푹(19)	62	뿌듯하다(15)
6	따뜻하다(68)	25	우뚝(26)	44	거칠다(19)	63	번쩍(15)
7	중얼거리다(64)	26	섭섭하다(26)	45	바싹(18)	64	두리번거리다(15)
8	끄덕이다(58)	27	움직임(26)	46	슬그머니(18)	65	둥글다(14)
9	흔들리다(49)	28	뚝(25)	47	허겁지겁(17)	66	훌쩍(14)
10	망설이다(42)	29	아득하다(25)	48	꿈틀거리다(17)	67	뽀뽀(14)
11	텅(41)	30	쓸쓸하다(25)	49	뻣뻣하다(17)	68	벌컥(14)
12	부드럽다(41)	31	비틀거리다(25)	50	단단히(17)	69	물끄러미(14)
13	벌떡(41)	32	얼핏(24)	51	활짝(17)	70	힐끗(14)
14	불쑥(39)	33	단단하다(24)	52	속삭이다(16)	71	뚜렷하다(13)
15	깜짝(36)	34	끔찍하다(24)	53	달콤하다(16)	72	뒹굴다(13)
16	잔뜩(36)	35	환하다(23)	54	우루루(16)	73	머뭇거리다(13)
17	엉뚱하다(35)	36	꼭(22)	55	싱싱하다(16)	74	튼튼하다(13)
18	캄캄하다(34)	37	답답(21)	56	선뜻(16)	75	비슷하다(13)

19	더듬다(32)	38	비스듬히(20)	57	깨끗이(16)	76	흐뭇하다(13)
77	언뜻(13)	83	멍하다(12)	89	헐떡이다(12)	95	뾰족하다(11)
78	싸늘하다(13)	84	뚝뚝(12)	90	바짝(11)	96	뚱뚱하다(11)
79	팽팽하다(13)	85	울먹이다(12)	91	딱(11)	97	찬찬히(11)
80	두근거리다(13)	86	생생하다(12)	92	아득히(11)	98	슬며시(11)
81	휘젓다(12)	87	후다닥(12)	93	확(11)	99	글썽이다(11)
82	엉거주춤(12)	88	축축하다(12)	94	가만히(11)	100	나란히(11)

이러한 상위 빈도수의 흉내형식에 대해 각각 대응하는 홀소리의 흉내형식의 출현 빈도수를 비교해 본 결과 양성 혹은 음성의 홀소리를 갖는 흉내말이 1) 홀소리 대응쌍을 갖지 않는 것, 2) 음성의 홀소리 쪽의 빈도수가 높은 것, 3) 양성의 홀소리의 빈도수가 높은 것, 4) 두 홀소리의 출현 빈도가 비슷한 것으로 나누어진다.

(13) 홀소리 대응쌍의 출현 빈도
① 홀소리 대응쌍을 갖지 않는 것
ㄱ. 양성홀소리의 흉내형식 : 망설(42), 잔뜩(36), 아득(36), 답답(21), 꽉(20), 바싹(18), 꼼꼼(18), 딱(18), 활짝(17), 속삭(17), 달콤(16), 깜박(16), 딱딱(15), 뽀뽀(14), 탁(13)
ㄴ. 음성홀소리의 흉내형식 : 움직(113), 문득(113), 휘(67), 더듬(43), 엉뚱(35), 끔찍(29), 섭섭(26), 얼핏(24), 허둥(23), 멍(20), 언뜻(18), 서성(18), 허겁(17), 끈끈(17), 우르르(16), 어렴풋(16), 선뜻(16), 뿌듯(15), 머뭇(15), 뒹굴(14), 흐뭇(13), 허우적(13)

② 양성홀소리의 빈도수가 높은 것

가득(110)	:	그득(0)
따뜻(69)	:	뜨뜻(2)
단단(41)	:	든든(10)
깜짝(37)	:	끔쩍(0)
감감(34)	:	컴컴(6)
꼭(31)	:	꾹(19)

환(31)	:	휜(7)
꼼짝(31)	:	꿈쩍(3)
싸늘(13)	:	써늘(0)

③ 음성홀소리의 빈도수가 높은 것

흔들(132)	:	한들(1)
천천(110)	:	찬찬(11)
끄덕(65)	:	까닥(2)
비틀(43)	:	배틀(0)
텅(42)	:	탕(0)
불쑥(42)	:	볼쏙(0)
부들(41)	:	보들(3)
벌떡(40)	:	발딱(0)
툭(36)	:	톡(2)
쓸쓸(28)	:	쌀쌀(11)
우뚝(28)	:	오똑(6)
뒤척(28)	:	되착(0)
푹(25)	:	폭(0)
꿈틀(23)	:	꼼틀(0)
뚝(25)	:	똑(0)
훌쩍(22)	:	홀짝(2)
벌컥(19)	:	발칵(1)
거칠(19)	:	가칠(0)
쭈글(18)	:	쪼글(5)
슬그머니(18)	:	살그머니(3)
뚱뚱(18)	:	똥똥(0)
둥글(18)	:	동글(4)
헐떡(17)	:	할딱(0)
뻣뻣(17)	:	빳빳(2)
두리번(17)	:	도리반(0)
얼룩(16)	:	알록(1)
우두커니(15)	:	오도카니(0)
글썽(15)	:	갈쌍(0)
튼튼(14)	:	탄탄(1)
물끄러미(14)	:	말끄러미(0)
멀쩡(13)	:	말짱(0)

④ 두 계열의 빈도수가 비슷한 경우

반짝(28)	:	번쩍(24)
살짝(28)	:	슬쩍(36)
또렷(10)	:	뚜렷(14)
촉촉(8)	:	축축(13)

　홀소리 대응쌍을 갖지 않는 흉내형식은 음성의 홀소리 쪽이 22개로 양성의 홀소리를 갖는 흉내형식 15개보다 많았으며, 대응형을 갖되 어느 한 쪽이 우세한 경우도 음성의 홀소리 쪽이 31개로 양성 쪽의 9개보다 높은 빈도수를 보여, 현대국어에서 음성홀소리를 가진 흉내말이 양성의 흉내말보다 상대적으로 높은 빈도로 사용됨을 알 수 있다. 대등한 비율로 사용되는 경우는 4개밖에 보이지 않았다.

　검토 결과, 전체적으로 음성홀소리쪽의 흉내말을 사용하는 빈도가 훨씬 높음을 알 수 있었다. 대응하는 양성의 흉내말과 음성의 흉내말이 고루 사용되는 경우는 매우 적었으며 어느 한 쪽이 우세하게 쓰이는 경우가 많았으며, 이 가운데는 비록 사전에 대응하는 흉내말이 표제어로 올라 있지만, 조사한 문헌에서는 용례가 한 번도 나타나지 않는 경우도 적지 않았다.

3. 연구 대상

　이 연구는 크게 흉내말의 형태적 특성 연구, 통어적 특성 연구, 의미적 특성 연구, 체계적 특성 연구로 구분된다. 음운적 특성에 대한 연구를 위해서는 별도로 장을 두지 않고 각각의 항에서 관련하여 논의하기로 하겠다.

[1] 흉내말의 형태적 특성 연구

흉내말의 형태적 연구는 두 가지 측면에서 접근한다. 먼저 '분석'의 관점에서 흉내말을 형태론적으로 가능한 차원까지 분석하고, 흉내말을 구성하는 최소 구성 단위(형태론적)의 설정에 대해 논하기로 하겠다.

다음은 '낱말만들기'의 관점에서 흉내말이 다른 형태소와 결합하여 새말을 파생하는 과정을 살펴보도록 하겠다.

[2] 흉내말의 통어적 특성 연구

흉내말의 통어적 특성 및 기능에 대한 연구도 크게 두 가지로 나누어 살펴보도록 하겠다. 먼저 흉내말의 다양한 통어적 범주를 살펴보고, 둘째, 실제 문헌 자료를 대상으로 월에서 흉내말 사용 빈도를 조사하고(이는 이미 앞에서 제시하였다), 이 가운데 빈도수가 높은 흉내말을 대상으로 풀이말 수식 제약, 대상어 선택 제약, 문형(흉내말의 위치) 등을 검토하겠다. 홀·닿소리 대응형에 대해서도 같은 기준으로 살펴보고 그 쓰임새를 비교해 보도록 하겠다.

[3] 흉내말의 의미적 특성 연구

흉내말의 의미를 실현하는 요소를 살펴보고 각 요소의 의미를 체계적으로 기술할 수 있는 방법을 모색한다. 이를 바탕으로 흉내말의 의미 구조를 제시하기로 하겠다.

[4] 흉내말의 체계적 특성 연구

흉내말의 가장 큰 특성은 다양한 측면에서 체계를 형성하고 있다는 점이다. 즉 홀소리 대응, 닿소리 대응, 규칙적 파생, 반복 구성 등은 흉내말을 흉내말답게 하는 요소이다. 흉내말은 일정한 규칙에 의해 지배되는, 의미·형식 면에서 성격을 같이하는 낱말떼들이 하나의 조직체를 이루고 있다. 그러나 이러한 조직체에는 실제 많은 빈칸들이 나타난다. 우리는 이들 체계에서 나타나는 빈칸들을 음운, 형태, 통어, 의미 면에서 검토하여 현대국어의 흉내말 체계에 나타나는 빈칸의 원인을 밝히고 빈칸이 갖는 국어학적 의의를 제시하고자 한다.

4. 연구 방법

[1] 이 연구는 앞선 연구의 검토에서 시작한다(흉내말에 대한 앞선 연구 논저는 뒤에 수록하였다).

[2] 자료의 수집 - 객관적인 연구는 객관적인 자료의 수집이 전제되어야 한다. 흉내말의 자료 수집은 ① 큰사전, ② 흉내말 사전, ③ 문헌·담화 자료 수집의 세 가지 방법으로 할 수 있다.

이들은 상호 보완적이다. 국어사전이나 흉내말 사전에서는 흉내말의 총 목록을 수집할 수 있지만 그것의 실제 쓰임이나 용법에 대해서는 잘 알 수 없고, 사전의 보수성으로 인해 현재 잘 쓰이지 않거나 혹은 부정적인 자료도 포함하고 있다. 또 사전의 규범성은 편찬 의도에 따라 존재하는 흉내말이 아니더라고 체계상 가능하다고 판단되는 흉내말들도 다수 수록하고 있다고 판단된다.

반면에 문헌 조사를 통한 자료 수집은 흉내말의 용법과 사용 빈도 등 실질적인 쓰임을 알 수 있다. 그러나 문헌을 통한 자료 수집은 상당한 시간을 필요로 하며 또한 완전한 흉내말 목록을 기대하기도 힘들다. 본 연구에서는 이 세 자료를 모두 활용하되, 형태 연구에서는 주로 사전을, 그리고 통어론적 연구에서는 실질 문헌 조사에서 얻은 자료를 활용하도록 하겠다.

[3] 언어 이론-계량 언어학적 연구는 언어 현상을 객관적으로 살필 수 있는 연구 방법론이다. 특히 흉내말과 같이 방대한 수의 어휘 범주에 대한 연구로 적합한 방법론이다. 흉내말의 형태론적 연구나 통어론적 연구에서 계량 언어학적 방법이 모두 유용하다고 판단되므로 이러한 방법을 적극 수용하기로 하겠다. 또 생성형태론의 기술 방법이[28] 흉내말의 형태 구조를 형식화하는 데 유용한지 검토해 보기로 하겠다.

계량언어학적 접근은 언어 현상을 디지털식의 양분 자질이 아니라 정도성 자질로 파악하는 것이다. 흉내말의 형태론은 낱말만들기(조어법)의 영역에 속하는데 흉내말의 낱말만들기가 비록 다른 조어론의 대상들보다 체계적이긴 하나 굴곡법과 같은 정밀함을 얻기는 힘들다. 그러므로 우리는 많은 논의에서 '~하는 경향이 있다'나 '~하는 것이 일반적이다'로 서술하는 것으로써 만족해야 할지 모른다. 이러한 점을 보완하기 위해 되도록이면 통계 결과를 구체적인 수치로 제시하도록 하겠다.

5. 흉내말 연구의 흐름

우리말은 소리흉내말과 모양흉내말의 음성상징어 자료가 풍부한 데 반해 이에 대한 국어학적 관심은 상대적으로 매우 적었다.[29] 비록 국어학

---

28) 형식주의 문법이 이론적 우수성에도 불구하고 국내의 국어학자들에게 많은 비판을 받았다. 그 이유로는 이론 자체의 문제보다는, 첫째 연역적 방법을 취하는 방법론상 자료 수집에 소홀하였고, 둘째 무리한 직관의 적용, 셋째 통시적 정보를 소홀히 하여, 공시적 예외를 인정하지 않고 이를 포괄하는 규칙을 세우려고 한 데 있다. 특히 세 번째 경우는 "벼룩을 잡으려고 초가삼간을 태우는 식"이 되기도 하여, 전통적인 문법 연구의 성과에 오히려 역행하는 결과를 가져 오기도 하였다. 다만 이런 문제점을 고려한다면 '형식화'의 이점을 충분히 얻을 수 있을 것이다.

29) 최근 몇 년간 국어학의 개별 주제에 대한 연구사가 집중적으로 발표되었다. 이러

연구의 단일 주제로서 수적인 측면에서 본다면 결코 논의가 적었다고는 할 수 없지만 예스페르센(1920)이 "단어들이 일종의 상징에 의해서 그 내용과 가치를 얻는다는 관념은 어느 시대에 있어서나 초급의 언어학자가 좋아하는 관념"이라고 지적했듯이 초학자들에 대한 연구가 대부분이었으며, 그나마 전체적인 특성을 다루지 못한 단편적인 것이었거나, 지속적인 연구가 이루어지지 않아 큰 연구 성과를 거두지 못했다.

횐들링그(1985)는 한국어가 언어적인 유연성에 대한 많은 언어적인 자료를 가지고 있음에도 불구하고 한국어의 흉내말에 대한 연구가 충분히 이루어지지 않은 이유로 세 가지를 들었다. 첫째는 한국어의 체계적인 연구와 서술은 겨우 몇 십년 전에 시작되어서 철자법, 어휘 정리, 문법 서술과 같은 기본적인 연구만을 중요시했으며, 둘째는 한국 언어학의 이론적인 근거는 대부분이 서양에서 유입되었다고 할 수 있으므로 방법적인 도움도, 언어 상징을 연구할 동기도 기대할 수 없었으며, 셋째, 한국학을 하는 서양인들에게 의성, 의태 현상은 그들의 언어 입장에서 볼 때는 기이한 현상으로 보여졌을 뿐 깊은 연구까지는 이르지 못하였다는 것이다.

그러나 90년대에 들어 몇몇 학자들을 중심으로 흉내말에 대한 지속적인 논의가 이루어지는 등 흉내말 연구는 새로운 국면을 맞이하였다.

이제 그 전반적인 흐름을 살펴보도록 하겠다.

한국어 흉내말 혹은 음성상징에 대한 논의는 『훈민정음』의 상징론으로 거슬러 올라간다. 『훈민정음』에서는 국어의 닿소리를 조음 위치에 따라

한 경향의 본격적인 출발은 『국어 연구 어디까지 왔나』(1990)이다. 이러한 연구 경향은 현재의 국어학적 성과가 질적으로 뿐만 아니라 양적으로 상당히 축적된 결과, 현 단계에서 한 번쯤 정리하고 넘어갈 필요성이 요구되었기 때문이라고 본다. 이러한 연구 경향에도 불구하고 '흉내말'에 대한 연구사가 없었고, 어휘 전반에 관한 연구사에서도 흉내말이 전혀 언급되지 않은 것은 흉내말이 국어학 연구에서 얼마나 소외되어 왔는가를 보여 주는 것이다(단, 음성상징에 대한 연구사로 채완(1990)이 있다).

다섯으로 구분하여 각각을 오행과 결부시키고 그 청각 인상으로, 어금닛
소리(ㄱ, ㄲ, ㅋ, ㆁ)는 '단단하고', 혓소리(ㄴ, ㄷ, ㄸ, ㅌ)는 '구르고 날리며',
잇소리(ㅅ, ㅆ)는 '부스러지고 막히며', 입술소리(ㅁ, ㅂ, ㅍ, ㅃ)는 '합하고
넓다'고 말하고 있다. 가운뎃소리에 대해서도 'ㆍ, ㅡ, ㅣ'를 각각 천·
지·인 삼재와 결부시키고 그 청각 인상으로 'ㆍ'는 '깊고', 'ㅡ'는 '깊지
도 얕지도 않으며', 'ㅣ'는 '얕다'고 말하였다. 이는 각 개별 음운이 갖는
음감을 당시의 철학적 배경과 결부시켜 논의한 절대 상징론이다.

　　근대 국어학의 도입 이후, 흉내말에 대한 최초의 언급은 안자산(1922)『조
선문학사 全』의 부편인 '조선어원론'에서 찾아 볼 수 있다.

　　(14) "寫聲語는 喜怒哀樂의 情이던지 짐승들의 聲이던지 其聲을 숭내
　　　　하야 言를 作한者라."

(177쪽)

　　이는 지금의 소리흉내말에 해당하는 것인데 그 예로 '매암이, 쾨쇠리,
기럭이' 등의 동물명과 '불다, 울다, 터지다' 등을 들고 있다. 안자산(1922)
은 이들이 모두 자연의 소리를 따라 말을 만든 것으로 언어의 '제일기원'
(第一起源)이라 하였다. 또 영어의 'Cock', 범어의 '굿구' 등의 닭의 울음
소리도 같은 맥락에서 보았다. 또,

　　(15) "상징어는 무성의 사물은 其形狀態度를 형불하게 상징하야 人聲
　　　　으로 作한 者라."

(178쪽)

라 하고, 그 예로 '해(태양), 번적번적, 번개(雷)'와 '희다, 감앗타, 동글다,
밝다' 등을 들었다. 이것은 요즘 말하는 모양흉내말에 해당한다고 할 것
이다. 특이한 것은 '울다, 불다, 동글다' 같은 풀이씨들도 흉내말로 보고
있다는 점이다.

(16) "言語의 始初는 東西諸國을 勿論하고 其발생한 原因이 이가트니라. 是以로 各國語가 서로 同系統이 안이라도 相等한 言이 만흐니 조선어 '똥, 보리, 어느' 등은 영어 'Dung, Barley, Any' 등과 同하며……또 小兒의 '빠빠(父), 맘마,(食母)' 等은 世界가 同一하니라. 그런즉 言語의 性質은 思想交通의 必要에서 生하고 人文의 珍貨를 싸라 漸次 發達하는 것이며 또 天賦가 안이라 自外習得한 等 三要點이오 言語의 基源은 寫聲과 상징의 二原이라."

(178쪽)

이는 흉내말을 언어 발생학적인 차원에서 본 것이다.

흉내말 연구에서 한 표본이 된 것은 정인승(1938)의 '어감 표현상 조선어의 특징인 모음상대법칙과 자음가세법칙'이다. 정인승(1938)에서는 "말에는 반드시 뜻이 있는 동시에 또한 반드시 맛이 있는 것이다. 뜻은 그 말이 사람의 생각을 표시하는 것이요, 맛은 그 말이 사람의 감정을 표시하는 것이다"라 하고 이와 같은 말맛을 '어감'이라 하였다. 이를 '모음 상대표'와 '자음 가세표'로 제시하여 한국어에서 어감의 상대적 차이가 매우 정밀함을 보였다.

〈표 8〉 정인승(1938), 모음 상대표

대소상대 / 광협상대	저모음류 (작은 어감)				고모음류 (큰 어감)			
넓은 어감 (전설음류)	ㅏ	ㅐ	ㅑ	ㅘ	ㅙ	ㅗ	ㅚ	ㅛ
좁은 어감 (후설음류)	ㅡ ㅡ ㅣ	ㅔ ㅓ ㅣ	ㅕ ㅣ	ㅓ	ㅖ	ㅜ	ㅝ	ㅠ

자음가세표
예사어감 ㅡ ㄱ ㄷ ㅂ ㅅ ㅈ ㄹ ㅇ
센 어감 ㅡ ㄲ ㄸ ㅃ ㅆ ㅉ ㄹㄹ
거센어감 ㅡ ㅋ ㅌ ㅍ ㅊ ㅎ

이와 같은 정인승의 선구적 연구는 지금까지 별 수정 없이 받아들여져 왔다. 이 밖에도 홀소리의 말맛에 대한 간단한 논의로 김근수(1947), 주왕산(1948), 최태호(1957), 이숭녕(1955, 1958, 1960), 김민수(1960ㄱ, ㄴ) 등을 들 수 있다.

흉내말 연구는 조규설(1958ㄱ, ㄴ)에 와서 새로운 관심을 갖는다. 앞선 연구가 흉내말의 말맛에 대한 주관적인 판단 수준에 머물렀던 데 반해, 조규설(1958ㄱ, ㄴ)에서는 통계 조사를 통해 연구의 객관성을 높였으며 특히 흉내말 연구의 영역을 형태론으로 넓혔다는 데 의의가 있다. 다만, 후학들에게 널리 읽히지는 못했다.

60년대 들어와서 흉내말에 대한 본격적인 연구가 시작된다. 남풍현(1965)은 15세기 국어의 흉내말에 대한 연구로, 음성상징은 비인식적 접촉에 의하여 대상을 직감적으로 모방한 것으로 언중이 통시태를 반성하지 못한 모방이기 때문에 공시론적 사실과 통시론적 사실을 구별하여 고찰하여야 한다고 보았다. 파브르(A. Fabre, 1967)는 한국어의 흉내말을 문헌에서 뽑아 검토하고, 한국말의 문법서에서 의성어(소리흉내말)와 의태어(모양흉내말)를 어찌씨라 하는 의견이 있는데, "1) [i]를 제외하고는 부사적인 접미사는 의태어, 의성어 뒤에 붙을 수 없다. 2) 의태어, 의성어 중에는 한문에서 나온 말이 없다. 3) 의태어, 의성어란 상태 부사만을 가리킨다. 4) 보통 상태부사와 비교하면 의태어 의성어는 여러 가지 특징이 있다."라 하여 어찌씨 흉내말과 일반 어찌씨와의 차이점에 주목하였다. 이 밖에 60년대 흉내말의 연구로 강헌규(1968), 김종택(1968), 이원직(1970) 등을 들 수 있다.

아오야마 히데오(靑山秀夫)는 한국어의 흉내말에 대해 지속적인 관심을 가져온 대표적인 외국인 학자이다. 아오야마(1975)는 흉내말의 형태적, 의미적 특성을 논의한 것인데, 특히 의태어 가운데 일반 낱말에서 파생된 것으로 보이는 흉내말을 파생의태어라 하여 의성어·의태어와 구분하였다. 이는 현대국어 흉내말의 발달 과정을 제시했다는 점에서 의의가 크다.

최범훈(1985)은 언어가 처음 발생하던 초기 단계에는 의성어가 먼저 발달하였을 것인데, 그것은 국어에서 유난히 발달하였으니, 금류(禽類) 등의 동물명이나 유아어에 풍부한데 이는 언어의 기원을 푸는 자료가 될 것으로 기대하였다.

디르크 휜들링그(Dirk Fündling, 1985)는 한국어 흉내말에 대한 최초의 박사학위 논문으로, 음성상징에 관한 구조 및 의미론적 고찰을 목적으로 하였다. 이 연구에서는 한국어의 의태어의 음운을 다양한 측면에서 분석하여 그래프로 제시하고 있다. 조사 결과, 한국어 흉내말의 음성 집단은 서로 다른 모습을 나타내며 비슷한 내용을 지닌 의미적 집단에서 서로 다른 음들이 현저하게 나타나므로, 한국어의 의성, 의태어에서 소리와 의미 사이의 관계를 세울 수 없다고 결론지었다. 이는 지금까지 별 검증 없이 받아들여진 흉내말의 음성상징에 대하여, 통계를 토대로 한 귀납적 결론을 제시함으로써 이후 흉내말 연구에서 음성상징 논의가 주춤하게 된 계기가 되었다.

채완(1987)은 국어의 음성상징을 일반 언어학적인 이론을 바탕으로 재검토한 것인데, 고대국어에서는 모음 조화의 대립과 상징모음의 대립이 각각 전후의 대립을 이루어 모음 체계가 일치되었으나, 모음추이에 의해 이들이 불일치를 보이게 되고 그 불일치의 압박에 의해 모음조화가 붕괴되었다고 보았다.

90년대 들어와 흉내말에 대한 연구는 새로운 국면을 맞는다. 특히 지금까지 대부분 일회적인 논의에 그쳤던 흉내말 연구가 채완(1986, 1987, 1990, 1993), 김홍범(1993, 1994, 1995), 박동근(1992, 1993, 1994, 1995, 1996) 등에 의해 지속적으로 논의됨으로써 연구의 깊이를 더했으며, 『새국어생활』(1993)에서 한국어 흉내말을 특집으로 다루어 이에 대한 관심을 돋우는 계기가 되었다. 한편 흉내말에 대한 주제는 여전히 초학자들의 관심 대상으로 매해 수 편의 석사학위 논문이 계속해서 발표되었다.

한편, 90년대의 흉내말 연구는 두 가지 방면에서 새로운 접근이 시도된다. 하나는 80년대 초에 제기된 자립분절음운론을 바탕으로 한 비단선적 음운이론을 흉내말의 홀·닿소리 대응 현상과 반복 구성에 적용하는 것으로 이진성(1992), 이영석(1994, 1995), 이문규(1996) 등이 있다. 다른 하나는 음운론적 차원에서 시작된 흉내말 연구가 형태적 특성에 대한 연구를 거쳐 90년대에 들어오면서 통어적 특성에 대한 연구가 시작되었다는 점이다. 이에 대한 연구는 송문준(1988)의 흉내말 씨가름 논의에서 시작되어, 우인혜(1990)에서는 흉내말과 풀이말과의 공기관계가 검토되었다. 이 밖에도 노마 히데키(1991), 서상규(1993), 채완(1993), 김홍범(1995ㄴ, ㄷ), 박동근(1996ㄴ) 등의 연구가 있다. 특히 서상규(1993)의 계량 언어학적 연구는 흉내말의 통어론적 연구의 한 방법론을 제시했다는 점에서 의의를 갖는다.

이러한 바탕 위에 1995년과 1996년에는 흉내말을 대상으로 한 다섯 편의 박사 학위 논문이 발표되면서(김홍범 1995, 김인화 1995, 이영석 1995, 김중섭 1995, 이문규 1996), 흉내말 연구가 양적으로뿐만 아니라 질적으로 성장하는 시기를 맞았다.

이 밖에 일본 흉내말과의 대조 연구로 일본어학(교육학) 전공자들에 의해 이루어진 석사학위 논문들이 있다. 이계옥(1980), 윤영기(1985), 이종미(1990), 차건호(1990) 등인데, 아직 깊이 있는 논의는 이루어지지 못했다.

▍제2장▍ 흉내말의 형태적 특성

1. 들어가기

이 장은 흉내말의 형태 구조와 낱말만들기 양상을 살펴보려는 것이 목적이다.

지금까지 흉내말의 형태론적 연구는 '분석'의 측면에서, 흉내말 구성상의 특성인 '반복형식'에 대한 관심이 가장 높았다. 반복형식에 따라 완전반복 혹은 부분반복 등으로 나누어 그 양상을 살피는 등 형태 내적인 관심이 연구의 중심을 이루었다. 한편 지금까지 흉내말의 형태론적 연구는 연구 대상을 흉내형식으로만 이루어진 어찌씨 흉내말에 국한하여, 보다 많은 비중(수)을 차지하는 파생형에 대한 검토가 상대적으로 소홀했다.

전통문법에서 형태론적 연구는 분석의 입장이 강조되었고, 현대의 형식문법에서는 낱말만들기 규칙의 설정 등 생성의 측면이 강조되었다. 그러나 형태론적 연구는 이 두 가지 측면이 모두 동일한 가치로 검토되어야만 그 특성을 모두 규명할 수 있다고 본다. 이 장은 이러한 목적을 달성하기 위해, 분석의 측면에서 흉내말의 형태론적 최소 단위를 설정하는 등, 구조적 특성을 밝히고 생성의 측면에서 흉내말의 낱말만들기 양상과 조건, 규칙 등을 살펴보도록 하겠다.

2. 흉내말의 형태 구조

언어의 성격을 밝히기 위해 그것을 계층적으로 분석하는 일은 매우 유용한 작업이다. 그래서 전통적으로 월, 어절, 낱말, 형태소, 음절, 음소 등의 단위는 언어를 계층적으로 분석·기술하는 데 있어서 중요한 단위로 다루어져 왔다.

그러나 언어의 각 층위를 일관된 기준으로 늘 명확히 구분할 수 있는 것은 아니다. 물론 앞선 연구자들에 의해 나름대로의 분석 기준이 제시된 바 있으나 실제 각 언어에 적용했을 때에는, 곳곳에서 그 분석의 한계에 부딪치곤 했다. 이러한 한계는 기본적으로 언어가 시간의 흐름에 따라 변화하기 때문이지만, 방법론상 한 언어의 개별성과 그 언어 내에서의 특수성을 고려하지 않은 것도 한 원인이라 생각된다. 이에, 박동근(1992ㄱ, ㄴ)에서는 개별성과 특수성을 갖는 한국어 흉내말에 대한 공시적인 형태 분석으로, 기존 형태소 차원에서의 분석의 한계와 문제점을 극복하기 위해 흉내말의 분석 단위로 새로이 '상징소'를 설정한 바 있다.

여기서는 박동근(1992ㄱ, ㄴ)에서 시도한 흉내말의 형태론적 분석을 다시 검증해 보고, 흉내말의 형태론적 최소 단위로 '상징소'를 설정하는 것이 과연 타당한가, 그리고 '상징소'가 흉내말 기술에 있어 어떤 의의를 갖는가를 다시 검토해 보기로 하겠다.

2.1. 흉내말의 형태론적 분석

2.1.1. 흉내말의 형태소 분석

형태소는 최소의 언어 형식, 즉 동일한 의미를 가지면서 다수의 환경(적어도 두 군데 이상)에 나타날 수 있는 형식이다. 전통적인 형태소 설정의

두 가지 기준은 '분포의 다양성'과 '의미의 일관성'이다. 이러한 기준에 따라 형태소를 분석하는 일은 모국어 화자에게는 그리 어려운 일이 아니다. 그러나 형태소를 분석해 내는 것이 늘 간단한 것만은 아니다. 왜냐하면, 공시적으로 기능하는 언어형식은 역사적 산물이며 지금 이 시간에도 끊임 없이 변화하는 유기물과 같은 존재이기 때문이다. 역사적으로 분명히 두 형태소의 결합이었던 낱말이 현재는 그 말밑을 분간할 수 없을 정도로 녹아 붙었다면 이를 하나의 형태소로 보는 데 별 어려움이 없겠으나, 그러한 과정이 현재 진행 중이라면 이를 처리하는 데 다소 주저할 수밖에 없다.1) 언어의 역사성에 대한 고려 외에 형태소 분석에서 검토되어야 할 점은, 다양한 특성을 보이는 어휘 부류의 분석을 전통적인 형태소 분석의 두 기준인 '분포의 다양성'과 '의미의 일관성'에만 의존할 것인가 하는 점이다.

글쓴이는 흉내말을 분석하는 데 있어서 '분포'와 '의미' 기준 외에 흉내말이 갖는 형식적 특성이 고려되어야 한다고 본다. 형태소 분석과 관련하여 흉내말이 갖는 형식적 특성은 '반복'이다. 이 글은 이러한 점에 주목하여 흉내말의 구조를 분석하고자 한다.

흉내말의 가장 전형적인 구조는 '반복형식'이다. 이들은 표면적으로 단순히 두 개의 형태소가 결합한 것으로 보이지만 구성 요소의 자립성에 따라 몇 가지 유형으로 나눌 수 있다.

(1) 〈유형 1〉 깡충깡충, 덩실덩실, 반짝반짝, 펄럭펄럭
　ㄱ. 토끼가 깡충 / 깡충깡충 뛰었다.
　ㄴ. 콩쥐는 어깨춤을 덩실 / 덩실덩실 추었다.
　ㄷ. 별님이 반짝 / 반짝반짝 빛났다.
　ㄹ. 깃발이 바람에 펄럭 / 펄럭펄럭 나부꼈다.

---

1) 조오현(1991 : 17)에서는 역사적인 방법에 의해서 그 구성 요소를 분석할 수 있으나, 구성 요소 사이의 경계가 소멸하여 형태소의 자격을 상실한 언어 형식을 '화석 형태소'라 이름하였다.

<유형 1>의 흉내말들은 반복형뿐만 아니라 단순형도 자립성을 갖는 '낱말'이다. '깡충깡충'의 단순형 '깡충'은 한 번 크게 솟구쳐 뛰는 모습을 나타내는 어찌씨이다. '덩실덩실'은 가볍게 계속 춤을 추는 모습을 의미하는데 단순 형식인 '덩실'도 자립성을 갖는 어찌씨이다.

> (2) ㄱ. 토끼가 깡충-거리며 뛰어 간다.
> ㄴ. 춤을 덩실-거리며 추었다.
> ㄷ. 별이 반짝-거렸다.
> ㄹ. 깃발이 펼럭-이었다.

이들은 (2)와 같이 다시 '-하다, -대다, -거리다, -이다' 등과 결합하여 움직씨 흉내말을 만들 수 있다. 그러므로 <유형 1>의 흉내말에서 그 단순형식은 '분포의 다양성'이나 '의미의 일관성'이라는 측면에서 볼 때 일반적인 형태소의 기준을 만족하므로, 이들을 두 개의 형태소(흉내뿌리)로 분석하는 데 크게 어려움이 없다.[2]

그런데, <유형 1>의 흉내말들과 같이 표면적으로는 반복형식을 갖고 있어, 마치 두 개의 형태소로 구성된 것처럼 보이는 흉내말 가운데에는 막상 그것을 각각의 형태소로 분석하기 어려운 경우가 있다.

> (3) 〈유형 2〉 반들반들, 두근두근, 부들부들, 대롱대롱
> ㄱ. 마루가 *반들 / 반들반들 윤이 난다.
> ㄴ. 가슴이 *두근 / 두근두근 뛰었다.
> ㄷ. 그는 추위에 *부들 / 부들부들 떨었다.
> ㄹ. 그는 나무에 *대롱 / 대롱대롱 매달려 있었다.

<유형 2>의 흉내말은 반복형식으로 어찌씨 흉내말이 되나 그것을 구성하는 단순형식은 자립성이 없기 때문에 단독으로 낱말의 자격을 갖지

---

2) 생성 형태론적 입장에서는 흉내말의 반복구성을 접사 파생의 한 양상으로 보기도 한다.

못한다. 그러므로 이들이 단순히 표면적으로 반복형식을 띠고 있다는 점
만으로는 형태소로 분석할 수 없다. 그러나 <유형 2>의 흉내말에서 그
단순형이 단독으로 자립성을 갖지 못하지만, 다른 일반 형태소와 결합하
여 새 낱말을 파생하므로 이들도 <유형 1>의 흉내말과 마찬가지로 두
개의 형태소가 반복 결합한 구조로 보는 데는 문제가 없다.

즉, (3ㄱ)에서 볼 수 있는 것처럼, '반들반들'에서 단순형인 '반들'은 단
독으로 어찌씨가 되지 못하지만, (4ㄱ)의 '반들-거리다'와 같은 형식을
취하여 움직씨가 되므로 '분포'나 '의미' 면으로 볼 때 '반들'은 형태소로
분석할 수 있다.

(4) ㄱ. 마루가 <u>반들-거린다</u>.
ㄴ. 가슴이 <u>두근-거렸다</u>.
ㄷ. 그는 추위에 몸을 <u>부들-거렸다</u>.
ㄹ. 그는 나무에 매달려 <u>대롱-거렸다</u>.

그러므로 <유형 2>의 흉내말들도 <유형 1>과 마찬가지로 두 개의 형
태소(흉내뿌리)로 이루어진 합성어 구성으로 볼 수 있다.

(5) 〈유형 3〉 주렁주렁, 살금살금, 무럭무럭, 토실토실
ㄱ. 사과가 나무에 *<u>주렁</u>/<u>주렁주렁</u> 달려 있다.
ㄴ. 흥부는 *<u>살금</u>/<u>살금살금</u> 걸어갔다.
ㄷ. 아이가 *<u>무럭</u>/<u>무럭무럭</u> 자랐다.
ㄹ. 돼지가 *<u>토실</u>/<u>토실토실</u> 살이 쪘다.

<유형 3>의 흉내말은 <유형 1>이나 <유형 2>의 흉내말과 마찬가지
로 표면적으로 반복형식을 취하고 있다. 그러나 <유형 1>의 흉내말과 달
리 단순형인 '주렁', '살금', '무럭', '토실' 등은 자립성을 갖지 못하며, <유
형 2>의 흉내말처럼 다른 접사와 결합하지도 못한다(*주렁-거리다, *살금-
거리다, *무럭-거리다, *토실-거리다). 즉, '주렁', '살금', '무럭', '토실'이 나

타나는 분포는 그 반복형식인 '주렁주렁', '무럭무럭', '살금살금', '토실토
실'밖에 없다. 그러므로 일반적인 형태소의 분석 기준으로 본다면 <유형
3>의 흉내말은 더 이상 분석할 수 없는 하나의 형태소로 단순어가 될 것
이다. 그러나 과연 이렇게 처리하는 것이 타당한지 검토해 볼 필요가 있다.

다음은 기존에 유음반복어 등으로 부르던 유형의 흉내말들이다.

> (6) <유형 4> 어석버석, 울퉁불퉁, 우물쭈물, 허둥지둥, 얼룩덜룩
> ㄱ. 나뭇잎을 어석버석(어석 / 버석 ; 어석어석 / *버석버석) 밟는 소리
>   가 났다.
> ㄴ. 근육이 울퉁불퉁(*울퉁 / *불퉁 ; 울퉁울퉁 / 불퉁불퉁) 튀어 나왔다.
> ㄷ. 콩쥐는 우물쭈물(*우물 / *쭈물 ; 우물우물 / 쭈물쭈물) 말을 못했다.
> ㄹ. 팥쥐는 허둥지둥(*허둥 / 지둥 ; 허둥허둥 / *지둥지둥) 서둘러 갔다.
> ㅁ. 옷에 물감이 얼룩덜룩(*얼룩 / *덜룩 ; 얼룩얼룩 / *덜룩덜룩) 번졌다.

<유형 4>의 흉내말들은 모두 유음반복형의 흉내말들이지만 분석의 양
상은 각각 다르다. (6ㄱ)의 '어석버석'에서 '어석'과 '버석'은 모두 자립성
을 가지므로, <유형 1>의 흉내말들처럼 이를 두 개의 형태론적 구성으로
파악하는 데 어려움이 없다. 다음 (6ㄴ)의 '울퉁불퉁'에서 '울퉁'과 '불퉁'
은 모두 자립성이 없고, 반복형인 '울퉁불퉁', '불퉁불퉁'만이 자립성을 갖
는 낱말이다. 여기서 '울퉁'이나 '불퉁'이 '울퉁불퉁' 이외에 '울퉁울퉁'과
'불퉁불퉁'에 나타나므로 이들의 분포가 두 군데 이상 나타나는 것으로
인정할 수 있으며, '울퉁-거리다', '불퉁-거리다'의 파생형을 가질 수
있으므로 '울퉁'과 '불퉁'을 각각 형태소로 인정할 수 있다. (6ㄷ)의 '우물
쭈물'과 (6ㄴ)의 '울퉁불퉁'은 겉으로 드러나는 형식은 같으나 '울퉁불퉁'
에서 뒤에 놓이는 '불퉁'이 '-거리다'와 결합하여 '불퉁거리다'의 파생형
을 갖는 데 반해 '우물쭈물'에서는 뒤에 오는 '쭈물'이 '*쭈물거리다'의 파
생형을 갖지 못한다. 그러므로 '쭈물'은 일반적인 형태소의 조건을 완전히
갖추지는 못했다고 할 것이다. 그렇다면 여기서 '우물쭈물'을 형태소 분석

의 원리에 따라 더 이상 분석할 수 없는 하나의 형태소로 볼 것인가 아니면 다른 원리를 적용해서 '우물'과 '쭈물'로 분석할 것인가를 결정해야 한다. (6ㄹ)의 '허둥지둥'에서 '허둥'은 비록 단독으로 자립성을 갖지 못하지만 '허둥허둥', '허둥-거리다'의 예를 보이는 데 반해, '지둥'은 *'지둥지둥'과 *'지둥-거리다'가 모두 불가능하다. 즉, '허둥지둥'에서 '허둥'만을 놓고 볼 때 이를 분석할 수 있으나 '허둥'을 뺀 '지둥'이 형태소로서의 자격이 부족하므로 결국 '허둥'을 분석해 내는 것도 어렵게 된다. (6ㅁ)도 이와 같은 문제를 안고 있는 보기이다.

이러한 양상은 2음절어 흉내말의 반복형보다는 1음절의 반복형으로 이루어진 흉내말에 흔히 볼 수 있다.

(7) 〈유형 5〉 텅텅, 쑥쑥, 둥둥, 꽁꽁, 뚱뚱하다, 끈끈하다
　ㄱ. 방안이 텅/텅텅 비었다.
　ㄴ. 애들아! 쑥/쑥쑥 들어가 있어라.
　ㄷ. 배가 *둥/둥둥 떠 있다.
　ㄹ. 물이 *꽁/꽁꽁 얼었다.
　ㅁ. 복남이는 *뚱/뚱뚱하게 살이쪘다.
　ㅂ. 손이 *끈/끈끈하다.

(7ㄱ, ㄴ)의 '텅텅'과 '쑥쑥'은 단순형과 반복형이 모두 자립할 수 있으므로 두 개의 형태소가 반복된 복합어로 볼 수 있다. 이에 반해 (7ㄷ)의 '가볍게 떠 있는 모습'을 의미하는 '둥둥'은 단순형인 '둥'이 단독으로 자립성을 갖지 못하며 그 밖에 다른 형식과도 결합하지 못한다(*둥-하다, *둥-거리다, *둥-이다). 마찬가지로, (7ㄹ)의 '꽁꽁'은 '물이 단단히 얼어붙은 모습'을 나타내는 흉내형식인데, 그 단순형인 '꽁'은 단독으로 자립성을 갖지 못하며 그 밖에 다른 뒷가지와 결합할 수도 없다(*꽁-하다, *꽁-거리다, *꽁-이다). (7ㅁ, ㅂ)의 '뚱뚱-'과 '끈끈-'은 단순형 '뚱-'과 '끈-'이 자립성을 갖지 못할 뿐 아니라, 반복형식인 '반반-'과 '끈끈-'도

자립성이 없다. 이렇게 외형적으로 반복형식을 취하고 있는 흉내말들을 전통적인 형태소 분석 원리인 '분포'와 '의미의 일관성' 기준에 적용한다면, 이들이 표면적으로 보여주는 반복이라는 공통된 모습과 달리 다양한 분석 양상을 갖게 된다. 전형적인 형태소의 분석 기준을 따른다면 표면적으로 반복형식을 취하고 있는 많은 흉내말들이 우리의 기대와는 달리 단순어로 처리되어야 할 것이다.

글쓴이는 이 장의 앞머리에서, 형태소 분석이 보편적인 원리에 충실해야 하지만 개별 언어의 특수성이 고려되어야 한다고 주장하였다. 이러한 점에서, 한국어의 흉내말은 구조상 반복형을 취하는 것이 보편적이며, 이때 그 단순형식은 형태소의 자격을 갖는 것이 일반적이므로, 일부 반복형식을 취하는 흉내말 가운데 그 단순형식이 형태소 설정의 '분포' 기준을 만족하지 못하더라도, 이들을 모두 형태론적 구성으로 파악하고자 한다. 이는 흉내말의 형태소 분석 기준으로 '분포'와 '의미' 외에 '구조의 일관성'을 추가하는 것이다.

흉내말의 형태소 분석에 '구조의 일관성' 기준을 추가하는 것은 다음과 같은 점에서 설득력을 갖는다.

> (8) ㄱ. 뚱뚱 : 뚱뚱보, 뚱보, 뚱녀
> ㄴ. 끈끈 : 끈적끈적, 끈기, 끈질기다
> ㄷ. 탱탱 : 탱글탱글

(8ㄱ)의 '뚱뚱'에서 단순형 '뚱'은 자립성을 갖지 못하고, '-하다', '-거리다' 등의 뒷가지와 결합하지도 못하므로 더 이상 분석할 수 없을 것 같으나, '뚱-보', '뚱-녀'와 같은 파생어를 통해 '뚱-'을 분석할 수 있다. (8ㄴ)의 '끈끈'은 단순형 '끈'이 단독으로 자립성을 갖지 못하며 '*끈-하다', '*끈-거리다'3) 등의 파생도 가능하지 않지만, '끈-적4)'이나, '끈-

---

3) 이들이 가능하지 않은 이유는 형태·의미론적 제약에 의한 것이다. 이에 대해서는

기', '끈 – 질기다' 등의 관계를 보아, '끈'에 형태소의 자격을 줄 수 있다. (8ㄷ)의 '탱탱'에서 '탱'은 단독으로 자립할 수 없고 다른 접사와 결합하지도 않는다. 하지만 '탱글탱글'은 '탱탱'의 '탱–'과 '동글동글'의 '–글'이 결합한 일종의 혼성어(blending)로 '탱탱'이 '탱–탱'과 같은 형태론적 구성임을 알 수 있다.

지금까지 반복형식의 흉내말을 그 단순형식의 자립성에 따라 다섯 가지 유형으로 나누어 살펴보았는데, 우리의 언어 직관으로는 쉽게 두 개 이상의 형태소로 이루어진 것이라고 인식되는 반복형식의 흉내말들 중 일부는 형태소 설정의 기준인 '의미의 일관성'과 '분포의 다양성'이라는 기준으로는 분석하기 어렵다는 것을 알았다.

이러한 기준에 의하면, 표면적으로 반복형식을 갖는 흉내말들이 형태소로 분석될 수 있는가 없는가를 판단하기 위해서는 각 요소들의 분포가 두 군데 이상 출현하는가를 일일이 검토해야만 한다.

이 글에서는 흉내말의 가장 대표적인 형태론적 특성이 반복형식을 갖는다는 점에서, 형태소 분석에서 '분포'와 '의미' 외에 '구조의 일관성'이라는 기준을 추가하여, 표면적으로 반복형식을 띠고 있는 흉내말은 그것이 동음반복이든 유음반복이든 모두 형태론적 구성으로 파악하고자 한다.

그리고, 이렇게 분석해 낸 각각의 단순형을 '흉내말 뿌리' 혹은 줄여서 '흉내뿌리'라고 하겠다. 흉내뿌리는 반드시 전형적인 흉내말에서만 분석해 낼 수 있는 것은 아니다. '흔들흔들'이나, '더듬더듬' 등에서 '흔들'과 '더듬'은 흉내뿌리인데 이는 '흔들다'나 '더듬다' 같은 일반 낱말에서도 발견된다. 마찬가지로 '징글징글'과 '부들부들'에서 '징글'과 '부들'은 흉내뿌리인데 이들은 '징그럽다'와 '부드럽다'에서도 분석적으로 이끌어 낼 수 있다.

'제2장 2.1.1. – 하다, – 대다, – 거리다, – 이다'에서 다루기로 하겠다.
4) '끈적'을 '끈'과 '적'으로 분석할 수 있는가에 대해서는 '제2장 1.2. 상징소 설정의 근거'에서 다루기로 하겠다.

2.1.2. 흉내말의 형태론적 최소 단위

형태소는 일련의 '소리'와 '뜻'을 가진다. 그러나 '소리'와 '뜻'을 가지고 있다고 해서 모두 형태소로 분석할 수 있는 것은 아니다.

(9) ㄱ. 'ð-' : the, this, that, then, there, thus
ㄴ. 'wh-' : what, when, where, which, why
ㄷ. 'n-' : no, not, none, nor, never, neither
ㄹ. '어-' : 어디, 언제, 어떻게, 얼마, 어느

(9ㄱ)의 'th'는 모두 '지시'라는 공통성을 갖는다. 마찬가지로 (9ㄴ)의 'wh'는 모두 '의문'과 관련되며, (9ㄷ)의 보기들은 모두 '부정'의 의미를 갖는 낱말들로 첫소리에 'n'을 공통으로 가지고 있다. 또 (9ㄹ)은 모두 '의문'을 나타내는 낱말로 첫소리에 '어'를 공통적으로 가지고 있고 의미 중심도 여기에 있는 것 같다. 그러므로 공통된 '소리'와 '뜻'을 가진다는 점에서 위의 낱말들은 단순어가 아니라 복합어로 파악할 수 있을 지도 모른다. 즉, (9ㄹ)을 '어-디', '어-ㄴ제', '어-떻게', '어-ㄹ마', '어-느' 등으로 분석하는 것이 가능할지도 모른다. 실제, 블룸필드(1933 : 244)는 이러한 형식을 '뿌리의 복합 형태론적 구조'라 하고, 이를 구성하는 요소를 '뿌리 형성 형태소(root-forming morpheme)'라 하여 '뿌리'의 구성적 측면으로 파악하였다. 그러나 이러한 최소자질의 분석은 불확실하고 불완전하며 측량의 기준을 가지지도 않는다 하여 실제로 분석하는 것은 어렵다고 보았다.

글쓴이는 형태소는 어디까지나 현실 언어에서 존재 가능한 차원에서 분석해야 한다는 입장(권재일, 1985 : 14)을 따르므로, 위의 낱말들을 형태소로 가르는 것은 현실적으로 바람직하지 않다고 본다. 즉 (9)의 낱말들은 일련의 '소리'와 '뜻'을 가진다는 점에서는 형태소 설정 기준을 만족하지만, 구체적이며 현실적인 차원까지 분석한다는 점에서 형태소 분석 기준

에 위배된다. 그러나 언어 연구에서 그 본연의 구성 요소를 파악하는 것
은 매우 중요하다.

우리는 앞에서 모든 반복형식의 흉내말들은 단순 형태소로 분석한다고
하였다. 그런데 이렇게 분석해 낸 2음절 이상의 흉내형식 가운데에는 끝
음절이 분포(빈도)나 의미 면에서 다시 더 작은 형태 단위로 분석될 만한
요소가 있다는 점에 주목할 필요가 있다.

    (10) ㄱ. 꽁꽁, 살살, 펄펄
        ㄴ. 끈적끈적, 둥실둥실, 빙글빙글, 반들반들

글쓴이는 (10)과 같은 반복형의 흉내말들에 대해서, '구조의 일관성'이
란 측면에서 단순형으로 분석할 수 있다는 입장을 취했다.

그런데 이렇게 분석한 (10ㄴ)의 흉내말의 단순형인 '끈적', '둥실', '빙
글', '반들'은 더 작은 형태론적 구성의 복합체로 이루어진 듯하다. 즉
'끈-적', '둥-실', '빙-글', '반-들'의 구성을 갖는 것으로 보인다. 특
히 끝 음절인 '적', '실', '글', '들'은 흉내말을 구성하는 데 매우 적극적
으로 참여한다.

이러한 형식에 대한 인식은 조규설(1958)에서 시작되었다. 조규설(1958 :
58)에서는 국어의 첩용부사 가운데 2음절어로 된 것은 그 첫 음절이 일반
어의 줄기나 또는 조어적 견지에서 줄기에 첩용부사의 형태부 첩용으로
어기를 형성한 것이 많다는 것은 조금이라도 주의가 깊은 사람이라면 누
구나 쉽게 발견할 수 있다고 하였다.

    (11) 구깃-, 간질-, 굽실-, 느릿-, 들먹-, 뜸식-, 긁적-, 뜯적-,
        불긋-, 넓적-, …

즉, 이상의 말들은 모두가 일반어의 첫 음절에 형태부로서 '-실', '-적'
등 따위의 요소가 붙어진 말들로 현재에는 이들이 어원적인 줄기 같아

보이나, 조어적인 뒷가지임이 확실하다는 것이다.

(12) ㄱ. '굽-' : 굽신-, 굽실-, 구불-, 구붓-
    ㄴ. '물-' : 물렁-, 물씬-, 물컹-, 물컥-

또 이러한 뒷가지들이 음성상징에 의하여 취해진 것이라는 증거로 (12)
와 같이, 같은 말의 줄기가 여러 가지의 형태부를 취하여 어감상의 음상
을 표현하는 것이 있는데, 이는 이들이 형태부와 의미부로 분리할 수 있
는 가능성이 되며 그 형태부가 음성상징의 중요 역할을 분담하고 있다는
것을 보여 주는 증거라 하였다.

최호철(1985)에서도 한국어의 흉내말은 형태적인 면에서는 상징 형태만
으로 이루어진 것과 일반어의 줄기나 뿌리에 음성상징적 요소가 접미되
어 파생한 것으로 한정할 수 있다 하여 이러한 요소를 일종의 파생의 가
지로 파악하였다.

이로 보아 한국어의 2음절 이상의 흉내뿌리에서 끝 음절은 다소 불완
전하나 흉내뿌리를 이루는 형태론적 요소로 볼 만하다.

(13) 반들반들, 부들부들, 시들시들, 흔들흔들

(13)의 흉내말을 직접구성분인 흉내뿌리 '반들', '부들', '시들', '흔들'로
분석하는 것은 앞에서 제시한 흉내말의 형태소 분석 원리에 따른다면 별
문제가 없을 것이다. 그러나 이를 더 작은 형태소인 '반-들', '부-들',
'시-들', '흔-들'로 분석할 수 있는가는 좀더 검토가 필요하다. 여기서
'-들'을 형태소로 분석해 내는 것은 '분포'나 '의미'를 고려할 때 타당할
듯하나 이를 제외한 '반-', '부-', '시-', '흔-'은 형태소로서의 자격이
의심스럽기 때문이다. 그러나 다수의 흉내말을 검토해 보면 여기서 '-들'
과 같은 요소는 흉내말(흉내뿌리)을 형성하는 데 매우 빈번히 참여하는 형
식임을 알 수 있으며, 일정한 의미도 지닌 것 같다. 그러므로 글쓴이는

이러한 요소를 기존의 형태소와 구별하여 '상징소'라 정의하고 흉내말을 구성하는 새로운 분석 층위로 설정함으로써, 흉내말을 구성하는 최소의 형태론적 구성 요소로 파악하고자 하는 것이다.

박동근(1992ㄴ)에서 내린 '상징소'의 정의는 다음과 같다.

> (14) '상징소'[5]의 정의(박동근, 1992ㄴ)
> 한국어의 흉내말(주로 모양흉내말)의 끝 음절 가운데에는 보편적인 형태소의 개념으로는 분석하기 어려우나, 일련의 형태와 의미를 가지고 있어 흉내말을 구성하는 형태론적 구성 요소로 파악되는 것이 있는데 이를 '상징소'라 정의하고 형태 분석의 새로운 층위로 삼는다.

북한문법에서는 어찌써 흉내말을 조어론적인 특징과 통어론적 기능의 특수성에 근거하여 '상징사'라는 독립된 품사를 인정하기도 했다. 또 상징사를 고유한 상징사와 파생적 상징사로 가르고 후자에서 상징사 파생의 가지를 찾기도 했다. 김동찬(1987 : 324~328)은 뒷붙이에 의한 부사조성으로, 형용사적 의미부를 바탕으로 하고 거기에 의미적 색채가 짙은 각종 뒷붙이적 단위가 덧붙어서 조성되는 부사-대부분 흉내말이다-를 설명하면서, 이러한 뒷붙이적 단위들은 의미상으로 큰 차이가 없지만 종류가 비상히 많은데, 이렇듯 다양하고 섬세한 뒷붙이들을 보지 않는 것은 조선어 단어의 조성적 구조를 그 우수성의 견지에서 그리고 전반적 체계의 견지에서 보지 못한 것이라고 하였다.

글쓴이는 지금까지의 논의를 바탕으로, 흉내말의 어말 요소 가운데 일

---

5) 글쓴이는 '제1장 2.1. 흉내말의 정의'에서, 음성상징의 어휘적 실현을 나타내는 용어로 '상징어'가 부적합하다고 보고 '흉내말'이라는 용어를 쓰기로 했다. 그러므로 흉내말의 형태적 최소 단위에 대한 용어도 '흉내소' 정도를 사용하는 것이 일관성이 있을 것이다. 그러나 글쓴이가 '상징소'라는 용어를 이미 써 왔고(박동근, 1992ㄱ, ㄴ), 이는 '상징어'와 달리 개념 상징을 나타내는 말로 오해할 염려도 없으며, '우리말 + 한자' 구성의 '흉내소'라는 용어 역시 자연스럽지 못해 '상징소'란 용어를 계속해서 사용하기로 하겠다.

부가 하나의 형태 단위로 분석될 수 있는 근거를 구체적으로 제시해 보기로 하겠다.

2.2. 상징소 설정의 근거

2.2.1. 빈도수 면에서

흉내말에서 몇몇 끝 음절의 빈도가 높게 나타나는 경향이 있다. 글쓴이는 2음절 모양흉내말 2,196개를 조사한 결과 모두 237개의 서로 다른 끝 음절을 얻었다. 이것을 빈도순에 따라 나열하면 다음과 같다.

(15) **흉내말의 끝 음절 빈도순**(모두 237개)

실60, 굿59, 근57, 적54, 작53, 글51, 죽50, 르49, 렁45, 들45, 등44, 룩42, 레41, 락32, 슬31, 득31, 덕31, 끗29, 질29, 름28, 랑27, 럭26, 록25, 딱23, 쭉22, 뜩21, 닥21, 끈20, 깃19, 금19, 롱19, 끔18, 리18, 씬17, 뚱17, 늘17, 쩍17, 먹17, 물17, 불17, 짝16, 뚝16, 신15, 릿15, 동15, 듬14, 싯14, 쑥14, 분13, 떡13, 룽13, 벅13, 똑12, 정12, 둑12, 듯11, 빡11, 덩11, 붓11, 칫10, 싹10, 틀10, 큼10, 칠10, 당10, 박10, 큰9, 숭9, 청9, 뜻9, 뻐8, 직8, 뚤8, 막7, 속7, 꺽7, 덜7, 족7, 슥7, 쏙7, 빗7, 척7, 달7, 기7, 쩡6, 통6, 삭6, 래6, 통6, 송6, 장6, 겅6, 강6, 썩6, 런6, 컥6, 착5, 웃5, 푼5, 망5, 찍5, 끌5, 늑5, 스5, 풀5, 릇5, 굴5, 찔5, 뿍5, 독5, 울5, 렷4, 른4, 석4, 클4, 등4, 목4, 똥4, 춤4, 창4, 절4, 짱4, 꾼4, 풋4, 뼛4, 시4, 톡3, 뿐3, 벙3, 지3, 숫3, 툭3, 뿟3, 깍3, 알3, 증3, 얼3, 문3, 둘3, 북3, 돌3, 쪽3, 털3, 각3, 멍3, 텅3, 찐3, 게3, 든3, 뭇3, 잘3, 곳3, 비3, 수3, 썽3, 성3, 쫑2, 실2, 닐2, 캉2, 뜰2, 쭝2, 톨2, 영2, 똘2, 살2, 낏2, 펄2, 개2, 설2, 쏭2, 떨2, 몽2, 팔2, 팡2, 탈2, 땅2, 말2, 럼2, 진2, 야2, 뜬2, 충2, 순2, 중2, 전2, 뭉2, 번2, 쏭2, 산2, 꽁2, 란2, 컹2, 욱2, 탕2, 복2, 쌍2, 곡2, 밋2, 격2, 젓2, 걱2, 람2, 악2, 밀2, 루2, 공2, 까1, 땍1, 릅1, 둔1, 접1, 투1, 침1, 깡1, 짐1, 덱1, 낌1, 칵1, 쫌1, 거1, 슴1, 뎅1, 쿰1, 굿1, 굼1, 역1, 콤1, 턱1, 촘1, 팍1, 롬1, 그1, 덤1, 죄1, 삼1, 라1, 맘1, 총1, 담1, 댕1, 쓸1, 풋1, 를1, 줄1, 월1, 엿1, 툴1, 떽1, 쫄1, 퍽1, 졸1, 억1, 골1, 댁1,

벌1, 탁1, 발1, 드1, 딸1, 위1, 친1, 두1, 슨1, 소1, 원1, 마1, 련1, 따
1, 편1, 가1, 선1, 종1, 판1, 량1, 반1, 상1, 식1, 짓1, 특1, 틋1, 폭1,
숭1, 축1, 줄1, 묵1, 폭1, 옥1

끝 음절의 평균 빈도수는 9.26개이다. 10회 이상의 빈도를 보이는 끝
음절은 모두 76개로, 전체 모양흉내형식의 72%가 이와 같은 형태로 끝을
맺는다.

이 가운데 가장 높은 빈도를 보인 것은 '−실'로, 해당하는 흉내말을
모두 나열하면 다음과 같다.[6]

<blockquote>

(16) '−실'을 끝 음절로 갖는 모양흉내뿌리의 목록(60개)

곰실, 뻥실, 넘실, 뭉실, 검실, 둥실, 함실, 봉실, 남실, 동실, 감실,
벙실, 는실, 근실, 뱅실, 난실, 빵실, 깐실, 당실, 간실, 굽실, 득실,
곱실, 욱실, 늠실, 눅실, 굼실, 왁실, 옴실, 옥실, 빙실, 녹실, 둥실,
억실, 뺑실, 벅실, 삥실, 덕실, 방실, 거실, 꼽실, 박실, 꿈실, 시실,
꼼실, 느실, 몽실, 투실, 앙실, 토실, 흠실, 헤실, 새실, 꿉실, 매실,
덩실, 바실, 옴실, 풍덩실, 두둥실

</blockquote>

이렇게 특정 음절이 같은 분포(끝 음절 자리)에서 높은 빈도로 나타나는
것은, 이를 하나의 형태 단위로 설정할 수 있는 가능성을 보이는 것이다.

더욱이 (15)의 237개의 서로 다른 끝 음절이 각각 별개의 형태가 아니
라, 이들이 홀·닿소리의 대응쌍을 갖는다는 점을 고려하면, 더 작은 수
의 대표형(대표상징소)으로 묶을 수 있을 것이다. 예를 들어, 모양흉내말의
끝 음절로 가장 다양하게 나타나는 것은 /ㄷ/계 자음을 첫소리로 갖는 것
인데 이들을 모두 보이면 다음과 같다.

(17) 모양흉내말에서 /ㄷ/계 닿소리를 첫소리로 갖는 끝 음절

닥21, 달7, 담1, 당10, 댁1, 댕1, 덕31, 덜7, 덤1, 덩11, 덱1, 뎅1, 독5,

---

6) 대응형까지 고려하면 '−작' 계열이 157개로 가장 많다.

돌3, 동15, 두1, 둑12, 둔1, 둘3, 둥44, 드1, 득31, 든3, 들45, 듬14, 듯11, 등4, 따1, 딱23, 딸1, 땅2, 떽1, 떡13, 떨2, 뗙1, 똑12, 똘2, 똥4, 뚝16, 뚤8, 뚱17, 뜩21, 뜬2, 뜰2, 뜻9

이들이 모두 별개의 형식이 아니라, 홀 · 닿소리 대응에 의한 말맛의 차이를 갖는 변이형으로 묶을 수 있다면 그 중 하나를 대표상징소로 설정하고 나머지를 변이상징소로 기술할 수 있을 것이다. '-닥'을 '대표형'으로 설정할 때,[7] 이의 '변이형'로 볼 수 있는 것은 다음과 같다.

(18) '-닥' : -딱, -덕, -떡, -댁, -덱, -땍, -탁, -턱
　　 -닥 : 까닥
　　 -딱 : 까딱
　　 -덕 : 끄덕
　　 -떡 : 끄떡
　　 -댁 : 까댁
　　 -덱 : 끄덱
　　 -땍 : 까땍

그러므로 실제 다양하게 보이는 끝 음절은, 위와 같이 대표상징소를 설정함으로써 보다 적은 수로 기술할 수 있고, 이렇게 설정한 대표상징소가 흉내말의 끝 음절 자리에서 상당히 높은 빈도로 나타난다는 것을 발견할 수 있다.

흉내말의 끝 음절이 특정한 음절로 한정되어 있다는 사실은 흉내말 첫 음절의 종류가 상대적으로 매우 다양하다는 점을 고려할 때 더욱 두드러진다.

(19) **흉내말의 첫 음절 모두 보임**(622개)
　　 가, 각, 간, 갈, 갉, 감, 갑, 강, 개, 갭, 갸, 걀, 거, 걱, 건, 걸, 검,

---

7) 대표형의 설정은 보편적이며 한 변이형에서 다른 변이형을 쉽게 이끌 수 있는 것으로 잡는 것이 기본 원칙이다. 그러나 이를 흉내말의 표상징소를 설정하는 데에 적용하기에는 어려움이 있다. 여기서는 편의상 양성의 홀소리에 예사소리를 갖는 형태를 대표로 삼았다.

경, 게, 고, 곤, 골, 곰, 곱, 공, 구, 굴, 굼, 굽, 궁, 귀, 그, 근, 글,
긁, 기, 길, 까, 각, 간, 깔, 깜, 깝, 깡, 깨, 깩, 깰, 깽, 꺄, 꺅, 꺌,
꺼, 꺽, 껀, 껄, 껌, 껍, 껑, 꼬, 꼭, 꼴, 꼼, 꼽, 꼿, 꽁, 꽈, 꽉, 꽐,
꽛, 꽝, 꽥, 꽹, 꾀, 꾸, 꾹, 꿀, 꿈, 꿉, 꿋, 꿍, 꿔, 꿜, 꿩, 꿱, 끄,
끈, 끌, 끔, 끙, 끼, 끽, 낄, 낑, 나, 난, 날, 남, 납, 낫, 낭, 너, 넌,
널, 넘, 넙, 노, 녹, 누, 눅, 뉘, 늴, 닁, 느, 는, 늘, 늠, 능, 다, 닥,
단, 달, 담, 답, 당, 대, 댁, 댕, 더, 덕, 덜, 덤, 덥, 덩, 데, 덱, 뎅,
도, 돌, 동, 돠, 돨, 되, 두, 둘, 둥, 뒤, 뒹, 드, 득, 들, 듬, 디, 딩,
따, 딱, 딴, 딸, 땀, 땅, 때, 땍, 땡, 떠, 떡, 떨, 떳, 떵, 떼, 떽, 뗑,
또, 똑, 똘, 똥, 똬, 똴, 뙤, 뚜, 뚝, 뚤, 뚱, 뛰, 뜨, 뜬, 뜯, 뜰, 뜸,
띠, 띵, 만, 말, 망, 매, 맥, 맨, 맷, 맹, 머, 먹, 먼, 멀, 멍, 메, 모,
몬, 몰, 몽, 무, 문, 물, 뭉, 미, 민, 밋, 밍, 바, 박, 반, 발, 방, 배,
밴, 뱅, 뱌, 뱍, 뱐, 버, 벅, 번, 벌, 범, 법, 벙, 베, 보, 복, 볼, 봉,
부, 북, 불, 붐, 붕, 비, 빈, 빌, 빙, 빠, 빡, 빤, 빨, 빵, 빼, 빽, 뺀,
뺑, 뺘, 뺙, 뺜, 뻐, 뻑, 뻔, 뻘, 뻣, 뻥, 뽀, 뽈, 뽕, 뾰, 뿌, 뿍, 뿔,
뿜, 뿡, 뿨, 삐, 삔, 삥, 사, 삭, 산, 살, 삼, 삽, 상, 새, 색, 샐, 생,
서, 석, 선, 설, 섬, 섭, 성, 소, 속, 솔, 솜, 송, 솨, 솰, 수, 숙, 술,
숨, 숭, 쉬, 스, 슬, 슴, 시, 식, 신, 실, 심, 싱, 싸, 싹, 쌀, 쌈, 쌍,
쎄, 쌕, 쌜, 쌩, 써, 썩, 썰, 썸, 썽, 쏘, 쏙, 쏠, 쏭, 쏴, 쐐, 쑤, 쑥,
쑬, 쑹, 쓰, 쓱, 쓸, 씨, 씩, 씰, 씽, 아, 악, 안, 알, 앍, 앙, 애, 앵,
야, 약, 얄, 양, 어, 억, 언, 얼, 얽, 엄, 엉, 에, 여, 연, 옥, 올, 옴,
옹, 와, 왁, 왈, 왜, 왝, 왱, 우, 욱, 울, 움, 웅, 워, 월, 웩, 윙, 유,
으, 윽, 을, 음, 응, 이, 익, 일, 임, 자, 작, 잔, 잘, 재, 쟁, 저, 절,
젱, 조, 족, 존, 졸, 종, 좌, 좍, 주, 죽, 줄, 중, 지, 직, 진, 질, 징,
짜, 짝, 짠, 짤, 짭, 짯, 짱, 재, 찐, 찔, 쨍, 쩌, 쩍, 쩔, 쩝, 쩟, 쩡,
쩨, 쪼, 쪽, 쫀, 쫄, 쫑, 쫘, 쫙, 쭈, 쭉, 쭌, 쭐, 쫑, 찌, 찍, 찐, 찔,
찜, 찝, 찡, 차, 착, 찰, 참, 처, 척, 철, 첨, 초, 촉, 출, 촘, 추, 축,
출, 춤, 충, 치, 칙, 칠, 침, 칭, 칼, 캄, 캉, 캐, 캑, 캥, 캬, 커, 컬,
컴, 컹, 코, 콜, 콩, 콰, 콱, 콸, 쾅, 쾨, 쿠, 쿡, 쿨, 쿵, 쿼, 쿵, 퀭,
퀴, 크, 킁, 키, 킥, 킬, 타, 탁, 탄, 탈, 탐, 탑, 탕, 태, 탱, 터, 턱,
털, 텀, 텁, 텅, 토, 톡, 통, 투, 툭, 툴, 툼, 퉁, 퉤, 특, 튼, 티, 팅,
파, 팍, 판, 팔, 팡, 팩, 팬, 팽, 퍅, 퍼, 퍽, 펀, 펄, 펑, 포, 폭, 폴,
퐁, 푸, 풀, 풋, 풍, 피, 픽, 핀, 핑, 하, 학, 한, 할, 함, 합, 핫, 항,
해, 핼, 햄, 허, 헉, 헐, 헙, 헛, 헝, 혜, 헴, 헹, 호, 혹, 홀, 홈, 홍,
화, 환, 활, 홧, 홰, 홱, 횅, 회, 획, 후, 훅, 훌, 훔, 훗, 훤, 훨, 휑,
휘, 휙, 흐, 흔, 흘, 흠, 흥, 희, 히, 힐

즉 흉내말에 분포하는 서로 다른 2음절의 종류가 첫 음절에서는 622개인 데 반해, 끝 음절에는 237개로 첫 음절에 비해 특정 음절의 사용 빈도가 높게 나타난다는 것을 알 수 있다. 다만 이러한 분포적 특성은 '상징소' 설정의 가능성을 보이는 것이지 이를 형태론적 단위로 볼 수 있는 증거로는 아직 부족하다.

2.2.2. 유음반복형에서

흉내말을 구성하는 음절을 하나의 영문 기호로 대치하여 음절수에 따라 'a', 'ab', 'abc' 등으로 표시하고 반복형은 'aa', 'abab', 'abcabc'로 표시하기로 한다. 이때 반복형은 흉내뿌리를 완전히 동일한 형태로 반복하는 완전반복형과 흉내뿌리의 일부를 교체하는 유음반복형이 있다.

『우리말 큰사전』(1992)에서 유음반복형의 흉내말 128개를 뽑았는데 이 가운데 첫 소리가 홀소리로 시작하는 것이 100개로 78.1%이고 나머지가 28개였다.

(20) ab(c)ab(c) → a′ b(c)ab(c)

ㄱ. 아로록다로록, 아로롱다로롱, 아록다록, 아웅다웅, 아장바장, 안달복달, 알근달근, 알뜰살뜰, 알로록달로록, 알로롱달로롱, 알록달록, 알롱달롱, 알쏭달쏭, 애고대고, 애고지고, 어근버근, 어뜩비뚝, 어런더런, 어루룩더루룩, 어루룽더루룽, 어룩더룩, 어룽더룽, 어빡자빡, 어석버석, 어우렁더우렁, 어칠비칠, 언틀먼틀, 얼근덜근, 얼낌덜낌, 얼렁뚱땅, 얼루룩덜루룩, 얼루룽덜루룽, 얼룩덜룩, 얼룽덜룽, 얼멍덜멍, 얼쏭덜쏭, 엄벙덤벙, 엉기정기, 엉이야벙이야, 엉정벙정, 오동포동, 오목조목, 오물쭈물, 오불조불, 오순도순, 오톨도톨, 옥신각신, 올강볼강, 올공볼공, 올근볼근, 올똑볼똑, 올막졸막, 올망졸망, 올목졸목, 올몽졸몽, 올쏙볼쏙, 올톡볼톡, 올통볼통, 옴짝달싹, 옹개종개, 옹기종기, 옹송망송, 와다글다다글, 와달박달, 와시글덕시글, 와실덕실, 와자박자, 왈강달강, 왈랑절렁, 왱강댕강, 왱그랑댕그랑, 우락부락, 우물쭈물, 욱실득실, 욱적북적, 울겅불겅, 울근불근, 울긋불긋, 울뚝불뚝,

울먹줄먹, 울멍줄멍, 울뭉줄뭉, 울쑥불쑥, 울욱줄욱, 울툭불툭,
울퉁불퉁, 월겅덜겅, 월컥덜컥, 월컹덜컹, 웽겅뎅겅, 웽겅젱겅,
웽그렁뎅그렁, 으등부등, 으밀아밀, 윽시글득시글, 이죽야죽, 일
긋얄긋, 일기죽알기죽, 일렁얄랑, 일쭉얄쭉
ㄴ. 가리산지리산, 갈팡질팡, 곤드레만드레, 곰비임비, 는실난실, 뒤
죽박죽, 들쑥날쑥, 맹꽁징꽁, 뭉게뭉게, 반둥건둥, 서털구털, 시
드럭부드럭, 시득부득, 시물새물, 싱숭생숭, 씨물쌔물, 진동한동,
진둥한둥, 티격태격, 허덕지덕, 허둥지둥, 헐금씨금, 혜실바실,
흐슬부슬, 흑죽학죽, 흘깃할깃, 흥뚱항뚱, 흥청망청

유음반복형은 다시 (20ㄱ)과 같이 닿소리가 탈락하거나 첨가된 형태와
(20ㄴ)과 같이 닿소리가 교체되거나(뒤죽박죽, 흐지부지 등) 홀소리가 교체된
형태(실룩샐룩, 싱숭생숭 등)가 있다. 흉내말이 이런 유음반복 형식을 갖는
것은 흉내 대상의 다채로움을 보다 생동감 있게 표현하기 위한 것으로
보이는데, 유음반복형 구성에서 흉내뿌리의 첫 음절을 교체하는 경우는
있으나 끝 음절을 교체하는 경우는 발견할 수 없었다. 이것은 끝 음절이
흉내말의 성격을 결정하는 데에 상대적으로 어떤 중요성을 갖고 있기 때
문이라고 생각된다.
15세기의 흉내말에서도 유음반복형을 볼 수 있는데, 현대국어 흉내말의
유음반복형(합성어)에서는 볼 수 없는 어순을 갖기도 한다.

(21) abab → aba′b
ㄱ. 간들완들 <七大 3>
ㄴ. 구물우물 <南明上 68>
ㄷ. 번들원들 <楞解 10 : 2>
ㄹ. 반들원들 <杜初 9 : 14>
ㅁ. 브즐우즐 <南明上 19>

현대국어의 유음반복형에서 흉내뿌리의 첫 음절의 닿소리가 탈락하거나,
첨가된 경우에는 (20ㄱ)과 같이 홀소리를 갖는 쪽이 구성상 앞에 온다. 이

에 반해 (21)의 유음반복형은 홀소리를 갖는 '완들', '우물', '원들', '우즐'이
뒤에 왔다. 이는 현대국어의 흉내말 구성에서는 볼 수 없는 일인데, 끝 음
절에 변화가 없음은 현대국어의 흉내말과 마찬가지이다. 이렇게 흉내말의
끝 음절이 첫 음절과 달리 형태를 유지하는 것은 이들이 의미상이나 흉내
말 형성 과정에서 특별한 역할을 맡고 있기 때문이라고 판단된다.8)

2.2.3. 파생형과의 비교에서

종래 하나의 형태소로 처리되었던 흉내뿌리를 형태상 관련을 갖는 다
른 흉내말과 비교해 보면 이들이 보다 작은 형태론적 단위의 복합체임을
분명히 확인할 수 있다.

> (22) ㄱ. '-글' : 빙빙 / 빙-글 빙-글
> ㄴ. '-금' : 살살 / 살-금 살-금
> ㄷ. '-끔' : 찔찔 / 찔-끔 찔-끔
> ㄹ. '-딱' : 팔팔 / 팔-딱 팔-딱
> ㅁ. '-둥' : 기웃기웃 / 기웃-둥 기웃-둥
> ㅂ. '-들' : 반반 / 반-들 반-들
> ㅅ. '-렁' : 훌훌 / 훌-렁 훌-렁
> ㅇ. '-실' : 둥둥 / 둥-실 둥-실
> ㅈ. '-적' : 끈끈 / 끈-적 끈-적
> ㅊ. '-짝' : 살살 / 살-짝 살-짝

위와 같은 보기들은 흉내말 구성의 일반 원리라 할 만큼 흔히 볼 수 있다.

---

8) 채완(1986)에서는 유음반복어의 어순이 의미에 의해 결정되는 것이 아니라, 앞뒤
형태의 첫 음절 홀소리, 닿소리가 일정한 순서를 이루도록 배열되는 것임을 밝히
고 다음과 같은 배열 순서를 제시하였다.

$$\text{ø} - \left\{ \begin{matrix} w \\ j \end{matrix} \right\} - h - m - s - k - t - \left\{ \begin{matrix} \check{c} \\ p \end{matrix} \right\}$$

이러한 원리에 따른다면, aba'b > a'bab 로의 변천은 중세국어의 반복합성어가 현
대국어의 반복합성어의 보편 어순으로 변천한 것으로 보인다.

이것은 '둥실둥실'의 직접구성성분이 '둥실-둥실'이고 '둥실'이 다시 '둥'과 '실'의 결합으로 구성되었음을 보이는 것이다. '살살', '살금살금', '살짝살짝' 등의 비교에서도 '살'을 분석할 수 있고 이때 남은 요소 '-금'과 '-짝'이 '야금야금'이나 '깔짝깔짝' 등의 구성에 참여하는 것을 볼 수 있다.

2.2.4. 의미 면에서

이렇게 분석한 형식들은 다시 일정한 고유 의미를 갖고 흉내말의 전체 의미를 결정하는 데 참여한다.

박동근(1992ㄱ)에서는 '상징소'에 [일회성], [큼], [빠름], [무거움]의 의미 자질을 설정한 바 있다. 편의상, 앞에서 제시한 '-실'로 끝나는 보기를 다시 들어 보겠다.

> (23) '-실'을 끝 음절로 갖는 모양 흉내형식의 목록(60개)
> 곰실, 뼁실, 넘실, 뭉실, 검실, 둥실, 함실, 봉실, 남실, 동실, 감실, 벙실, 느실, 근실, 뱅실, 난실, 빵실, 깐실, 당실, 간실, 굽실, 득실, 곱실, 욱실, 늠실, 눅실, 굼실, 왁실, 옴실, 옥실, 빙실, 녹실, 둥실, 억실, 뼁실, 벅실, 뼁실, 덕실, 방실, 걱실, 꼽실, 박실, 꿈실, 시실, 꼼실, 느실, 몽실, 투실, 앙실, 토실, 흠실, 헤실, 새실, 꿉실, 매실, 덩실, 바실, 옴실, 풍덩실, 두둥실

박동근(1992ㄱ)에서는 '무거움'의 측면에서 '-실'에 [-무거움]의 자질을 주어 '-실'이 결합하는 흉내말은 '가벼운 동작'을 의미하는 것으로 보았다. 이러한 사실은 위의 보기를 통해서 확인할 수 있다.

한편 '-실'을 끝 음절로 가진 흉내말은 대부분 첫 음절이 예사소리, 된소리, 거센소리의 쌍을 갖지 않으며, 유일하게 된소리 대응쌍을 갖는 '빙실/뼁실; 뱅실/뼁실', '방실/빵실; 벙실/뼁실'의 경우에도 '실'이 앞 소리를 따라 '씰'로 바뀌지 않는다. 이렇게 '실'은 의미에 따라 결합이 한정되며, 일방적으로 앞의 닿소리 자질을 따라 가지 않는다는 점에서 고유한 의미를

갖는 형태론적 단위로 볼 만하다.[9] 글쓴이의 직관으로는 '우글우글'의 '글' 과 '바글바글'의 '글'이 결코 다르다고 느껴지지 않는다.

이와 같은 형식이 흉내말 구성에서 나타나는 것은 국어만의 특징은 아닌 것 같다.

(24) ㄱ. 'fl-'[움직이는 빛] : *flash, flare, flame, flick, flicker, flimmer*

ㄴ. '-ump'[서툰] : *bump, clump, chump, dump, frump, hump, lump, rump, stump, thump*

ㄷ. '-im'[희미한 빛 혹은 소음] : *dim, fimmer, glimmer, simmer, shimmer*[10]

---

9) 김홍범(1995 : 155~189)에서는 박동근(1992ㄱ)에서 시론적으로 제시한 상징소의 의미 자질을 재검토한 결과, 이들이 공통된 추상의미와 고유한 상징의미를 갖지 않는다고 결론지었다. 예를 들어 박동근(1992ㄱ)에서는 '비실비실'을 '비틀비틀'과 비교하여, '-실'에 [-무거움]의 의미 자질을 부여하였는데 이는 오류라는 것이다. 즉, '넘실넘실'의 '실'은 '남실남실'과 비교했을 때 상대적으로 가벼운 느낌을 주지 못하며, '토실토실/투실투실'과 '몽실몽실/뭉실뭉실'은 상태성이므로 동작의 가벼운 말맛을 나타낼 수 없다는 것이다.
이러한 상반된 결론은 자료를 다루는 태도가 다르기 때문이라 생각한다. 글쓴이는, '넘실넘실'이 '남실남실'에 비해 무겁게 느껴지는 것은 '남-/넘-'의 대응에 의한 상대적인 차이지, '넘실'이나 '남실'의 절대적 의미는 모두 '가볍게' 굽이치는 모습을 나타내는 것임에는 변함이 없다고 생각한다. 한편, '토실토실'이나 '몽실몽실'은 상태성이므로 동작성에 대한 의미 자질로 '무거움'이 타당하지 않다는 지적에 대해서, 이것은 '실'이 동작의 무거움을 나타내는 것이 아니라는 증거가 되기 보다는 상태성 흉내말에 결합한 '-실'은 '무거움'의 자질이 비관여적이라고 설명하는 것이 나을 것 같다. 혹은 '-실'에 대해 동작의 '무거움'과 '토실토실', '몽실몽실'과 같은 상태성을 포괄하는 의미 자질을 설정하는 것도 고려해 볼 만하다고 생각된다. 한편, 글쓴이가 (23)에서 '-실'이 결합한 모든 흉내말을 제시한 것은 출현 빈도를 통해 그 분석 가능성을 제시하고자 한 것이지 여기에서 '-실'이 모두 동일한 가치로 분석될 수 있다는 것은 물론 아니다. 여기에는 분명 우연의 일치도 존재할 것이므로 이는 실증적으로 하나하나 검토해 나가야 할 것이다.
분명한 것은 '둥실둥실'(둥둥), '덩실덩실'(덩덩), '굼실굼실'(굼다) 등에서 '-실'을 분석해 낼 수 있으며, 이들이 가볍게 움직이는 동작을 의미하는 것도 사실이라는 점이다. 부정적이거나 우연의 일치가 존재한다면 이는 가려 내야 하겠지만, 명백히 긍정적인 것까지 부정할 필요는 없다고 본다. 다만, 박동근(1992ㄱ)에서 제시한 상징소의 의미 해석은 다분히 주관적이었으므로 보다 정밀한 검토가 필요하다.

10) 자료는 블룸필드(1933 : 245)와 나이다(1949 : 61)에서 인용.

이에 대해, 블룸필드(1933:244)는 '뿌리 형성 형태소'(root-forming morpheme)라는 다소 모순적인 이름으로 불렀다. 한편 나이다(1949:61)는 이들이 부분적으로 음성-의미적 유사성을 갖고 있기는 하나, 단독으로 나타날 수 없고 다른 결합에서는 나타나지 않으므로 형태소의 자격을 갖지 못한다고 보았다. Marchand(1969:403)은 이와 같은 요소를 완전한 형태소로는 받아들일 수 없지만 낱말을 형성하는 요소임을 인정하여 'symbols'라고 불렀다. 박동근 (1992ㄱ, ㄴ)에서는 이들이 흉내말을 구성하는 형태론적 단위로 인정되지만 공시적으로 완전한 형태소로 인정하기에는 부족한 점이 있으므로, 이를 새로운 형태론적 층위로 규정하고 '상징소'라 이름하였다.11)

2.3. 상징소 설정의 방법

그렇다면 국어의 흉내말에서 과연 어떤 상징소들을 설정할 수 있을 것인가?

일차적으로 'ab(abab)' 혹은 'abc(abcabc)' 구조의 모양흉내말에서 끝 음절은 모두 '상징소'가 될 수 있는 가능성을 갖는다. 그러나 여기서 상징소를 설정하는 것은 형태소를 설정하는 것만큼 객관적이지는 못하다.

우선, 우리는 상징소가 하나의 형식 단위로 고유한 의미를 가지고 있다는 점에서, 이들이 흉내말을 구성하는 데 높은 빈도를 보일 것이라 가정한다. 그런데 끝 음절 자리에서 같은 음절의 빈도가 높게 나타나는 것은 모양흉내말만의 특징은 아니다. 소리흉내말 가운데에도 이 자리에서 높은

---

11) 이문규(1996:31)에서는 공시적으로 독립적인 형태소의 자격은 없으나 어원론적 분석이 가능하고 또 불규칙적이긴 하지만 어기와 분리되기도 하는, 상징어 내부의 '접사 상당 요소'를 '상징어 구성소'라 하고 그 특징을 다음과 같이 들었다.
① 어원론적으로 상징어기에 연결되어 상징어를 형성한 접사 상당의 요소이다.
② 공시적으로 형태소 분석법에 의해 접사로 추출될 수 있으나, 일반적인 접사처럼 단어형성 과정에 적극 참여하지는 않는다.
③ 상징어가 형태확장하는 과정에서 어기와 분리되기도 한다.

빈도를 보이는 음절들이 있다.

　(25) '–랑' : 땡그랑, 딸랑, 찰랑, 쨍그랑, 딸그랑, 짤그랑, 콜랑, ……

　'랑'으로 끝나는 소리흉내말은 소리가 세게 울려나는 것을 표현하는 경우가 많다. 그러므로 소리흉내말의 '–랑'이 고유한 의미를 가지고 있다고 할 수 있을 것이다. 그러나 소리흉내말은 무한한 자연의 소리를 유한한 음성으로 모방한 것으로 '땡그랑'이나, '딸랑' 등은 그 자체가 하나의 개념을 모방한 것이지 더 작은 의미 요소의 복합체가 아니다. 그러므로 '땡그랑'이나 '딸랑' 등을 '땡그–랑', '딸–랑'으로 분석하기는 어렵다. '땡그랑', '딸랑', '쨍그랑' 등에서 공통적으로 나타나는 '랑'은 구체음을 음성으로 추상화하는 과정에서 나타난 동음 현상 정도로 보아야 할 것이다. 즉 모양흉내말과 달리 소리흉내말의 끝 음절 자리에서 특정 음절의 빈도가 높게 나타날지라도 그것은 음운 형식일 뿐 형태론적인 단위로 볼 수 없다. 이러한 처리는 '상징소'가 일반 낱말에 결합하여 모양흉내말을 파생하는 데 참여하는 것과 달리 소리흉내말은 일반 낱말에서 파생되는 것이 아니라 발생학적으로 모두 음상상징어라는 점에서도 타당성을 갖는다.

　흉내말에서 상징소를 설정하는 데는 그 원형이라고 생각되는 차원까지 고려할 수 있을 것이다. 예를 들어 '꿈지럭'은 '꿈질+억'의 결합으로 보고 여기서 상징소 '–억'을 설정할 수도 있다. 그러나 음성상징은 어디까지나 공시적 차원의 문제라고 본다. 또 '주물럭'과 '꿈지럭'의 비교에서, '꿈지럭'의 '–럭'과 '주물럭'의 '–럭'은 각각 '꿈질'과 '주물'에 결합한 것으로 모두 같은 의미를 갖는 상징소로 보이는데, 현재로서는 '주물럭'의 '–럭'이 '–억'에서 왔다는 증거를 발견하기는 어렵다. 그러므로 상징소의 설정은 공시적으로 음절을 단위로 하는 것이 바람직하다고 생각한다.

　그런데 상징소의 형태가 같다 하여 모두 동일한 상징소로 볼 수는 없을 것 같다. 왜냐하면, 마치 일반어에 동음이의어가 존재하는 것과 마찬가지로 동음이의어적인 상징소가 있기 때문이다. 예를 들어 모양흉내말 '깔짝'의 '－짝'은 '계속적이며 작은 동작'의 의미를 갖는 데 반해, '활짝' 의 '－짝'은 '일회적이며 큰 동작'의 의미를 갖는 것으로 판단된다. 그러 므로 이러한 경우에는 각각 '－작₁'과 '－작₂'로 구분할 수 있다.

이러한 설정 원칙에 따라, 박동근(1990ㄱ)에서는 다음과 같이 상징소의 기본형태와 이형태를 제시하였다.

〈표 9〉 상징소와 그 이형태 목록(박동근, 1992ㄱ)

기본형태	이형태	기본형태	이형태
－근	－끈, －큰	－록	－룩
－글		－르	
－금	－끔, －큼	－막	－먹
－굿	－끗	－박	－빡, －벅, －뻑
－닥	－덕, －딱, －떡, －댁, －땍, －덱, －떽, －탁, －턱	－삭	－석, －싹, －썩
－독	－둑, －똑, －뚝	－슬	
－동	－둥, －똥, －뚱, －통, －퉁	－실	
－득	－뜩	－작₁	－짝, －적, －쩍, －착, －척
－들	－틀	－작₂	－짝, －적, －쩍
－락	－럭	－족	－죽, －쪽, －쭉, －축
－랑	－렁	－질	－질

2.4. 상징소 설정의 의의

2.4.1. 형태 분석의 일관성

외형적으로 서로 다른 모습을 보이는 개별 언어들은 사실 많은 공통점들을 갖고 있다. 언어학의 흐름도 최근 수십 년 동안 언어의 보편적인 성격에 관심을 갖고 그 본질을 밝히려는 데 집중되어 왔다. 그러나 각 언어의 개별성과 그 언어 내에서의 특수성 또한 인정하지 않을 수 없다.

형태론적 최소 단위로서 형태소는 언어의 보편적 단위이다. 형태소는 문법론의 기초가 되는 단위이며 다양한 문법 정보와 의미를 갖고 있어 그 분석 기준과 범위를 결정하는 것은 매우 중요한 작업이다. 여기에는 두 가지 방법이 가능하다. 하나는 형태소를 한 언어의 개별성과 특수성을 인정하여, 추상적인 단위까지 분석해 나가는 것이며, 다른 하나는 모든 언어에 대해 보편적으로 적용할 수 있는 데까지만 적용하고 개별적이며 특수한 요소에 대해서는 별도의 층위를 설정하는 것이다. 글쓴이가 '상징소'를 설정한 것은 후자의 입장이다.

흉내말의 발달은 한국어의 개별 언어가 갖는 특성이며, 여기서 상징소를 설정하는 것은 한국어의 흉내말 구성이 일반어와 다른 형태론적 특성을 갖고 있기 때문이다.

> (26) ㄱ. 콩쥐는 <u>살금살금</u> 걸어 갔다.
> ㄴ. 팥쥐는 <u>엉금엉금</u> 기어 갔다.

(26ㄱ)의 '살금살금'은 '살살'과의 비교에서 '살-'을 분석해 낼 수 있다. 이때 여기에 결합하는 '-금'은 다른 흉내말과 결합하기도 하고 또 '살-'이 완전한 형태소이기 때문에, 이와 결합하는 '-금'도 형태소로서의 자격을 갖추고 있다고 볼 수 있다. 그러므로 '살금살금'에서 '-금'을 형태소로 분석하는 것은 형태소의 일반적인 정의로도 가능하다. 그러나

(26ㄴ)의 '엉금엉금'에서 '-금'을 제외한 '엉-'은 완전한 형태소로 보기
어렵기 때문에, 이와 결합하는 '-금'이 비록 형태나 의미 면에서 '살금살
금'의 '-금'과 동일하다고 판단되지만 형태소 분석의 일반 원리에 충실
하자면 분석하기 어렵다.

> (27) ㄱ. 배가 둥둥 / 둥실둥실 떠 간다
> ㄴ. 어깨춤을 *덩덩 / 덩실덩실 추었다

우리는 '넘실넘실', '굽실굽실'의 '-실'이 각각 '넘다' '굽다'의 줄기에
결합한 것이라는 것을 안다. 또 (27ㄱ)의 '둥실둥실'도 '둥둥'에서 '실'이
결합하여 이루어진 것으로 이때, '-실'은 모두 같은 의미를 지닌 하나의
형태로 판단된다. 마찬가지로 (27ㄴ)의 '덩실덩실'의 '-실'도 동일한 의미
를 갖는 것으로 판단되는데, 이때 '-실'을 제외한 '덩'이 형태소의 자격
을 갖지 못하므로 '넘실넘실', '굽실굽실', '둥실둥실'에서 '실'을 형태소로
분석해 낼 수 있는 것과 달리 '덩실덩실'에서는 '실'은 분석할 수 없다.
이러한 이유로, 우리가 인지하는 것과 실제 이론적으로 분석할 수 있는
형태소 사이에 거리가 생기게 된다.

그러나 이제, 형태소의 보편적인 개념을 유지한 채, 이들을 모두 '상징
소'라는 새로운 단위로 설정함으로써, 형태 분석에 일관성을 가질 수 있
게 되었다.

2.4.2. 흉내말의 파생

흉내말의 발생을 흔히 언어 기원적인 것으로 보는 경향이 있었다. 그렇
다면 우리는 흉내말을 옛 문헌에서 보다 쉽게 발견할 수 있을 것이라고
생각할 수 있다. 그러나 우리의 기대와는 달리 국어의 흉내말을 중세국어
자료에서 찾기 쉽지 않고 오히려 후대로 내려올수록 흉내말의 출현이 빈
번히 나타난다. 이는 현존하는 흉내말의 상당수가 고유한 것이라기보다

오히려 후대에 만들어 졌음을 시사하는 것이다. 그리고 가장 전형적인 유형은 이 글에서 '상징소'라고 부른 형식이 일반 낱말에 결합하여 모양흉내말을 파생하는 것이다.

흉내말의 생성 과정에 대해 유창돈(1975 : 433~439)은 '전성 상징 부사'에서 다음과 같이 세 가지 유형을 들었다.

> (28) ㄱ. 어근 + 접미사 → 상징부사
> ㄴ. 동사 → 상징부사
> ㄷ. 형용사 → 상징부사

먼저 (28ㄱ)의 어근에 접미사가 결합하여 상징부사를 형성하는 것으로는 '반득, 반들, 옴즉, 우물, 옴작, 서늘, 선들' 등을 들었다. '반득'과 '반들'은 '반'에 각각 '득'과 '들'이 결합한 것이며 '짝'이 결합하면 '반짝'이 된다고 하였다. 그리고 '옴즉', '우물', '옴작' 등에서는 '動'의 뜻인 '옴/움'을 추출할 수 있으며, '서늘'과 '선들'은 '선선하다'의 대비에서 각각 '을'과 '들'이 결합한 것으로 파악하였다.

(28ㄴ)의 동사가 상징부사로 전성하는 것은 다시 두 가지로 나누었다. 하나는 동사의 어간이 바로 상징부사로 전성하는 것이며, 다른 하나는 동사의 어간에 접미사가 결합하여 상징부사로 전성하는 것이다. 동사가 상징부사로 전성된 것으로는 '흔들흔들(흔들다)', '시들시들(시들다)', '뱅글뱅글(뱅글다)' 등을 들고 동사에 접미사가 연결되어 상징부사로 전성하는 것으로는 '금즉(감다)', '기웃(기울다)', '머뭇(머물다)' 등을 들었다.

(28ㄷ)으로는, 동사가 상징부사로 전성되는 것과 마찬가지로 형용사가 바로 상징부사로 전성하는 것 '동굴(동글다)', '쫏쫏(돗다)', '우묵(우묵다)', '눅눅(눅다)'과, 형용사의 어간에 접미사가 결합하여 상징부사로 전성되는 '드뭇(드물다)', '물곳(묽다)', '누긋(눅다)', '늘윗늘윗(늘의다)' 등을 들었다.

이로 보아, 현존하는 많은 흉내말들이 기원적으로는 흉내말이 아니라, 흉내말을 만드는 다양한 뒷가지들의 결합에 의해 만들어 졌다는 것을 알 수 있다. 그러나 이러한 사실에도 불구하고 이들을 공시적인 측면에서 형태소로 분석할 수 있는 것은 아니다. 그러나 그 말밑을 탐구해 들어간다면, 비록 우연의 일치가 없지는 않겠으나, 이들은 동일한 파생 과정을 거친 것으로 보이며 이때 흉내말 파생에 참가하는 요소는 이 글에서 설정한 '상징소'가 된다. 또한 우리가 어떤 낱말들을 흉내말로 인지하는 데 상징소의 영향을 많이 받는 것으로 판단된다.

이러한 측면에서 상징소를 설정하는 것은 흉내말의 본질적인 구조를 파악하고 흉내말의 형성 과정을 연구하는 데 유용하다고 본다.[12]

2.4.3. 상징소의 의미

상징소는 고유한 의미를 갖고 전체 흉내말의 의미를 결정하는 데 참여한다.

> (29) ㄱ. 콩쥐가 종이를 <u>꼬깃꼬깃</u>하게 구겼다.
> ㄴ. 팥쥐가 종이를 <u>꼬기작꼬기작</u>하였다.

(29)의 '꼬깃'과 '꼬기작'은 모두 움직씨 '구기다'에서 파생된 것으로 보인다. 그런데 (29ㄱ)의 '꼬깃꼬깃'은 '상태성'으로 종이가 현재 구겨져 있는 상태를 의미하는 데 반해, (29ㄴ)의 '꼬기작꼬기작'은 '-작'이 결합하여 종이를 구기는 '동작'을 의미한다. 이들은 모두 동작성의 움직씨에서 파생하였음에 불구하고 그와 결합한 상징소에 따라 각각 다른 의미를 갖는다. 실제 글쓴이가 조사한 바에 의하면 상징소 '-작'이 결합하는 흉내말은 대부분 동작성의 의미를 가진다.

---

12) 흉내말을 어원론적인 측면에서 고찰한 연구로는 김종택(1968), 김중섭(1995) 등이 있다. 김중섭(1995 : 2)은 "일정한 사물의 모양을 흉내내거나 표현한 어휘는 원래 그 사물의 명칭과 분명히 어떤 관련을 맺고 있을 것이다"라는 가정 하에 모양흉내말과 관련된 낱말을 대응시켜 보면 그 어원적 의미를 찾아낼 수 있을 것이라고 가정하였다. 궁극적으로 모양흉내말의 뿌리 부분이 실사에서 유래한다고 보았다.

(30) ㄱ. '−실' : 간실, 굼실, 굽실, 근실, 남실, 넘실, 는실, 덩실, 둥실,
　　　　　　뭉실, 문실, 비실
　　　ㄴ. '−들' : 간들, 건들, 바들, 시들, 흔들, 반들, 꿈틀, 비틀

(30)과 같이 상징소 '−실'이나 '−들'을 갖는 흉내말은 주로 가벼운 동작을 의미하는 것으로 보인다.

(31) ㄱ. 콩쥐는 다리를 <u>절룩</u>거렸다.
　　　ㄴ. 팥쥐는 다리를 <u>절뚝</u>거렸다.

'절룩'이나 '절뚝'은 모두 '절다'에 상징소 '룩'과 '뚝'이 결합하여 파생한 흉내말로 보이는데, '절뚝'에 비해 '절룩'은 다리를 더 잘게 저는 모습을 나타낸다. 이는 상징소 '룩'과 '뚝'의 의미가 서로 다르기 때문이다.
　즉 각각의 상징소는 일정한 의미를 가지고 있고 흉내말 파생 과정에서 전체 흉내말의 의미 형성에 참여하게 된다.

3. 흉내말의 낱말 만들기

3.1. 들어가기

흉내말이 국어에서 수적으로 큰 비중을 차지하는 것은 흉내뿌리로만 이루어진 전형적인 어찌씨 흉내말 외에 다양한 파생형을 갖고 있기 때문이다. 즉, 단독으로 낱말의 자격을 갖는 흉내말이 다시 반복형을 갖기도 하고, 다양한 뒷가지와 결합하여 새로운 의미 범주를 파생하기도 한다. 이러한 점에서 국어에서 전체 흉내말 수를 헤아린다는 것은 매우 어려운 일이다.

우리는 앞에서 흉내말이 형태·통어상의 범주명이 아님을 분명히 했다. 그러므로 '깜깜하다, 뻐근하다'뿐 아니라 '개구리, 뭉게구름' 등도 모두 넓은 의미의 흉내말이 된다고 보았다. 즉 '개굴'은 자립성이 없기 때문에 흉내뿌리는 될지언정 흉내말은 아니며, 그 반복형인 '개굴개굴'이 어찌씨 흉내말이 되며, '-거리다'가 결합한 '개굴거리다'는 움직씨 흉내말이 되고 '개구리'는 이름씨 흉내말이 되는 것이다.

흉내뿌리가 낱말을 만드는 가장 일반적인 방법은 반복구성을 취하는 것이다. 반복형은 대부분 어찌씨 흉내말이 된다. 그러나 흉내뿌리는 이밖에도 다양한 형태소와 결합하여 어찌씨 외에 이름씨, 풀이씨, 느낌씨가 되기도 한다. 이 장은 후자에 관심을 갖는다.

흉내말의 낱말만들기 유형은 다음과 같이 구성 방식에 따라 분류하거나 파생 범주에 따라 분류할 수 있다.

(32) 흉내말의 낱말만들기 유형(Ⅰ)-구성 방식에 따라
ㄱ. 흉내뿌리 단독으로 : 텅, 쑥, 꾹, 딱, 벌떡, 반짝, 펄쩍…
ㄴ. 흉내뿌리의 반복으로 : 둥둥, 살살, 반들반들, 부글부글…
ㄷ. 뒷가지와의 결합으로 :
    단순형에-따끔하다, 부글거리다, 번쩍이다, 뚱보, 더듬이…
    반복형에-끄떡끄떡하다, 뒤뚱뒤뚱거리다, 단단히, 끈끈이…
ㄹ. 움직씨 영파생의 반복으로 :
    비틀비틀(비틀다), 더듬더듬(더듬다), 흔들흔들(흔들다),
    시들시들(시들다), 구불구불(구불다), 삐뚤삐뚤(삐뚤다),
    까불까불(까불다), 뒹굴뒹굴(뒹굴다), 주물주물(주물다)…
ㅁ. 일반어휘와의 합성으로 :
    산들바람, 보슬비, 얼룩소, 복슬강아지, 꿀돼지, 흔들바위…

(33) 흉내말의 낱말만들기 유형(Ⅱ)-파생 범주에 따라
ㄱ. 어찌씨 만들기-
    흉내 형식만으로 : 둥둥, 꽁꽁, 깡충깡충, 빙글빙글…
    흉내형식 + 어찌씨 파생 접사 : 팽팽히, 단단히, 시들스레, 꿈쩍
        하면…

    ㄴ. 풀이씨 만들기 ─ 뒷가지와의 결합으로 : 딱딱하다, 반짝거리다,
                                                    깜빡이다…
    ㄷ. 이름씨 만들기 ─
        흉내 형식만으로 : 뽀뽀, 삐삐…
        흉내형식 + 뒷가지 : 꿀꿀이. 딸꾹질, 덤벙꾼, 뚱보, 끈기…
        합성법으로 : 복슬강아지, 얼룩소, 남실바람, 부슬비…

  여기에서는 파생 범주를 중심으로 흉내말의 낱말만들기 유형을 살펴보
도록 하겠다.
  이 가운데, '─하다', '─대다', '─거리다', '─이다'와의 결합에 의한
풀이씨 파생과 '─이 / 히'에 결합에 의한 어찌씨 파생은 흉내말 파생에서
가장 생산적이며 규칙적인 모습을 보여준다. 여기서는 특히 생산적인 뒷
가지의 파생 조건을 살피는 데 노력할 것이다.

3.2. 풀이씨 만들기

3.2.1. '─하다, ─대다, ─거리다, ─이다'

  이 단락은 흉내말과 결합하여 움직씨나 그림씨를 파생하는 형태인 '─하
다, ─대다, ─거리다, ─이다'에 대한 종합적인 연구로, 이 네 형태의 형
태·통어론적인 특성과 의미를 파악하여 선행하는 흉내말과의 결합 규칙 및
제약을 형식화하는 것이 목적이다.
  '─하다, ─대다, ─거리다, ─이다'에 의한 풀이씨 만들기는 생산성이 매
우 높고, 상호 밀접한 관련을 갖고 있으므로 한자리에 놓고 다룰 만하다.
  '─하다, ─거리다, ─대다, ─이다'는 선행하는 흉내말의 형태론적·통
어론적 특성에 따라 결합 조건에 차이를 보인다. 이 가운데 '─대다'와
'─거리다'는 결합 특성이나 의미가 매우 비슷하여 전통적으로 '─대다'
는 '─거리다'의 비표준어로 처리되어 왔으며, 88년에 개정된 표준어 규
정에서는 '─거리다'와 ─대다'를 복수 표준어로 인정하였다. 또한 국어사

전에서는 '-거리다'가 결합한 흉내말에 대해 일률적으로 '-대다' 결합형을 표제어로 올리는 경향이 있었으나, '-대다'와 '-거리다'의 쓰임이 다르다는 것이 몇 차례 지적되었다.[13] 그러므로 이 연구에서도 '-대다'와 '-거리다'의 차이점에 주목할 것이다.

파생의 뒷가지에 대한 최근의 연구에서 주로 논란이 되는 것은 그것이 공시적인 생산성을 갖느냐의 여부이다. 여기에서 '-이다'를 제외한 '-하다, -거리다, -대다'는 흉내말과 결합하여 새말을 만드는 예가 상당히 많을 뿐만 아니라 화자가 즉각적으로 이 네 유형의 결합형에 대해 적격·비적격성 여부나 수용성의 정도를 판단할 수 있으므로 이들과 선행하는 흉내말과의 결합은 규칙 지배적임을 알 수 있다.[14]

이 연구를 위해 글쓴이는 사용 빈도가 높고 우리가 즉각적으로 그 의미를 파악할 수 있는 흉내말을 연구 대상으로 선정하였다. 단, 홀소리나 닿소리의 대응으로 어감의 차이를 갖는 흉내말들은 이 네 형태와의 결합 조건에 있어 큰 차이를 보이지 않으므로 그 가운데 하나를 선택하여 결합 조건을 살피기로 한다.

흉내말과 '-하다, -대다, -거리다, -이다'의 결합 조건을 밝히기 위해서는 먼저 흉내말과 이 네 형식의 형태·통어론적인 특성을 살펴야 한다. 둘째, 흉내말을 그 상적 속성에 따라 하위 분류하여 선택제약을 살피는 것이다. 결합형의 목록은 기본적으로 사전에 수록된 것을 바탕으로 하였으나 앞에서도 언급했듯이, 사전에 수록된 결합형 가운데에는 부정적인 자료들이 있기 때문에 이를 그대로 받아들이기 어렵다. 그러므로 보다 객관적인 연구를 위해 설문 등을 통해 적격·비적격의 여부나 수용성의 차이를 조사하고 그러한 차이가 어디에 근거하는가를 밝힐 것이다.

---

13) 흉내말과 '-하다, -대다, -거리다, -이다'의 결합 양상에 대한 앞선 연구는 박동근(1994ㄱ, 1996ㄱ) 참조.

14) 따르릉(전화소리), 빵빵(자동차 소리), 째깍째깍(시계 소리) 등은 적어도 근대 이후에 만들어진 흉내말이므로 여기에 '-거리다'가 결합한 '따르릉-거리다, 빵빵-거리다, 째깍-거리다' 등이 만들어진 시기는 그리 오래되지 않았음을 알 수 있다.

수많은 흉내말의 결합형들이 모두 일정한 '낱말 형성 규칙'으로 설명될 수 있는 것은 아니다. 그 가운데에는 일부 예외적인 것으로 보이는 예들이 있다. 여기서는 일부 예외적인 현상에 너무 집착하여 무리한 설명을 하는 태도는 피하기로 하겠다. 이는 대개 통시적인 '어휘화'의 결과로 보이는 특수한 것들로, 있는 그대로 기술함으로써 전체 논의에 흐트러짐이 없도록 하겠다. 형태론, 특히 조어법은 음운론과 밀접한 관계가 있다. 흉내말과 이 네 형태에 대한 결합 조건으로 형태론적인 제약뿐 아니라 음운론적인 제약이 나타나므로 이에 대한 검토 역시 필요하다.

여기서는 흉내말 가운데 모양흉내말만을 대상으로 한다. 소리흉내말은 모양흉내말에 비해 임의적인 성격이 강하다고 판단되기 때문이다. 물론 대부분의 소리흉내말도 '-하다, -대다, -거리다, -이다' 결합에서 모양흉내말과 준하는 특성을 보인다. 그러므로 소리흉내말은 보충 자료로 사용할 것이다.

『우리말 큰사전』에서 조사한 '-하다, -대다, -거리다, -이다'의 출현 빈도수는 다음과 같다.

> **(34)** 총 흉내형식의 수 : 3,627개
> '-하다'형 흉내말 : 5,510개
> (움직씨 : 3,136개, 그림씨 : 2,026개, 움/그림씨 : 348개)
> '-거리다'형 흉내말 : 2,229개
> (제움직씨 : 1,024개, 남움직씨 : 227개, 제/남움직씨 : 928개)[15]
> '-대다'형 흉내말 : 2,229개
> '-이다'형 흉내말 : 401개

---

15) 흉내형식에 '-거리다'가 결합하여 움직씨를 파생하는데 이는 다시, 제움직씨가 되는 것, 남움직씨가 되는 것, 제/남움직씨가 되는 것이 있다. 특히 제/남움직씨가 되는 것은 특별히 '능격동사'니 '양용동사'니 하여 국어에서 특이한 현상으로 간주되고 있다. 강은국(1992 : 209)의 조사에 의하면 국어의 전체 제/남움직의 총 수 가운데 77% 정도가 흉내형식에 '-하다, -대다, -거리다, -이다'가 결합한 것이다. '-거리다'의 결합으로 파생된 흉내말의 움직씨가 세 가지 범주로 구분되는 것에 어떤 규칙이 있는지는 아직 밝혀지지 않았다.

[1] 형태·통어적 특성에 따른 결합 양상

[1]-1. '-하다'

지금까지 국어 연구에서 '-하다'는 많은 주목을 받아왔다. 이는 국어에서 '-하다'가 쓰이는 빈도가 매우 높을 뿐만 아니라 형태론적 층위와 통어론적 층위를 넘나들며, 어휘형태소이면서도 문법적인 특성이 두드러지기 때문이다.

'-거리다, -대다, -이다'와 달리 '-하다'는 현대국어의 형태론적 층위나 통어론적 층위에서 모두 사용 빈도가 매우 높은 형태이다. '-하다'의 통어적 특성은 먼저, 흉내말과의 관계를 떠나서, 형태적으로나 통어적으로 완전한 자립성을 갖는 독자적인 낱말로 쓰인다는 점이다.

(35) ㄱ. 철수는 청소를 <u>한다</u>.
     ㄴ. 영주는 공부를 열심히 <u>한다</u>.

위의 예문 (35)에서 '-하다'는 풀이말로 남움직씨의 기능을 갖는데 '-거리다, -대다, -이다'가 의존 형태로만 사용된다는 점과 다르다. 또한 (35) 구문의 '-하다'는 다음 (36)과 같이 부림자리 토씨 없이 이름씨와 바로 결합하여 형태론적 구성의 풀이말로 쓰이기도 한다.

(36) ㄱ. 철수는 <u>청소한다</u>.
     ㄴ. 영주는 열심히 <u>공부한다</u>.

'-하다'와 흉내형식과의 결합은 매우 생산적인데 흉내형식과 '-하다'의 결합 사이에도 토씨가 개입할 수 있다.16)

---

16) 서정수(1975)에서는 '하-'와 선행요소의 분리성 여부에 따라 '하-'와의 사이에 토씨나 어찌씨를 삽입할 수 있는 자립성 이름씨를 '분리성 선행요소'로, 그 사이에 특정 토씨만 삽입하는 선행요소(흉내말들)를 '의사 분리성 선행요소'로 '하-'와 분리할 수 없는 구속형태를 '비분리 선행요소'로 구분하였다. 그러므로 흉내형

(37) ㄱ. 길이 반들반들하다.
　　 ㄴ. 길이 반들반들도 하다.
(38) ㄱ. 복남이는 뚱뚱하다.
　　 ㄴ. 복남이는 뚱뚱은 하다.

이름씨에 '-하다'가 결합하여 풀이씨를 파생할 경우, 선행하는 이름씨가 [동작성]이냐 [상태성]이냐에 따라 동작성 이름씨에 결합할 경우 움직씨가 되고 상태성 이름씨와 결합할 경우에는 그림씨가 된다.

(39) ㄱ. [동작성 이름씨 + 하다]_{움직씨} : 공부하다, 일하다, 운동하다…
　　 ㄴ. [상태성 이름씨 + 하다]_{그림씨} : 행복하다, 인색하다, 순수하다…

이것은 흉내형식에 '-하다'가 결합할 때도 마찬가지이다. '-하다'는 흉내형식과 결합하여 풀이씨를 만드는데, '-하다'가 동작성 흉내형식과 결합할 때는 움직씨가 되고 상태성 흉내형식과 결합할 때는 그림씨가 된다.

(40) ㄱ. [동작성 흉내형식 + 하다]_{움직씨}
　　　　　　 : 비틀비틀하다, 끄덕끄덕하다, 꿈쩍하다…
　　 ㄴ. [상태성 흉내형식 + 하다]_{그림씨}
　　　　　　 : 따끔하다, 단단하다, 쌀쌀하다, 캄캄하다…

윌리암스(Willams, 1981)는 복잡한 낱말의 내부 구조를 설명하기 위하여 '머리'(head)의 개념을 형태론에 적용하였는데, 복합어의 머리는 그 낱말의 오른편 구성원이라고 판정하였다. 이것은 대개(특히 영어에서) 복합어에서 오른쪽에 오는 성분이 그 품사를 결정하기 때문이다(김영석·이상억, 1993).

식은 '분리성 선행요소'에 속한다고 할 수 있다. 그러나 모든 흉내형식이 분리성 선행요소가 되지는 않는다.
보기) ㄱ. 철수는 코가 찡했다.
　　　 ㄴ. *철수는 코는 찡은 했다.

조남호(1988 : 27)에서는 국어의 생산적인 뿌리는 범주 표시 없이 단지 뿌리임을 표시해 주면 족하다고 하였다. 이는 생산적인 뿌리가 낀 낱말의 품사는 '낱말 형성 규칙'에서 후행하는 어휘소에 의해 결정된다고 보았기 때문이다. 이렇게 '우측 머리어 규칙'(righthand head rule)을 지지하는 입장은 '뿌리 + 뒷가지' 구성에서 뒷가지가 그 결합형의 범주를 결정하며 뿌리를 선택하는 하위범주화 틀을 갖고 있다고 보는 것이다. 그러나 우리의 직관으로는 국어에서 뒷가지가 낱말의 구성원으로서 뿌리를 제치고 '머리'가 된다는 것은 받아들이기 힘들다. 또한 '-하다'의 경우, 그것이 이름씨나 흉내말과 결합하여 풀이씨를 파생함으로써 그 범주를 결정하는 것 같지만, 실제 그것이 구체적으로 그림씨가 되느냐 움직씨가 되느냐에 있어서 '-하다'는 전혀 능동적이지 못하며 선행하는 요소의 의미에 의해 결정된다. 즉 그림씨를 파생하는 '-하다'와 움직씨를 파생하는 '-하다'는 상보적 분포에 있으며 그 범주를 결정하는 것은 선행 요소에 달려 있는 것이다.17)

(41)

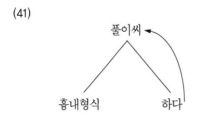

풀이씨

흉내형식   하다

만약 '-하다'를 머리(head)로 볼 경우, '-하다' 자체만으로는 그림씨인

---

17) 움직씨를 파생하는 '-하다'와 그림씨를 파생하는 '-하다'는 상보적 분포에 있으므로 하나의 형태이다. 물론 국어에서 '움직씨'와 '그림씨'의 구분을 인정하지 않고 이 둘을 포괄하는 '풀이씨'를 설정한다면 이러한 문제는 어느 정도 해소될 수 있을 것이다. 그러나 '-대다, -거리다, -이다'가 흉내말과 결합할 경우에 그것이 제움직씨가 되느냐 남움직씨가 되느냐는 선행하는 흉내말에 따라 결정되므로 (송철의, 1989 : 145) 문제는 여전히 남는다.

지 움직씨인지를 판별할 수 없고, 다만 풀이씨라는 범주만을 확인할 수 있다. 그러므로 (41)과 같이 '-하다'가 삼투(percolation)할 수 있는 범주도 풀이씨보다 구체적일 수 없다. 그러나 '-하다' 결합형은 실제 그림씨와 움직씨 두 가지의 범주로 파생되므로 '-하다'를 머리로 보기는 여전히 힘들다.[18]

'-하다'의 중요한 형태적 특성은 그것과 결합하는 흉내형식의 형태를 두 가지로 제약한다는 점이다. 하나는 단순형(X)과 결합하는 경우이고 다른 하나는 반드시 반복형(XX)과 결합하는 것이다.[19]

    (42) [흉내형식-하다]의 보기[20]
      ㄱ. X(X)-하다
        가득, 고무락, 꿈틀, 글썽, 기우뚱, 기웃, 깡충, 꿈쩍, 끄덕, 동실, 뒤뚱, 말뚱, 방글, 불쑥, 뾰족, 오싹, 옴폭, 후끈
      ㄴ. XX-하다
        건들건들, 고물고물, 근들근들, 까딱까딱, 꼬기작꼬기작, 꼬깃꼬깃, 꼼지락꼼지락, 끈적끈적, 다닥다닥, 달랑달랑, 대굴대굴, 대롱대롱, 더듬더듬, 두근두근, 바글바글, 반들반들, 보송보송, 부슬부슬, 비실비실, 살금살금, 선들선들, 아슬아슬, 이글이글, 주렁주렁, 쪼글쪼글, 찰랑찰랑, 타박타박, 토실토실, 피둥피둥, 흐물흐물, 깜깜, 맹맹, 빌빌, 빵빵, 살살, 선선, 쓸쓸, 탱탱, 빡빡, 막막, 잠잠

    (42ㄱ)의 흉내형식은 '-하다'와의 결합에서 단순형이나 반복형에 모두 결합할 수 있는 데 반해, (42ㄴ)의 흉내형식은 반드시 반복형으로 '-하다'와 결합한다.

    '-거리다, -대다, -이다'가 선행하는 흉내말의 형태로 주로 'X'형을

---

18) 이러한 관점에서 하치근(1989)은 '-하다'를 파생의 뒷가지로 볼 수 없다고 하였다.
19) 앞으로 흉내말의 단순형은 'X'로 반복형은 'XX'로 나타내고, 'X'가 1음절어일 때는 'a'로 2음절어일 때는 'ab'로 표시하기로 하겠다.
20) 이 자료는 『우리말 큰사전』에 의존하였는데 사전의 처리가 글쓴이의 직관과 모두 일치하는 것은 아니다

갖는 데 반해 '-하다'는 선행하는 형태로 주로 'XX'형을 갖는다는 것은 앞선 연구에서 지적된 바 있다. 그러나 아직 이에 대한 적절한 설명이 없었는데, 글쓴이는 이를 흉내형식의 자립성 여부와 관련되어 있다고 본다.

'-하다'는 일반적으로 흉내말의 반복형인 'XX'와 결합하는데, 'X'형과 결합할 때 'X'는 형태적으로나 통어적으로 반드시 자립성이 있어야 한다 (조남호, 1988 : 17). '-하다'와 단순형으로 결합하는 'X'는 형태상 반복형이 아니더라도 자립해서 쓸 수 있는 흉내형식에 한정된다. 이에 반해 반드시 'XX'의 형태로 '-하다'와 결합하는 흉내형식들은 단순형의 'X'가 통어적으로 자립할 수 없는 것들이다.21)

(43) ㄱ. 항아리에 물이 [가득]낱말 들어 있다.
ㄴ. 항아리에 물이 가득하다.
(44) ㄱ. 별이 [반짝]낱말 빛났다.
ㄴ. 별이 반짝하였다.
(45) ㄱ. 사과가 나무에 [주렁주렁]낱말 매달렸다.
ㄴ. *사과가 나무에 [주렁]뿌리 매달렸다.
ㄷ. *사과가 나무에 주렁하였다.
(46) ㄱ. 웅천이는 [살금살금]낱말 걸었다.
ㄴ. *웅천이는 [살금]뿌리 걸었다.
ㄷ. *웅천이는 살금하였다.

(43)의 '가득'이나 (44)의 '반짝'은 뿌리이면서 단독으로 자립성을 갖는 '어찌씨'이다. 이 경우에는 (43ㄴ), (44ㄴ)과 같이 단순형(X)으로 '-하다'와 결합할 수 있다. 이에 반해 (45)의 '주렁주렁'이나 (46)의 '살금살금'은

---

21) 현대국어의 '따뜻하다'(X-하다)에서 '따뜻(AB)'은 자립성이 없는데도 불구하고 단순형이 바로 '-하다'와 결합하고 반복형과는 결합하지 못하므로(* 따뜻따뜻하다) 'AB'가 자립성이 없을 때, '-하다'는 반복형과 결합한다는 위의 원리에 어긋난다. 그런데 '따뜻'은 역사적으로 'aa'형의 '뜻뜻'이었던 것이(뜻뜻ᄒ다(동문상 61)) 첫음절의 'ᆞ'는 'ㅏ'로 둘째음절의 'ᆞ'는 'ㅡ'로 변화함으로써 현대 국어에서는 마치 'ab'형인 것처럼 보이는 것이다. 이는 형태론적으로 어휘화한 것이다.

반복형(XX)으로는 자립성을 갖는 어찌씨인 데 반해 그 뿌리인 '주렁'이나 '살금'은 자립성을 갖지 못한다. 이렇게 흉내말을 구성하는 뿌리 요소가 자립성이 없을 때는 '-하다'와 바로 결합하지 못한다. 이러한 결합상의 특성은 공시적인 '-하다'와 흉내말과의 결합 관계가 본래 통어적 관계를 바탕으로 하고 있기 때문이라고 생각한다. 즉 자립성을 갖는 흉내형식에 '-하다'가 결합한 흉내말이 보이는 형태론적 특성은 이들의 본 모습인 통어론적 구성의 흔적을 보이는 것이라 생각한다.

(47)

즉 (47)에서 흉내말의 위치는 형태적 자립성을 갖는 낱말인 어찌씨가 오는 자리이므로 'XX'형의 흉내말의 'X'가 자립성을 갖지 못하는 경우 ①의 자리에 놓일 수 없는 것이다. 그러나 반복형뿐 아니라 그 단순형 'X'가 단독으로 자립성을 갖는 어찌씨일 경우 다음 (48)과 같이 '-하다'와 결합할 때에 단순형과 결합하느냐 반복형과 결합하느냐 하는 것은 선택적이다.

(48) ㄱ. 별이 [반짝]어찌씨 빛났다.
     ㄴ. 별이 [반짝반짝]어찌씨 빛났다.
(49) ㄱ. 별이 반짝하였다.
     ㄴ. 별이 반짝반짝하였다.

실제 (49)의 '반짝하였다'나 '반짝반짝하였다'는 통어론적 구성으로 보아도 무리가 없다. '하다'는 낱말밭 층위상 상위어에 위치하여 의미가 포괄적임은 잘 알려진 사실이다. 그런데 (48)에 쓰인 '빛났다'를 수식하는 '반짝'에는 이미 '빛남'의 의미가 있기 때문에 여기서 풀이말인 '빛났다'

의 의미는 잉여적이다. 그러므로 (49)와 같이 '하였다'로 대치하여도 둘
사이에 의미의 차이는 거의 생겨나지 않는다.

'X'가 'a'형 즉 단음절 흉내말일 때에는 대개 반복형과 결합한다. 이는
대부분의 1음절 흉내말(a형)은 단독으로 자립성을 갖지 못하기 때문이다.
그러나 다음과 같은 보기들은 'a'형의 흉내말이 단독으로 '-하다'와 결합
한 예들이다.

(50) 꽁-하다, 뚱-하다, 멍-하다, 선-하다, 싸-하다, 찡-하다,
　　　환-하다

여기에 '꽁-, 뚱-, 멍-, 선-, 싸-, 찡-, 환-' 등은 자립성이 없는
데도 불구하고 단순형으로 '-하다'와 결합한다. 이는 지금까지 'ab'형의
흉내말에서 단순형 'X'가 자립성이 없을 때 반드시 반복형 'XX'형과 결
합했던 데 반해, 오히려 (50)과 같이 반복형식을 취하면 '-하다'와 결합
하지 못한다.

(51) *꽁꽁-하다, *뚱뚱-하다, *멍멍-하다, *선선-하다,
　　　*싸싸-하다, *찡찡-하다, *환환-하다

(50)과 같이 1음절 단순형에 '-하다'가 결합하는 것은 '-거리다, -대
다, -이다' 결합형에서는 볼 수 없는 것으로, 이를 위해 '-하다' 결합에
는 별도의 규칙을 하나 더 설정해야 한다. '발끈', '불끈' 등은 자립성은
있지만 반복형을 갖지 못하는 'ab'형의 흉내말로 (50)의 부류와 같은 규칙
으로 이끌어 낼 수 있다.

지금까지의 논의를 바탕으로 흉내말과 '-하다'의 결합 관계를 형태·
통어적인 제약만을 고려할 때 다음과 같이 형식화할 수 있다.

(52) 흉내형식과 '−하다'의 결합 규칙(Ⅰ)

　┌ 규칙 1. [XX] → 1) [[XX]−하다]풀이씨
　│　　　　　　　2) [[X(X)]−하다]풀이씨
　└ 제약 : 'X'가 단독으로 자립성을 갖지 못하면 1), 자립성을 가지면 2)

　┌ 규칙 2. [X] → [[X]−하다]풀이씨22)
　└ 제약 : 'X'는 반복형을 가질 수 없는 'a'와 'ab'

　다만, '규칙 1'에는 예외가 있다. 즉 단독으로 자립성을 갖지 못하는 흉내형식은 반복형으로 '−하다'와 결합하는 것이 원칙인데 이 흉내말이 '−이/히' 어찌씨 파생형을 가질 경우에는 단독으로 '−하다'와 결합할 수 있다.

(53) 가뿐 − 가뿐히　　가뿐하다
　　　뿌듯 − 뿌듯이　　뿌듯하다
　　　사늘 − 사늘히　　사늘하다
　　　수북 − 수북히　　수북하다
　　　아득 − 아득히　　아득하다
　　　푸근 − 푸근히　　푸근하다

　이 두 규칙 사이의 선후 관계는 분명하지 않다. 다만 이러한 유형에 드는 흉내말의 대부분은 상태성 흉내뿌리에 한정되며 '−하다' 결합형이 그림씨가 되는 것들이다.

---

22) 김지홍(1986)에서는 "상징어 부분의 단일성과 중복성은 그것이 지시하는 외연이 현실 세계에 존재하는 방식과 일치하여 외연이 하나로써만 존재할 수 있다면 'X 하다'로 실현되고, 겹으로 존재할 수 있다면 'XX하다'와 'X하다'로 실현되며, 겹쳐야만 존재할 수 있다면 'XX하다'로만 실현 된다"고 보았다. 만약 'X'의 자립성이나 반복성 여부를 의미론적으로 규칙화할 수 있다면, '규칙 2'는 제거할 수 있을 것이다.

[1]-2. '-거리다, -대다'

'-거리다'와 '-대다'는 '-하다'와 마찬가지로 흉내형식과 결합하여 풀이씨를 파생하는데, '-하다'가 흉내형식과 결합하여 그림씨나 움직씨를 파생하는 데 반해 '-거리다, -대다'는 움직씨만을 파생한다. 형태·통어적 특성에 따른 '-대다'와 '-거리다'의 결합 특성은 같다. 다만, '-대다'는 뒷가지로서뿐만 아니라 동작성 움직씨의 '-어' 활용형과 통어론적 구성을 이루어 반복상을 실현하기도 한다.[23]

(54) ㄱ. 철수는 마구 밥을 먹어 댄다.
ㄴ. *철수는 마구 밥을 먹어 거린다.

그러나 이는 통어론적인 차이일 뿐, 그 외 '-거리다, '-대다'가 흉내말과 결합하는 모습은 완전히 같다.

먼저, '-거리다, -대다'는 '-하다'와 마찬가지로 흉내형식과의 사이에 토씨가 개입되기도 한다.

(55) ㄱ. 물이 출렁거린다.
ㄴ. 물이 출렁은 거린다..

(56) ㄱ. 고개를 끄덕거리다.
ㄴ. 고개를 끄덕은 거렸다.

(57) ㄱ. 시장이 북적댔지만 재미있었다.
ㄴ. 시장이 북적은 댔지만 재미있었다.

'-거리다, -대다'는 이와 결합하는 흉내말이 2음절어(ab형)일 때, 단순형(X)을 취하는 것이 원칙이다.

---

[23] '-대다'와 '-어 대다'의 '대다'가 같은 뿌리에서 나왔음은 김영희(1975), 하치근(1987 : 84)에서 지적된 바 있다.

(58) 고물-, 펄럭-, 꿈틀-, 두근-, 비틀-, 반짝-, 울렁-, 이글-,
촐랑-, 후끈-, 흐물-

이것은 'x'에 자립성이 없을 때 '-하다' 결합에서는 반드시 그 반복형
인 'xx'형을 요구하는 것과 다른 점으로, 단순형(x)이나 반복형(xx)의 자
립성 여부에 관계 없이 단순형과 결합하는 것이 원칙이다. 다만 의미적인
제약이 없는 한 반복형과 결합하는 것은 선택적이다.24)

(59) ㄱ. *벽이 [흐물]뿌리 무너졌다.
ㄴ. 벽이 [흐물흐물]어찌씨 무너졌다.
ㄷ. 벽이 흐물거렸다(cf. *벽이 흐물하였다).
ㄹ. 벽이 흐물흐물거렸다(cf. 벽이 흐물흐물하였다).

(60) ㄱ. *가슴이 [두근]뿌리 뛰었다.
ㄴ. 가슴이 [두근두근]어찌씨 뛰었다.
ㄷ. 가슴이 두근거렸다(cf. *그는 가슴이 두근하였다).
ㄹ. 가슴이 두근두근거렸다(cf. 그는 가슴이 두근두근하였다).

(59)의 '흐물흐물'이나 (60)의 '두근두근'은 반복형으로 자립성을 갖는
어찌씨인데 그 뿌리인 '흐물-'과 '두근-'은 단독으로 자립성을 갖지 못
한다. 이때 '-하다'는 자립성을 갖는 반복형 '흐물흐물'과 '두근두근'에만
결합하는 데 반해 '-거리다'는 반복형과의 결합도 가능하지만 단순형과
결합하는 것이 보다 일반적이다.

즉 '-하다'는 원칙적으로 자립성을 갖는 흉내형식과 결합하는 데 반해
'-거리다, -대다'의 결합에서 흉내형식의 자립성 여부는 관여하지 않는
다. 이것은 '-하다'와 흉내형식의 결합형은 통어론적 층위의 흔적을 가
지고 있는 데 반해 '-거리다, -대다'는 형태론적 결합임을 의미하는 것
이라 생각한다. 이러한 특성은 1음절 흉내형식(a형)과의 결합에서도 확인

---

24) 단, 사전에는 거의 대부분 단순형과의 결합형만 올라 있다.

할 수 있다. 대개 1음절어의 흉내말은 단독으로 자립하는 경우가 드물고 대부분 반복형으로 쓰이므로 그 결과 '-거리다, -대다'가 1음절 흉내형식을 취할 때는 반복형만을 선택하게 된다.

(61) 빌빌-거리다/*빌-거리다, 살살-거리다/*살-거리다, 동동-거리다/*동-거리다

물론 1음절어 흉내형식이 자립성을 갖는 경우도 있다. 이때 '-거리다, -대다'와의 결합 제약은 대개 의미적인 것 같으나, 음운론적 조건으로 음절수 제약에 의한 것일 가능성도 생각해 볼 수 있다.25) 1음절어의 반복형과 '-거리다', '-대다'의 결합에서 소리흉내말과의 결합은 생산적이나 모양흉내말과 결합하는 경우는 많지 않다.

앞 (52)에서 흉내말과 '-하다'의 결합 규칙으로 두 가지를 설정했다. 왜냐하면, '-하다'는 '-거리다, -대다'와 달리 1음절 흉내말의 단순형과 결합하는 경우가 있기 때문이었다. '-거리다, -대다'의 결합 규칙에 대해서는 다음과 같이 가능한 두 가지 형식을 세울 수 있다.

(62) ㄱ. $[X]_{뿌리}$ → $[[X(X)]-거리다/-대다]_{움직씨}$
ㄴ. $[XX]_{어찌씨}$ → $[[X(X)]-거리다/-대다]_{움직씨}$

(62ㄱ)의 규칙은 '-거리다, -대다'가 본래 단순형의 흉내형식과 결합

---

25) 송철의(1989 : 143)에서는 '-거리-/-대-'의 밑말이 음절수의 제약을 받는 이유는 분명치 않으나, 일음절의 반복으로 이루어진 반복어들은 일반적으로 둘로 분석하면 의미를 갖지 못하는 요소가 되어 '-거리-/-대-'와 결합하여 파생어를 형성할 수 없다고 보았고, 조남호(1988 : 63)에서는 일음절인 '끽, 낄, 쿵, 쾅' 등은 순간성만을 지닐 뿐 지속성을 지니지 못해서 '-거리-'와 결합하면 의미의 충돌이 생기기 때문에 일음절이 '-거리-'와 결합할 수 없다고 하였다. 김영석·이상억(1993 : 163)에서는 '-거리-'와 '-대-'가 단음절의 뿌리의 경우에 반복형과만 결합하는 것은 크기(size)를 제한하는 '골격 이론'을 지지하는 증거가 된다고 보았다.

하며 수의적으로 반복형을 취할 수 있다고 보는 것이며, (62ㄴ)은 '-거리다, -대다'는 본래 반복형과 결합하는데 수의적(보편적)으로 'X'가 탈락한다고 보는 것이다.

글쓴이는 이 가운데 (62ㄱ)을 버리고 (62ㄴ)을 취한다. 이는 (62ㄱ)을 취하게 되면 자립성을 갖지 못하는 'X'의 경우는 모두 불구뿌리로 처리해야 하기 때문이다. 대개 파생의 가지는 씨가름을 확인할 수 있는 대어휘범주에 붙는 것이 보편적이다. 그러나 단순형으로는 자립성을 갖지 못하는 '두근-, 펄럭-, 우물-' 등은 그 품사를 확인할 수 없으므로 '-거리다, -대다'가 어떤 범주를 움직씨로 파생하는가를 논할 수 없다. 대신 그 반복형인 '두근두근, 펄럭펄럭, 우물우물'은 어찌씨의 자격을 갖는 대어휘범주이므로 이 반복형을 기저형으로 삼을 경우 '-거리다, -대다'의 기능은 어찌씨를 움직씨로 파생한다고 설명할 수 있다. 특히 1음절 흉내말은 단독으로 존재하지 못하는 경우가 많고 '-거리다, -대다'와의 결합에서는 반드시 반복형을 요구하므로 (62ㄱ)을 규칙으로 삼기 어렵다. 그러므로 글쓴이는 흉내말과 '-거리다, -대다'의 결합 규칙으로 (62ㄴ)을 취한다. 'ab'형 흉내말의 반복형(XX)에 '-거리다, -대다'가 결합할 경우, 흉내말의 반복 표현에 의한 '반복상'과 '-거리다'가 갖는 '반복상'이 중복되어 그 중 하나는 잉여적이 되므로 흉내말은 대개 단순형이 된다. 이는 다음과 같은 절단규칙(truncation rule)[26]으로 형식화할 수 있다.

(63) [X - X]-거리다 / -대다

$$ 1 \quad 2 \quad 3 \quad \rightarrow \quad 1 \begin{Bmatrix} 2 \\ \emptyset \end{Bmatrix} 3 $$

지금까지의 논의를 바탕으로 흉내말과 '-거리다, -대다'의 형태·통어론인 특성에 따른 결합 규칙은 다음과 같이 형식화할 수 있다.

---

26) "지정된 뒷가지 앞에서 지정된 마지막 줄기 형태소를 삭제한다"(Aronoff, 1976 : 88).

(64) 흉내형식과 '-거리다 / -대다'의 결합 규칙(Ⅰ)

┌규칙 [XX]→ [[X(X)]-거리다/대다]움직씨
└제약 : 'X'가 'a'형일 때 절단규칙은 적용되지 않는다.

[1]-3. '-이다'

'-하다, -거리다, -대다'와 달리 '-이다'는 분포가 상대적으로 제한적
이므로 공시적으로 생산성을 갖고 있는지 다소 의심스럽다. 다음은 '-이
다' 결합이 자연스럽다고 판된되는 모양흉내말의 대부분을 제시한 것이
다.27)

(65) 글썽, 긁적-, 깜박, 깜작, 깜빡, 꾸벅, ㄲ덕, 끈적-, (덜렁-), (덤벙
-), 뒤적-, 뒤척-, 들먹-, 들썩, 망설-, 반짝, 빤짝, 번뜩, 번쩍,
북적, 서성, 울렁-, 술렁-, 일렁-, 절뚝, 절룩-, 촐싹-, 출렁,
펄럭, 허덕-, 헐떡-, 헤적-,

'-이다'는 '-거리다, -대다'와 마찬가지로 흉내뿌리를 움직씨로 파생
하는 기능을 갖고 있다. 또한 '-이다'는 자립성을 갖지 못하며, 흉내형식
과 '-이다' 사이에 토씨가 개입할 수 없다.

(66) ㄱ. *깃발이 펄럭은 이다.
ㄴ. *고개를 ㄲ떡은 이었다.

즉 '-이다'는 흉내형식과의 결합력이 네 가지 형태 가운데 가장 강하
여, 다른 것과 달리 그 사이에 토씨가 들어가 두 형식을 분리할 수 없다.

---

27) 이 자료는 송철의(1989 : 146)와 靑山秀夫(1992)에서 '-이다' 결합이 가능한 것으
로 제시된 것들과 글쓴이의 판단에 따라 가능하다고 판단되는 것을 추가한 것이
다. 이 가운데 '덜렁-이다, 덤벙-이다'는 글쓴이의 직관으로는 부적격한 것으로
판단된다. 『우리말 큰사전』(1992)에는 모두 401개의 '-이다' 파생형이 수록되어
있으나(박동근, 1996ㄱ) 이들 가운데 상당수가 글쓴이의 직관으로는 받아들이기
힘든 것이었다.

'-이다'가 결합할 수 있는 흉내말은 대개 '-거리다'가 결합할 수 있는 형에 한정된다. 송철의(1989 : 146)에서는 '-이다'는 '망설이다' 등을 제외하고는 대부분 'ㄱ, ㅇ'으로 끝나는 흉내말과 결합하는데 이도 음운론적인 제약이라고 할 만하나 왜 이러한 음운론적 제약이 있게 되었는지에 대한 합당한 이유는 찾을 수 없다고 하였다. 『우리말 큰사전』(1992)에는 이 밖에 '근질이다, 간질이다, 씨불이다, 비뚤이다, 빼뚤이다, 벌름이다, 발름이다, 지껄이다, 충동(衝動)이다' 등이 표제어로 올라 와 있으나 글쓴이의 직관으로는 '지껄이다'를 제외하고는 부적격한 것으로 판단되며, 글쓴이가 90년도 이후의 문헌에서 뽑은 흉내말을 가진 6,485개의 월에서도 이런 형태는 발견하지 못했다.

'-하다, -거리다, -대다'와는 달리 '-이다'는 반드시 단순형과만 결합한다. 흉내말의 자립성 여부가 관여하지 않는다는 점에서 '-거리다, -대다'와 같으나 반드시 단순형과만 결합한다는 점에서 차이를 갖는다.

> (67) 펄럭이다 / *펄럭펄럭이다, 끄덕이다 / *끄덕끄덕이다,
> 글썽이다 / *글썽글썽이다, 들썩이다 / *들썩들썩이다,
> 반짝이다 / *반짝반짝이다, 씰룩이다 / *씰룩씰룩이다

이때 '-이다'와 결합하는 단순형은 반드시 'ab'형이어야 하며, 단순형 'a'와는 결합하지 않는다. 『우리말 큰사전』(1992)에 '삼삼이다' 등이 표제항으로 올라 있으나 부적격한 형으로 판단된다.

이제 '-이다'의 형태 · 통어론적인 특성에 따른 결합 관계를 형식화하면 다음과 같다.

> (68) 흉내형식과 '-이다'의 결합 규칙(Ⅰ)
> ┌ 규칙[XX] → [[X]-이다]움직씨
> └ 제약 : 'X'는 반드시 'ab'형이어야 한다.[28]

[2] 의미 특성에 따른 결합 양상

지금까지 흉내형식과 '−하다, −거리다, −대다, −이다' 결합의 형태론적 제약을 살펴보았다. 그러나 이것만으로 흉내형식과 이 네 형태에 대한 결합 관계를 모두 설명할 수 있는 것은 아니다.

(69) ㄱ. 갑갑, 깜깜, 끈끈, 단단, 딱딱, 뚱뚱, 반반, 뻣뻣, 쓸쓸, 잠잠,
　　　 탱탱
　　 ㄴ. 꽁꽁, 둥둥, 벌벌, 솔솔, 쑥쑥

(69)의 흉내말의 형태론적 조건은 '−이다'를 제외하고 '−하다, −거리다, −대다'가 모두 결합할 수 있는 것들이다. 그러나 (69ㄱ)은 '−하다'만이 결합할 수 있고, (69ㄴ)은 네 형태 모두 결합이 제약된다. 이와 같이 형태론적 조건은 만족하나 결합이 제약되는 것은 흉내형식이 갖는 의미와 이 네 형태가 갖는 의미 특성 때문이라고 본다.

그런데 '−하다, −거리다, −대다, −이다'와 흉내형식과의 결합에서 주목되는 점이 있다. 그것은 '−거리다, −대다, −이다'가 결합할 수 있는 것은 대부분 '−하다'가 결합할 수 있는 흉내형식에 한정되며, '−대다'나 '−이다'가 결합할 수 있는 것은 대부분 '−거리다'가 결합할 수 있는 흉내형식에 한정된다는 점이다.[29] 그러므로 여기에서는 먼저 '−하다'와 '−거리다'를 비교하고 다음으로 '−거리다'와 '−대다'를 비교하기

---

28) X에 바로 '−이다'가 결합하는 것으로 풀이할 수 있지만 불구뿌리의 수를 줄인다는 점에서 '−거리다, −대다'와 같이 일괄적으로 처리하였다. 여기서 절단규칙은 필수적인 규칙이다.

29) 물론 이러한 관계는 네 형태가 모두 형태론적 조건을 만족할 경우에 한한다. 예를 들어 '두근−거리다'는 가능하나 '*두근−하다'가 가능하지 않고 '두근두근−하다'만이 되는 것은 '두근'이 자립성을 갖지 못하기 때문임을 앞에서 밝힌 바 있다. 그 외 '으스대다, 어기대다, 비비대다, 뭉그대다, 뻗대다, 어리대다, 미대다, 나대다, 으르대다' 등이 '−거리다'와 결합하지 못하는 것으로 지적된 바 있으나(김지홍(1986), 이건식(1988)), 이들은 흉내말이라기 보다는 대개 역사적으로 움직씨의 뿌리에 '−대다'가 바로 결합한 비통어적 합성어로 볼 만한 것들이다.

로 한다. '-이다'는 그 분포가 매우 제한되므로 마지막에 다루기로 한다.

흉내형식과 '-하다, -거리다, -대다, -이다'의 선택제약을 살피기 위해서는 먼저 적절한 의미 기준을 설정하여 흉내형식을 하위 분류하는 작업이 필요하다. 그러나 타당한 분류 기준을 세우기가 쉽지 않을 뿐더러, 의미 기준을 설정하더라도 의미 파악은 대개 직관에 의존하기 때문에 실제 분류에 있어서 객관적으로 적용하기 쉽지 않다. 그러므로 앞으로 이 네 형태에 대한 결합 제약은 흉내말을 의미적으로 분류하는 경험적 기준이 될 수 있을 것이다. 여기서는 잠정적으로, 흉내형식이 적어도 다음과 같은 '상적 특성'에 의해 하위 분류될 수 있다고 가정한다.

(70) 흉내형식의 하위 분류 시안(상적 특성 따라)

동작 ┌ 1회성([+일회성])
　　　└ 반복성([-일회성])

상태 ┌ 순간[-지속] ┌ 1회성([+일회성])
　　　│　　　　　　　└ 반복성([-일회성])
　　　└ 지속[+지속])

다만, 흉내형식과 이들 네 형태의 의미에 따른 결합 제약은 절대적이기 보다는 일반적이다. 이는 현존하는 낱말들, 특히 합성어나 파생어는 공시적인 것과 역사적인 것이 뒤섞여 있기 때문이다.

[2]-1. '-하다'

먼저 '-하다'와 '-거리다'가 결합하는 형과 '-하다'만 결합하는 흉내형식의 보기를 들면 다음과 같다.

(71) 흉내형식 + -하다 / -거리다

ㄱ. 건들건들, 고무락고무락, 꾸물꾸물, 꿈틀꿈틀, 글썽, 기우뚱, 기웃기웃, 깜박, 꼬기작꼬기작, 꿈적, 끄덕, 날름날름, 들썩들썩,

뒤뚱뒤뚱, 오물오물, 절뚝

ㄴ. 끈적, 따끔, 대롱대롱, 반들반들, 후끈, 미끈미끈, 이글이글, 아
물아물, 울렁울렁, 푹신

(72) 흉내형식 + ─하다 / *─거리다
가득, 납작, 보송보송, 뾰족, 살짝, 옴폭, 조마조마, 주렁주렁, 토실
토실, 갑갑, 깜깜, 끈끈, 단단, 딱딱, 뚱뚱, 싹싹, 선선, 쓸쓸, 뻣뻣,
잠잠, 탱탱

흉내말과 '─하다'의 결합에 대해서 신현숙(1986)에서는 정적인 뿌리와 결
합하는 경향이 있다고 했고, 이건식(1988 : 51~62)에서는 그림씨를 파생하는
'─하다'와 움직씨를 파생하는 '─하다'를 구분하여 전자는 [─active]를 후
자는 '─거리다, ─대다, ─이다'와 더불어 [+active]의 의미 자질을 가진다
고 보았다. 글쓴이는 여기서 '─하다'를 두 가지로 구분하는 태도를 취하지
않기로 하겠다. 앞에서도 언급했듯이 '─하다'의 두 가지 의미 표현은 상보
적이며 최종 범주 결정에 있어 능동적이지 못하다. '─하다'의 구체적 의미
는 선행하는 흉내형식에 따라 예측이 가능하다.

먼저 (71)과 (72)와의 비교에서 (72)의 흉내형식은 '─하다'와 '─거리다'
가 모두 결합할 수 있는 것들인데 (71ㄱ)은 동작성을 갖고 (71ㄴ)은 상태성
을 갖는다. (72)의 흉내형식들은 '─거리다'와는 결합하지 못하고 '─하다'
와만 결합하는 것들인데 모두 상태성의 의미를 갖는 것들이다. 그러므로 이
건식(1988)에서는 그림씨를 파생하는 '─하다'에 대해 [─active]의 자질을
주고 '─거리다'와 결합하는 흉내말에 '─하다'가 결합할 경우 [+active]의
자질을 준 것 같다. 그러나 (71ㄴ)과 같은 흉내말은 '─거리다'가 결합하여
움직씨를 파생함에도 불구하고 여기에 '─하다'가 결합하면 움직씨가 아닌
그림씨를 파생하고 그 의미 자질로 [상태성]을 가진다. 그러므로 이건식
(1988)에서와 같이 흉내말과 결합하는 네 형태를 '─하ᴀ─'와 '─하ᵥ─, ─
거리다, ─대다, ─이다'로 구분하여 전자에 [─active]를, 후자에 [+active]
의 자질을 설정하여 이들이 완전히 배타적인 관계에 있다고 본 것은 '─하

다'와 '-거리다'의 선행요소를 자세히 관찰하지는 못한 것이다. 여기에서 '-하다'와 '-거리다'의 차이는 (71ㄴ)과 (72)의 상태성 흉내형식의 비교에서 분명히 찾을 수 있다. (71ㄴ)은 상태성 흉내형식으로 일회적이거나 반복할 수 있는 것이고 (71)의 상태성 흉내형식은 [+지속]으로 '반복할 수 없는' 상태이다. 그러므로 같은 상태성을 갖는 흉내형식이라 하더라도 '-거리다'는 반복의 의미를 가지므로 (71ㄴ)과는 결합이 가능하나 지속의 의미를 갖는 (72)의 흉내형식들과는 결합할 수 없는 것이다. 이를 정리하면 다음과 같다.

(73) 흉내형식의 상적 속성   결합 관계

    ┌ [동작] ··· -하다$_V$ / 거리다$_V$

    └ [상태] ┌ [-지속] ······································ -하다$_A$ / 거리다$_V$

             └ [+지속] ······································ -하다$_A$ / *거리다$_V$

 '-하다'는 (71)과 (72)의 흉내형식에 모두 결합하는 데 반해, '-거리다'는 (71)의 흉내형식과만 결합한다. 여기서 (71ㄱ)은 동작성 흉내형식이고 (71ㄴ)은 상태성 흉내형식이므로 '-거리다'는 '-하다'와 마찬가지로 흉내형식의 의미가 '동작'이냐 '상태'냐에 대해서는 비관여적이다. 그런데 (71)의 흉내형식들은 '동작', '상태'와 상관없이 모두 반복할 수 있는 것들이고, (72)의 흉내형식들은 [상태]에 다시 [지속]의 의미를 갖는 것이므로 '반복'이 불가능하다. 그러므로 이건식(1988)의 결론과는 달리 '-하다$_A$'와 '-거리다$_V$'가 완전히 상보적 분포에 있는 것은 아니다. 다음의 '가득', '깜깜-', '뚱뚱-'은 모두 [+상태, +지속]의 자질을 갖는 흉내형식으로 '-하다'와 결합하여 그림씨를 파생하나 반복의 의미를 갖는 '-거리다'와는 결합하지 못한다.

(74) ㄱ. 항아리에 물이 <u>가득하다</u>.
     ㄴ. *항아리에 물이 <u>가득거리다</u>.

(75) ㄱ. 주위가 <u>깜깜하였다</u>.
　　 ㄴ. *주위가 <u>깜깜거렸다</u>.

(76) ㄱ. 복남이는 <u>뚱뚱하다</u>.
　　 ㄴ. *복남이는 <u>뚱뚱거린다</u>.

그러므로 '-거리다'는 '-하다'가 갖는 의미 외에 [반복]의 의미를 더 가지고 있어, 흉내형식의 의미가 동작성인지 상태성인지에 관계 없이(단 상태지속은 제외) 흉내말과 결합하여 반복의 의미를 갖는 것이라고 할 수 있다. 이에 비해 '-하다'는 그 자체로 [반복]의 의미를 갖고 있지 못하므로 반복적인 표현을 위해서는 다음 (77)과 같이 '-거리다'로 대치하거나 (78)과 같이 흉내형식의 반복형을 사용해야 한다.

(77) ㄱ. 철수는 눈을 <u>깜박거렸다</u>(철수는 눈을 계속 깜박거렸다).
　　 ㄴ. 철수는 눈을 <u>깜박깜박거렸다</u>(철수는 눈을 계속 깜박깜박거렸다).

(78) ㄱ. 철수는 눈을 <u>깜박하였다</u>(철수는 눈을 한 번 깜박하였다).
　　 ㄴ. 철수는 눈을 <u>깜박깜박하였다</u>(*철수는 눈을 한 번 깜박깜박하였다).

'-하다'는 동작성 흉내형식이나 상태성 흉내형식 모두에 결합하며, 그 의미는 매우 포괄적이다. 그러므로 흉내형식에 '-하다'가 결합하여 특별한 의미를 더해 준다기보다 '-하다'는 단지 서술 기능을 수행하고 있다고 본다. '-하다'는 동작성 흉내형식과 상태성 흉내형식에 모두 결합하므로 '동작'과 '상태'를 포괄하는 개념으로 다소 추상적인 '상'이라는 의미 자질을 설정하고자 한다.30) 이를 바탕으로 흉내형식과 '-하다'의 결합 규

---

30) 서정수(1975)에서는 '이름씨 + 하다' 구성에서 이름씨의 실체성 여부에 따라 '-하다'가 결합하거나 못한다고 보았다. 그러나 실체성을 갖지 않는 이름씨 가운데에도 '-하다'와 결합이 제약되는 경우가 많다(예, *행운하다, *파격하다, *개념하다,

칙은 최종적으로 다음과 같이 형식화할 수 있다.

> (79) 흉내형식과 '-하다'의 결합 규칙(II)[31]
> ┌ 규칙 1. [XX] → 1) [[XX]-하다]풀이씨
> │   2) [[X(X)]-하다]풀이씨
> │   'X'의 의미 자질 : [동작], [상태]
> │   '-하다' : [+상]
> └ 제약 : 'X'가 단독으로 자립성을 갖지 못하면 1), 자립성을 가지면 2)
>
> ┌ 규칙 2. [X] → [[X]-하다]풀이씨
> │   'X'의 의미 자질 : [동작], [상태]
> │   '-하다' : [+상]
> └ 제약 : 'X'는 반복형을 가질 수 없는 'a'와 'ab'

[2]-2. '-거리다', '-대다'

전통적으로 '-거리다', '-대다'는 같은 의미를 갖는 것으로 풀이되었다. 앞에서 살펴보았듯이, '-거리다'와 '-대다'는 형태론적인 분포가 동일하고 의미도 매우 비슷하다. 그러나 '-거리다'와 '-대다'는 기본적으로 다른 뿌리에서 출발하였고 실제 쓰임에 있어서도 완전히 동일하지 않으므로 이들에 어떤 의미 차이가 있음은 분명하다.

신현숙(1986)에서는 '-거리다', '-대다'가 모두 낮은 의미의 동적인 뿌리와 결합하며, '-거리다'는 움직임의 일부에 '-대다'는 움직임의 전체에 초점을 둔다고 하였다. 조남호(1984)에서는 '-거리다'는 동작성을 지니는 밑말

---

*원인하다 등). 그러므로 이보다는 이름씨의 의미가 동작이나 상태를 논할 수 있는 것인가 아닌가에 따라 [+상], [-상]으로 구분하여 [+상]일 경우 '-하다' 결합이 가능하고 [-상]일 경우 '-하다'와의 결합이 불가능하다고 설명하는 것이 다소 추상적이긴 하나, 더 나을 듯하다 이렇게 하면 흉내말과 '-하다' 결합에 대해서도 같은 방법으로 설명할 수 있게 된다.

31) '꽁꽁, 둥둥, 쑥쑥, 쩅쩅' 등은 '-거리다', '-대다', '-이다'뿐 아니라 '-하다'와도 결합하지 못한다.
    보기) ㄱ. 얼음이 꽁꽁 얼다.
         ㄴ. *얼음이 꽁꽁(-하다/-거리다/-대다/-이다).

과 결합하며 '-대다'는 적극적인 동작을 의미한다고 보았다. 하치근(1987 : 84~97)은 '-거리다'는 상태성 뿌리에만 결합하고 '-대다'는 동작성 뿌리에 붙어 행위가 심함(가치 부정적 행위)을 나타낸다고 보았다. 이건식(1988)에서는 '-거리다'의 의미 자질로 [+active], [+progressive], [+iterative], [+frequence]를, '-대다'의 의미 자질로 [+active], [+progressive], [-iterative]를 설정하였고, 송철의(1989 : 142)에서는 순수히 상태성만을 나타내는 뿌리들은 '-거리다'나 '-대다'와 결합할 수 없다고 보았다. 이를 정리하면 다음과 같다.

	동작성 흉내말	상태성 흉내말
신현숙(1986)	-거리다, -대다	
조남호(1984)	-거리다, -대다	
하치근(1987)	-대다	-거리다
송철의(1988)	-거리다, -대다	

여기서 하치근(1987)을 제외하고는 모두 '-거리다'가 동작성 뿌리에 붙는다고 해석하였다. 그러나 (71ㄴ), (72)에 제시한 것과 같이 '-거리다'는 [+지속]을 제외하면 상태성을 갖는 흉내말과도 자연스럽게 결합한다. 그러므로 '-거리다'가 '동작'의 의미만을 갖는다고 보기는 힘들다. 즉 '-거리다'는 '-하다'와 마찬가지로 '동작'과 '상태'에 대해서는 비관여적이며, 동작의 [반복]이나 순간적인 상태의 [반복]을 의미하는 것이다.32)

---

32) 이러한 [반복]의 의미가 지금까지 '-거리다'를 동작성의 의미를 갖는 것으로 오해하게 된 원인이라고 생각한다. 또 대개 움직씨는 동작성을, 그림씨는 상태성을 가지므로 '움직씨=동작성', '그림씨=상태성'으로 이해하여, '-거리다'가 움직씨를 파생하므로 그 의미로 [동작]을 갖는다고 생각한 것 같다. 그러나 움직씨 가운데 상당 수가 상태성의 의미를 갖고 있는 것이 사실이다. 다음과 같은 비교를 통해서도 분명히 알 수 있다.
보기) ㄱ. 따끔(-하다/*-한다),
ㄴ. 따끔(-거리다/-거린다)

'-거리다'와 '-대다'의 의미를 이해하기 위해 사전의 뜻풀이를 참고
할 수 있다.

(80) ㄱ. 이희승(1982), 『국어대사전』
　　　거리다 : (어미) 같은 동작을 계속해서 나타내는 말.
　　　대다 : (조동)
　　ㄴ. 신기철·신용철(1986), 『새우리말 큰사전』
　　　거리다 : 같은 짓(동작)을 잇달아 자꾸함을 나타내는 말.
　　　대다 : (조동)
　　ㄷ. 금성출판사(1992), 『금성판 국어대사전』
　　　거리다 : (접미) (의성어나 의태어 뒤에 붙어) 그 소리나 동작
　　　　　이 잇달아 계속됨을 나타내는 말.
　　　대다 : =거리다
　　ㄹ. 한글학회(1992), 『우리말 큰사전』
　　　-거리- : 시늉말 따위의 어찌씨다운 뿌리에 붙어, 그 움직
　　　　　임이나 소리 따위가 되풀이됨을 나타낸다.
　　　-대- : = '-거리-'
　　ㅁ. 사회과학 출판사(1992), 『조선말 대사전』
　　　거리다 : (뒷) 두 소리 마디 이상으로 된 일부 본 딴 말이나
　　　　　그런 종류의 말뿌리에 붙어서 '그런 현상이 되풀이
　　　　　되거나 지속되고 있음'을 나타낸다. 되풀이되는 움직
　　　　　임이나 성질 상태나 상황을 나타낸다.
　　　대다 : 일련의 본딴말 뿌리에 붙어서 동사를 만드는 뒷붙이
　　　　　의 하나, 본딴말이 나타내는 행동이 잇달아 자꾸 계
　　　　　속됨을 나타내는 말.

『국어 대사전』이나 『새우리말 큰사전』에서는 '-대다'를 표제항으로 올
리지 않았는데, 이는 '-대다'가 1988년 한글 맞춤법이 개정되기 전에는 비
표준어로 다루어졌기 때문이다. 1988년 한글 맞춤법이 개정된 이후 나온 『

'따끔'은 '-하다'와 결합하여 그림씨를, '-거리다'와 결합하여 움직씨를 파생하
는데 이 둘은 '반복성'의 여부에만 차이가 있을 뿐 모두 어떤 '상태'를 나타낸다.
즉 '움직씨=동작성'이라는 등식은 완전하지 못하다. 이러한 사실은 앞으로 풀이
씨류의 범주 처리 및 의미 연구에 있어 특히 주의할 점이다.

금성판 국어대사전』이나 『우리말 큰사전』에서는 '－거리다'와 '－대다'를 완전히 동일한 특성의 형태로 처리하고 있다. 실제로 흉내말에 '－거리다'가 결합한 형에 대해서는 실수로 빠뜨린 것으로 보이는 몇몇 예를 제외하고는 기계적으로 '－대다'형이 표제항으로 올라 있다. 그러므로 현재 국어 사전을 가지고 '－거리다'와 '－대다'의 의미 차이를 연구하는 것은 별 의미가 없다.33) 이와 달리 북한의 『조선말 대사전』의 뜻풀이는 매우 흥미롭다. 이 사전에서 '－거리다'는 '움직임(동작)이나 성질 등이 되풀이 됨을', '－대다'는 '행동(동작)의 되풀이 됨'을 나타낸다고 풀이하여, '－거리다'와 '－대다'는 모두 [반복]의 의미를 공통적으로 가지나 '－거리다'가 동작성 흉내말이나 상태성 흉내말과 모두 결합이 가능한 데 반해 '－대다'는 동작성 흉내말에 한정된다고 하였다. 이러한 풀이는 [x－어 대다] 구성에서 'x'가 반드시 동작성을 갖는 풀이말이어야 한다는 점과 일치한다. 국어사전의 처리와 같이 비록 '－거리다'가 결합하는 흉내말에'－대다' 결합이 전혀 불가능하지는 않을지라도 실제 한국어 화자는 두 결합형 가운데 어느 하나를 선호하거나 경우에 따라서는 부적격한 것으로 판단한다.

다음은 『우리말 큰사전』과 『금성판 국어대사전』에서 '－거리다'와 '－대다' 결합형이 표제항으로 올라 있는 흉내말을 뽑아, 실제 일반 화자들이 그러한 결합을 가능하다고 판단하는가 하는 수용성 여부를 약식으로 조사해 본 것이다.34)

---

33) '－거리다'가 결합할 수 있는 흉내말의 경우에 '－대다' 결합형을 표제항으로 삼는 것은 『금성판 대사전』이나 『우리말 큰사전』이나 마찬가지이다. 그런데 '말똥, 뭉뚝, 바들, 아슬, 오싹, 흐물' 등은 『우리말 큰사전』에만 '－거리다, －대다' 표제항으로 올라와 있는 것들인데 글쓴이의 판단으로는 부정적인 결합형들이다. 이러한 예는 상당히 많이 찾아 볼 수 있는데 앞으로 국어사전의 표제어를 선택할 때 충분한 검토가 요구된다.
34) 모두 21명을 대상으로 하여 조사하였는데, '－거리다'와 '－대다'의 두 파생형을 제시하고 적격하다고 판단되는 형에 표시하도록 하였다.

〈표 10〉 흉내형식과 '-거리다', '-대다' 결합에 대한 수용성 조사

	-거리다	-대다		-거리다	-대다		-거리다	-대다
가물	21	7	덤벙	15	16	불쑥	0	0
꼼지락	21	19	둥실	8	12	비실	18	17
꾸물	20	19	두근	21	14	비틀	21	18
구불	10	3	뒤뚱	21	14	방글	13	7
꿈틀	19	15	들썩	19	11	아른	19	10
글썽	17	10	따끔	17	4	아슬	0	2
기우뚱	17	5	뜨끈	6	4	야금	6	5
기웃	21	7	말똥	12	2	오들	12	6
깡충	8	7	말랑	11	3	오물	17	8
꼬기작	16	11	몽똑	5	2	오싹	12	6
꼬깃	6	6	망설	1	5	울렁	21	11
꿈적	14	14	바글	13	6	이글	20	10
끄덕	19	14	바들	13	6	절뚝	21	9
끈적	20	8	반들	18	4	철철	5	3
날름	21	8	반짝	19	3	출싹	20	18
넘실	20	17	발끈	7	10	출렁	21	12
달랑	15	8	방긋	16	5	후끈	17	7
대롱	14	12	벌떡	6	0	흐물	20	10
더듬	18	12	북적	21	17	흔들	19	4

비록 약식 조사이지만 조사 결과는 제법 분명한 모습을 보여 준다. 전체적으로 '-거리다' 쪽이 우세하게 나타나는 데 조사 결과를 정리하면 다음과 같다(빈도수 10을 기준으로 하여).

(81) ㄱ. '-거리다', '-대다'와 결합이 자유로운 것 :
꼼지락, 꾸물, 꿈적, 글썽, 꼬기작, 끄덕, 넘실, 대롱, 더듬, 덤벙, 두근, 뒤뚱, 북적, 들썩, 비실, 비틀, 아른, 울렁, 이글, 절

뚝, 출싹, 출렁, 흐물

ㄴ. ‘-거리다’와의 결합이 자연스럽고 ‘-대다’와는 제약되는 것 :

가물, 구불, 기우뚱, 기웃, 끈적, 날름, 달랑, 따끔, 말똥, 말랑,
바글, 바들, 반들, 반짝, 방긋, 방글, 오싹, 절뚝, 후끈, 흔들

ㄷ. ‘-거리다’, ‘-대다’가 모두 제약되는 것 :

깡충, 꼬깃, 둥실, 뜨끈, 몽똑, 망설, 발끈, 벌떡, 불쑥, 아슬,
야금, 오들, 오물, 철철

결과는 『조선말 대사전』의 뜻풀이와 일치하는 점을 보인다. (81ㄱ)의
흉내형식들은 ‘-거리다, -대다’와 모두 결합이 자유로운 것으로 대부분
‘동작성’ 흉내형식들이다. (81ㄴ)은 ‘-거리다’와의 결합만이 자유로운 것
으로 ‘상태성’ 흉내형식이 우세하다.35) (81ㄷ)은 ‘-거리다’와 ‘-대다’ 결
합이 모두 가능하지 않다고 응답한 것으로 대부분 반복할 수 없는 동작
이나, [+상태, -지속]으로 반복할 수 없는 상태성 자질의 흉내형식들이
다. 그러므로 ‘-거리다’는 흉내형식의 의미 자질로 [동작]이나 [상태]에
관여함이 없이 모두 결합이 가능하고 여기에 [반복]의 의미를 더하는 것
이다. 비록 현대 국어의에서 [+상태, +순간]의 흉내형식과 결합하는
‘-대다’가 상당수 있지만 [동작]의 의미 자질을 갖는 흉내형식과 결합하
는 것이 더 자연스럽고 일반적이다. 또 ‘-거리다’나 ‘-대다’는 모두 [반
복]의 의미를 갖고 있으므로 반복형이 반복적인 동작을 표현하지 못하는
동작성 흉내형식에는 결합하지 못한다. 이러한 흉내형식에는 ‘벌떡’, ‘불
쑥’ 등이 있다. 이들의 반복형이 반복의 의미를 갖지 못하는 것은 움직임
의 시작점과 끝점이 다르기 때문이다. 예를 들어 ‘끄덕’은 고개를 숙였다
가 다시 제 자리로 돌아온 모습을 흉내낸 말로 시작점과 끝점이 같은 데
반해 ‘벌떡’은 앉은 상태에서 갑자기 힘있게 일어난 모습을 흉내낸 것으

35) 여기서 ‘더듬’이나 ‘흔들’ 등은 동작성을 갖지만 이들이 본래 움직씨의 뿌리이므
로(더듬다, 흔들다) ‘X-어 대다’ 구성이 가능하여, 뒷가지 ‘-대다’와의 결합이
제약되는 것으로 보인다. 이는, 일종의 출력부에 대한 저지(blocking) 현상으로 파
악할 수 있을 듯하다.

로 시작점과 끝점의 상태가 다르다. 그러므로 '끄덕'에 대해서 '끄덕끄덕'
과 '끄덕거리다'는 반복적인 동작을 의미하는 데 반해, '벌떡'의 반복형
'벌떡벌떡'은 동시 다발적인 동작을 의미하며 '*벌떡거리다'는 부적격형이
된다.36) 이를 바탕으로 '-대다'와 '-거리다'와 흉내형식의 의미 자질에
따른 결합 관계를 비교하면 다음과 같다.

(82)

	[동작]		[상태]	
	[1회성]	[반복성]	[순간]	[지속]
'-거리다'	○	○	○	×
'-대다'	○	○	△	×

(82)에서 보는 것과 같이 '-거리다'와 '-대다'의 의미가 매우 비슷한
것은 사실이나 적어도 감정적인 의미에서는 차이를 보인다고 생각한다.
'-거리다'와 '-대다'는 모두 [+상태, +지속]과는 결합이 제약된다. '-
거리다'는 그 외 [순간]의 흉내말과는 결합이 자연스러우나 '-대다'는 부
자연스럽거나 제약된다. 다만 이에 대한 판단은 다소 개인차가 있는 것
같다. 지금까지의 결과를 형식화하면 다음과 같다.

(83) 흉내형식과 '-거리다'의 결합 규칙(Ⅱ)

┌ 규칙 [XX] → [[X(X)]-거리다]움직씨
│   'X'의 의미 : [반복할 수 있는 동작], [+상태, -지속]
│   '-거리다'의 의미 : [+상], [반복]
└ 제약 : 'X'가 'a'형일 때 절단규칙은 적용되지 않는다.

---

36) 흉내말의 반복형식이 갖는 의미 기능에 대해서는 '제4장 흉내말의 의미적 특성'
    에서 다루기로 하겠다.

(84) **흉내말과 '−대다'의 결합 규칙(Ⅱ)**

규칙 [XX] → [[X(X)]−대다]_{움직씨}
  'X'의 의미 : [반복할 수 있는 동작]
  '−대다'의 의미 : [+상], [반복](부정적 가치, 정도가 심함)
제약 : 'X'가 'a'형일 때 절단규칙은 적용되지 않는다.

[2]−3. '−이다'

'−하다, −대다, −거리다'와 달리 사전에 수록된 '−이다' 결합형은 상대적으로 그 수가 적고, 사전에 수록된 것 가운데 상당수는 현재의 언어 직관으로 허용되지 않아 실제 사용되는 '−이다' 결합형의 수는 더욱 적다.

그러므로 한정된 자료로 '−이다'의 선택제약을 살피기는 매우 어려울 뿐만 아니라 과연 의미에 따라 규칙화할 만한 선택제약이 있는가 하는 것도 불확실하다.

'−이다'에 대해서 신현숙(1986)에서는 하나의 정적인 어근과 결합하여 움직임의 부분에 초점을 둔다고 하였고, 김지홍(1986)에서는 '폭을 가진 지속성'을 가진다고 보았고, 이건식(1988)에서는 반복적 동작을 나타내기는 하지만 반드시 빈도성을 갖는 것은 아니라고 하였다.37) 송철의(1988 : 140)에서는 '−이−'의 의미는 대략 '−거리−'와 같은데 차이점도 있는 듯하며, 결합형이 대부분 반복적 동작을 나타낸다는 점에서 기본적으로 '반복적 동작'이라는 의미를 갖는다고 보았다.

다음은 '−이다'가 결합할 수 있는 흉내말을 '동작'과 '상태'에 따라 분류한 것이다.

(85) ㄱ. 글썽, 긁적−, 깜박, 깜작, 깜빡, 꾸벅, 끄덕, (덜렁−), (덤벙−),
    뒤적−, 뒤척−, 들먹−, 들썩, 망설−, 반짝, 빤짝, 번쩍, 북
    적, 서성, 울렁−, 술렁−, 일렁−, 절뚝, 절룩−, 출싹−, 출
    렁, 펄럭, 허덕−, 헐떡−, 헤적−

---

37) 이건식(1888)은 '−이다' 형의 반복성 여부를 확인하기 위해 어찌씨 '한번', '여러 번'과의 공기관계를 이용하였다.

ㄴ. 끈적-, (번뜩)

(85ㄱ)은 동작성 흉내형식이고 (85ㄴ)은 상태성 흉내형식이다. 결과만으로 볼 때 '-이다'는 동작성 흉내형식과 결합하는 것이 우세하나, 상태성 흉내형식을 완전히 배제하지는 않는다. 이 점에서는 '-거리다'와 차이가 없다. 다만 '-대다'가 갖는 '부정적인 가치'나 '정도가 심함'의 의미를 갖지는 않는다. '-이다'가 '-거리다'와 마찬가지로 [반복]의 의미를 갖는다고 지적되었지만 분명하지는 않다.

(86) ㄱ. 주위를 <u>서성이었다</u>.
ㄴ. 주위를 <u>서성거렸다</u>.

(87) ㄱ. 눈을 <u>깜박였다</u>.
ㄴ. 눈을 <u>깜박거렸다</u>.

(86)의 '서성이었다'나 '서성거렸다'는 모두 반복의 의미를 갖고 있다고 보여지는 데 반해 (87ㄱ)의 '깜박였다'는 1회적인 동작이나 반복적인 동작을 가리키는 데 모두 가능한 표현 같다. (87ㄴ)의 '깜박거리다'는 물론 반복의 의미를 갖는다. '움직거리다'와 '움직이다'를 비교하면 두 차이가 더 분명히 드러나는 것 같다. 즉 '-이다' 결합형이 반복의 의미를 갖는 것은 대개 그 선행하는 흉내말의 의미 속성 때문으로 보이며 '-이다' 자체가 [반복]의 의미를 갖고 있다고 보기 힘들다.

'-이다'의 형태·음운론적 파생 조건이 다른 세 형태에 비해 특이했던 데 반해 의미에 따른 파생 조건은 분명히 드러나지 않는다. '-이다'는 '-대다'보다 '-거리다'와 의미상 유사성이 발견되기는 하나 역시 완전히 같지는 않은 것 같다.

『우리말 큰사전』에서 뽑은 401개의 '-이다' 파생형은 거의 대부분 '-거리다'와 '-하다'의 결합형을 가진다. 그러므로 형태론적·의미론적 조건은 먼저 '－하다'와 '－거리다'와의 결합 조건을 만족하는 것이어야 한다.
지금까지의 논의를 형식화하면 다음과 같다.

(88) **흉내형식과 '－이다'의 결합 규칙(Ⅱ)**
┌ 규칙 [XX] → [[X]－이다]_{움직씨}
│   X의 의미 : [동작], [상태]
│   '－이다'의 의미 : [＋상]
└ 제약 : 'X'는 반드시 'ab'형이어야 한다.

[3] 마무리

이 단원은 흉내형식과 결합하여 움직씨나 그림씨를 파생하는 형태인
'－하다, －대다, －거리다, －이다'에 대한 종합적인 연구로, 이 네 형태
와 흉내형식의 형태·통어론적인 특성과 의미를 파악하여 이들의 결합
양상을 형식화하는 것이 목적이었다.

본론에 앞서 흉내말이 그 정의상 낱말 층위의 범주임을 분명히 하였다.
본론에서는 보다 객관적으로 관찰할 수 있는 형태·통어론적 제약을 먼
저 살피고 이를 바탕으로 의미에 의한 결합 양상을 살폈다. 흉내형식과
이들 네 형태의 결합 제약에 있어서 흉내형식의 형태론적인 특성(자립성
여부, 반복성 여부, 음절 수 등)에 의한 결합 제약이 매우 정연함을 발견
할 수 있었다. 주목할 만한 것으로는 '－하다' 결합에 있어 흉내형식이
단순형과 결합하느냐 반복형과 결합하느냐가 흉내형식의 자립성 여부와
관계가 있음을 밝혔고, '－거리다'가 단순형과 반복형에 모두 결합하는
것을 절단규칙으로 설명하였다. 의미에 의한 결합 규칙은 그 성격상 형
태·통어 규칙과 같은 정밀함을 얻기 어렵지만 '－하다'에 선행하는 흉내
형식이 동작성이냐 상태성이냐에 따라 이들의 결합형이 그림씨와 움직씨
의 두 범주를 갖게 되며, 종래 '－거리다'와 결합하는 흉내형식이 '동작
성'을 갖는다고 한 데 반해 '상태성'의 흉내형식과도 결합하는 예를 제시
하고, 이들이 [＋상태, －지속]의 흉내형식과 결합한다는 것을 보임으로

써 의미에 의한 결합제약을 보다 구체화하였다. 또한 '-거리다'와 '-대다'의 쓰임이 동일하지 않음을 들고 이들의 분포가 실제 언어생활에서 차이를 보인다는 점을 지적한 것 등이 이 연구의 의의라 하겠다.

지금까지의 연구 결과를 정리하면 다음과 같다. 이는 흉내말의 구성원칙으로 삼을 만한 것이다.

〈표 11〉 '-하다', '-대다', '-이다'의 파생 규칙

특성 형식	형태론적 자립성	분리성	선행 형태	'X'의 형식	파생 범주	생산성	'X'의 의미
-하다	○	○	XX X(X)	a, ab	움직씨 그림씨	높음	[동작] [상태]
-대다	○	○	X(X)	a, ab	움직씨	높음	[동작]
-거리다	×	○	X(X)	a, ab	움직씨	높음	[동작] [상태, -지속]
-이다	×	×	X	ab	움직씨	낮음	[동작] [상태]

3.2.2. 그 밖의 풀이씨 만들기

'-하다, -대다, -거리다, -이다' 결합형을 제외한 풀이씨 흉내말은 모두 267개이다.

(89) 풀이씨 흉내말 : 모두 267개

풀이씨 흉내말은 흉내뿌리에 풀이말이 결합한 경우와 풀이씨 파생 뒷가지가 결합한 경우, 또 합성과 파생의 겹침으로 이루어진 경우로 나누어 볼 수 있다. 이때, 후행하는 요소를 뿌리(풀이씨)로 보아야 하는가 아니면 뒷가지로 보아야 하는가 하는 구분이 명확하지 않은 경우가 있다.

먼저, 사전에서 수집한 풀이씨 흉내말을 뒤에 결합하는 형식에 따라 분류하여 그 예를 제시하면 다음과 같다.

(90) [흉내뿌리-풀이씨 파생의 뒷가지]풀이씨

  ㄱ. -엏다 : 서느렇다, 덩그렇다, 사느랗다

  ㄴ. -맞다 : 앙증맞다, 능청맞다, 가량맞다, 징글맞다, 능글맞다, 쌀
    쌀맞다, 새살맞다

  ㄷ. -없다 : 서슴없다, 얼씬없다, ㄲ떽없다, ㄲ떡없다, 까땍없다, 꼼
    짝없다, 까딱없다

  ㄹ. -ㅂ다 : 근지럽다, 번지럽다, 간지럽다, 어지럽다, 번드럽다, 뺀
    드럽다, 빤드럽다, 부드럽다, 껄ㄲ럽다, 깔ㄲ럽다, 시ㄲ럽다, 반지
    랍다, 보드랍다, 쩽그랍다

  ㅁ. -스럽다 : 불퉁스럽다, 엉뚱스럽다, 생뚱스럽다, 능청스럽다, 계정
    스럽다, 이지렁스럽다, 가량스럽다, 비아냥스럽다, 앙상스럽다, 야
    지랑스럽다, 볼강스럽다, 야릇스럽다, 주접스럽다, 삽삽스럽다,
    엉큼스럽다, 앙큼스럽다, 거드름스럽다, 끌끔스럽다, 시들스럽다,
    능글스럽다, 수월스럽다, 느물스럽다, 왈왈스럽다, 펄펄스럽다,
    시설스럽다, 팔팔스럽다, 쌀쌀스럽다, 새살스럽다, 안달스럽다,
    걸씬스럽다, 갈씬스럽다, 끈끈스럽다, 시원스럽다, 수선스럽다,
    뻔뻔스럽다, 바지런스럽다, 빤빤스럽다, 깐깐스럽다, 깜찍스럽다,
    끔찍스럽다, 억척스럽다, 털썩스럽다, 거드럭스럽다, 수럭스럽다,
    악착스럽다

  ㅂ. -떨다 : 이지렁떨다, 새살떨다, 연삭삭떨다

  ㅅ. -치다 : 어긋치다, 톡탁치다, 홀렁치다

  ㅇ. -지다 : 얼룽지다, 어룽지다, 알롱지다, 아롱지다, 여울지다, 잔
    물지다, 얼룩지다, 잘록지다, 질퍽지다, 질벅지다, 얼럭지다, 끈
    덕지다, (비틀어지다, 삐뚤어지다, 빼뚤어지다, 불퉁그러지다, 꼬
    부라지다)

  ㅈ. -트(뜨)리다 : 가든그트리다, 거든그뜨리다, 가든그뜨리다(꼬부
    라트리다, 시들어뜨리다)

  ㅊ. -그리다 : 찡그리다, 찡등그리다, 삥등그리다, 쫑그리다, 건중그
    리다, 웅숭그리다, 거둥그리다, 쫑그리다, 간종그리다, 옹송그리
    다, 근동그리다, 깐동그리다, 가동그리다, 쨍그리다, 삥당그리다,
    앙당그리다, 거든그리다, 가든그리다, 쭈그리다

  ㅋ. -부리다 : 이지렁부리다, 이주걱부리다, 연삭삭부리다

  ㅌ. -피우다 : 능청피우다, 계정피우다, 이지렁피우다, 야지랑피우
    다, 거드름피우다

  ㅍ. -ø : 쿠리다, 설레다, 서슴다, 더듬다, 둥글다, 다듬다, 거칠다,

비틀다, 배틀다, 헝클다, 엉클다, 시들다, 부풀다, 보풀다, 구불
다, 까불다, 주물다, 삐뚤다, 비뚤다, 베뚤다, 빼뚤다, 뒹굴다

합성법으로 이루어진 풀이씨 흉내말이 많지 않은 것은 '흉내뿌리 + 풀
이씨' 구성은 대개 통어론적 구성으로 보기 때문인 것 같다.

흉내뿌리와 결합하여 흉내말을 만드는 뒷가지로 가장 많은 예를 보이
는 것은 '-스럽다'이다.38) '-스럽다'가 1음절 흉내뿌리와 결합할 때는
(91ㄱ)과 같이 반복형으로, 2음절 이상의 흉내뿌리와 결합할 때는 (91ㄴ)
과 같이 반복형과 결합한다.

(91) ㄱ. 불퉁스럽다, 엉뚱스럽다, 생뚱스럽다, 능청스럽다, 게정스럽다,
        이지렁스럽다
    ㄴ. 삽삽스럽다, 왈왈스럽다, 펄펄스럽다, 팔팔스럽다, 쌀쌀스럽다,
        끈끈스럽다, 뻔뻔스럽다, 빤빤스럽다, 깐깐스럽다

송철의(1988 : 155)에서는 '-스럽다'와 결합하는 뿌리형식은 대부분 상태
성의 의미를 가지며 동작성의 의미를 가지는 경우는 찾아보기 힘들다고 하
였는데 이는 흉내뿌리와 결합하는 경우에도 마찬가지이다. 이를 보다 객관
적으로 검증할 수 있는 수단은 '-스럽다'가 결합하는 흉내말에 '-거리다',
'-하다'를 결합해 보는 것인데, '-스럽다'가 결합하는 흉내말은 일반적
으로 '-거리다'와의 결합이 제약되며 '-하다'가 결합할 경우에는 그림
씨가 된다.

(92) ㄱ. 뻔뻔스럽다 - *뻔뻔거리다 - 뻔뻔하다(*-한다)
    ㄴ. 앙상스럽다 - *앙상거리다 - 앙상하다(*-한다)
    ㄷ. 깐깐스럽다 - *깐깐거리다 - 깐깐하다(*-한다)
    ㄹ. 팔팔스럽다 - *팔팔거리다 - 팔팔하다(*-한다)

---

38) 그러나 상당수는 실제 잘 사용하지 않는 결합형들이다.

이 밖에 풀이씨를 만드는 형식으로 빈도가 높은 것으로는 '–ㅂ다' '–지다', '–그리다' 등을 들 수 있다. '–그리다'는 1음절 뿌리의 단독형과 결합하는 경우도 보인다(찡그리다, 쫑그리다 등). 형태상 '–거리다'와 비슷하지만 분포와 파생 조건은 다르다. 의미는 아직 명확히 알 수 없다.

풀이씨 만들기에서 특징적인 것은 영파생 관계를 갖는 보기들이다.

(93) 설레설레 / 설레다, 더듬더듬 / 더듬다, 둥글둥글 / 둥글다, 비틀비틀 /
비틀다, 시들시들 / 시들다, 주물주물 / 주물다, 뒹굴뒹굴 / 뒹굴다39)

이들의 파생 방향에 대해서는 두 가지 해석이 가능하다. 하나는 원래 흉내말에 '–다'가 결합하여 풀이씨가 되었다고 보는 것이고 다른 하나는, 반대로 움직씨에서 씨끝 '–다'를 제외한 줄기가 반복형식을 취하여 흉내말이 되었다고 보는 것이다. 여기서는 후자의 입장을 취한다.

이러한 영파생의 관계는 현대국어 보다 중세국어에서 더 많이 발견할 수 있다.

(94) ㄱ. 그윽다 : 秘密ᄒᆞᆫ 말ᄉᆞᆷ과 그스근 글워를 모로매 안ᄒᆞ로 ᄒᆞ게 ᄒᆞ야
ᅀᅡ ᄒᆞ리언ᄆᆞ란(秘訣隱文須內敎) <두해 –초 9 : 6>
ㄴ. 그윽ᄒᆞ다 : 裾애ᄂᆞᆫ 繡혼 蓮ㅅ고지 그윽ᄒᆞ얫도다(裾隱繡芙蓉)
<두해 –초, 7 : 33>

(95) ㄱ. ᄀᆞ독다 : 盧遮那ᄂᆞᆫ 一切 고대 ᄀᆞ독다 ᄒᆞᄂᆞᆫ 마리니
<월석 2 : 53>
ㄴ. ᄀᆞ독ᄒᆞ다 : 歡呼之聲이 道上애 ᄀᆞ독ᄒᆞ니(道上洋溢) <용가 6 :
1. 41.>

(96) ㄱ. ᄀᆞᆷ죽다 : 눈ᄍᆞᅀᅵ ᄀᆞᆷ죽디 아니ᄒᆞ야(目睛이 不瞬) <능엄 2 : 15>
ㄴ. ᄀᆞᆷ죽ᄒᆞ다 : 龍王이 눈 ᄀᆞᆷ죽홀 ᄊᆞᅀᅵᆺ 비 悅澤이 天下애 ᄀᆞ독ᄒᆞ

---

39) 단 '설레설레'와 '설레다', '비틀비틀'과 '비틀다'가 같은 뿌리에서 출발하였는지는
의미 관계상 다소 불분명해 보인다.

느니 <월석 18 : 5>

(97) ㄱ. ᄌᆞᆺᄌᆞᆺ다 : 두서열 거르믈 거러누니 ᄌᆞᆺᄌᆞᆺ거든 ᄯᅩ 안자 ᄀᆞ즁 話
頭를 슬펴 보면(淸明커든) <몽산3>

ㄴ. ᄌᆞᆺᄌᆞᆺᄒᆞ다 : 淸風은 ᄆᆞᆰ고 ᄌᆞᆺᄌᆞᆺᄒᆞᆫ ᄇᆞᄅᆞ미리 <월석 8 : 8>

(98) ㄱ. 덛덛다 : 人生애 모다쇼미 덛덛디 아니ᄒᆞ니(不可常)<두해－초
15 : 46>

ㄴ. 덛덛ᄒᆞ다 : 本來ㅅ 眞은 ᄒᆞᆺ이 없어 얼의여 덛덛ᄒᆞ야 變티 아
니커늘(凝常不變) <법화 1 : 109>

(99) ㄱ. 믯믲다 : ᄉᆡ모롭 볼휘를 더운 므레 시서 믯ᄆᆞ즌 것 업게 ᄒᆞ
요니와 <구간 1 : 7>

ㄴ. 믯믯ᄒᆞ다 : 羯邏藍은 닐오매 얼의여 믯믯ᄒᆞᆯ 씨니 <능엄 7 :
79～80>

(100) ㄱ. 싁싁다 : 威儀ᄂᆞᆫ 擧動이 싁싁고 본바담직ᄒᆞᆯ씨라 <능엄 1 : 24>

ㄴ. 싁싁ᄒᆞ다 : 須達이 보니 여슷 하ᄂᆞ래 宮殿이 싁싁ᄒᆞ더라 <석
보 6 : 35>

(101) ㄱ. ᄲᅩᆯ롣다 : 城이 ᄲᅩᆯ롣고 길히 기울오 旌旆ㅣ 시름ᄃᆞ외니(尖)
<두해－초 14 : 8～9>

ㄴ. ᄲᅩᆯ롣하다 : 두 줄로 셧ᄂᆞᆫ 秦ㅅ 남기 곧고 萬 點인 蜀ㅅ 뫼히
ᄲᅩᆯ롣ᄒᆞ도다(尖) <두해－초 23 : 42>

이들 두 파생형을, 현대어로 옮겨 보면, 현재 남아 있는 형은 움직씨
쪽이 아니라 흉내말 쪽이다.

(102) *그윽다 / 그윽하다, *가득다 / 가득하다 / 가득, *깜짝다 / 깜짝하다 /
깜짝, *깨끗다 / 깨끗하다, *떳떳다 / 떳떳하다, *뾰족다 / 뾰족하다 /
뾰족, *밋밋다 / 밋밋하다, *씩씩다 / 씩씩하다

이들을 볼 때, 현대국어의 '가득', '뾰족', '깜짝' 등은 다음과 같은 과
정을 거쳐 어찌씨 흉내말로 굳어진 것으로 파악된다.

(103) ㄱ. '가득' : 가득다>가득하다>가득
　　　ㄴ. '뾰족' : 뾰족다>뾰족하다>뾰족
　　　ㄷ. '깜짝' : 깜짝다>깜짝하다>깜짝

이러한 사실로 비루어 볼 때 (93)의 파생의 방향은 움직씨에서 흉내말
이 파생된 것으로 보는 것이 타당한 것 같다. 유창돈(1975 : 440)에서도 이
들을 동사에서 전성된 상징 부사로 보았다.

(104) ㄱ. 흔들 : 므스 이 조차서 흔들흔들 <진청, 106>
　　　ㄴ. 흔들다 : 통 가져다가 흔드러(筒來搖動) <노상, 4>

'흔들다'에서 영파생으로 만들어진 흉내말 '흔들흔들'은 '흔들거리다'와
같이 '–거리다'와 결합하여 다시 움직씨가 되는데 유창돈(1975 : 445)에서
는 '흔들다'를 '원동사'로 '흔들거리다'를 '상징동사'로 이름하였다. 이 밖
에 '휘두르다, 들볶다, 펑퍼지다, 톡배다' 등의 말은 흉내말, '휘휘', '들
들', '펑', '톡'의 단순형과 결합한 것으로 보이는데, 앞가지처럼 쓰인다.

3.3. 이름씨 만들기

흉내뿌리를 갖는 이름씨로는 합성, 파생, 합성과 파생의 겹침에 의한
것을 포함하여 모두 565개 어휘를 수집하였다.[40]

(105) 흉내뿌리를 갖는 이름씨 : 모두 565개

---

40) 흉내뿌리만으로 이름씨가 되는 뽀뽀, 계정, 짜증 / 찌증, 아롱, 덜렁 등을 포함한
　　숫자이다.

3.3.1. 합성법에 의한 이름씨 만들기

합성법은 '뿌리 + 뿌리'의 구성을 갖는 것으로 이 가운데 하나가 흉내뿌리인 경우이다. 구조상 흉내뿌리가 뒤에 오는 경우로는 '손더듬', '발더듬', '뒤설레' 등이 있을 뿐 대부분 '흉내뿌리 + 이름씨'의 구조를 갖는다. 이름씨와 결합하여 이름씨가 되는 흉내뿌리는 자립성 여부에 관계 없이 2음절 흉내뿌리의 경우에는 단순형과, 1음절 뿌리의 경우에는 반복형과 결합하는 것이 일반적이다.

> (106) ㄱ. 시들병 / *시들시들병, 가랑비 / *가랑가랑비, 흔들바위 / *흔들 흔
> 들바위, 얼룩소 / *얼룩얼룩소
> ㄴ. 멍멍개 / *멍개, 통통걸음 / *통걸음, 끈끈물 / *끈물,
> ㄷ. 꿀꿀돼지 / 꿀돼지, 솔솔바람 / 솔바람

그러나 (106ㄷ)과 같이 1음절의 반복형과 결합할 때, 2음절 흉내뿌리와 같이 단순형과 결합하는 예도 있다. 2음절 흉내뿌리의 반복형에 이름씨가 결합하는 것으로는 '아롱아롱거미'의 한 예가 있을 뿐이다.

흉내뿌리가 홀·닿소리 대응쌍을 가질 때, 이름씨 합성에서는 양 계열의 홀소리를 다 취하는 경우와 그 가운데 한쪽과만 결합하는 경우가 있다.

> (107) ㄱ. 산들바람 / 선들바람, 복슬강아지 / 북슬강아지, 보슬비 / 부슬비
> ㄴ. 볼록반사경 / *불룩반사경, 감감소식 / 깜깜소식 / *캄캄소식, 얼
> 룩소 / *알록소

(107ㄱ)은 양성 홀소리의 흉내말과 음성 홀소리의 흉내말 양쪽과 합성어를 이루는 경우이며, (107ㄴ)은 그 중 한쪽과의 결합형이 나타나지 않는 경우이다. 대응쌍과 결합하는 형이 없는 것은 단순히 사전 편찬상 빠진 것으로 볼 수도 있겠지만, 대응하는 쌍과 결합이 가능한 경우에도 대개는 그 중 한 쪽의 쓰임이 우세하다. 그래서 '선들바람'보다는 '산들바

람'이 '북슬강아지'보다는 '복슬강아지'가 '부슬비'보다는 '보슬비'가 일반
적으로 사용된다. 채완(1987)에서는 흉내말의 빈도나 결합 양상을 근거로
음성의 홀소리 쪽을 무표적인 형으로 보았다. 그러나 흉내말의 이름씨 파
생 양상을 볼 때 전반적으로 음성 홀소리 쪽과 결합하는 빈도가 높은 것
은 사실이지만 그것으로 흉내말 전체의 유표성을 결정하기는 어려울 것
같다.

흉내말의 합성이름씨에서 흉내뿌리는 대개 뒤에 오는 이름씨의 성질·
속성·종류 등을 나타낸다. 흉내말의 합성이름씨로 가장 대표적인 부류는
자연현상이나 동식물명의 이름을 가리키는 것이다.

(108) ㄱ. 자연현상
　　　뭉게구름, 남실바람, 흔들바람, 선들바람, 건들바람, 서늘바람,
　　　솔솔바람, 가랑비, 보슬비, 부슬비, 서늘비, 가랑눈, 건들장마,
　　　고부랑길
　　ㄴ. 동식물명
　　　민둥제비꽃, 알록제비꽃, 뭉뚝촌충, 얼룩나방, 얼럭나방, 얼룩
　　　용설란, 얼룩망둥, 알락우럭, 오그랑쪽박, 꿀꿀돼지, 북슬강아
　　　지, 복슬강아지, 알락왕똥이, 뾰족부전나비, 아롱아롱거미, 얼
　　　룩줄거미, 씽씽매미, 쓰름매미, 가랑개미, 알락오리, 낄끄렁보
　　　리, 납작보리, 더펄머리, 다팔머리, 잘록허리왕잠자리, 알락명
　　　주잠자리, 흔들비쭈기, 알락뜸부기, 얼룩해오리기, 알락애각다
　　　귀, 말랑무우, 알락멸구, 종달도요, 오목눈잇과, 얼룩소, 얼럭
　　　소, 얼룩백로, 살짝수영벌레, 알롱잉어, 얼룩상어, 종달새, 비
　　　쭉새, 뜸북새, 뻐꾹새, 따옥새, 소쩍새, 똑딱새, 알락돌고래,
　　　멍멍개, 북슬개

3.3.2. 파생법에 의한 이름씨 만들기

이 유형에 속하는 흉내말은 '흉내뿌리-이름씨 파생의 뒷가지' 구성을
갖는 것이다. 흉내뿌리와 결합하여 이름씨를 만드는 뒷가지의 수는 많지
않다. 이들 뒷가지와 보기를 들면 다음과 같다.

(109) ㄱ. '-증' : 통통증, 헛헛증, 답답증, 심심증, 주춤증, 조촘증, 안
　　　　달증, 벌떡증
　　ㄴ. '-질' : 짝짜꿍질, 가종질, 씨부랑질, 너울질, 딸꾹질, 뒤적질,
　　　　헤적질, 쑥덕질, 해작질, 곤두박질, 속닥질, 복닥질, 쏘라닥질,
　　　　훌렁이질, 홀랑이질, 도리질, 곤두질, 부라질(손더듬질, 초다
　　　　듬질, 더듬이질)
　　ㄷ. '-결' : 얼떨결
　　ㄹ. '-꾼' : 덤벙꾼, 덜렁꾼
　　ㅁ. '-배기' : 얼룩배기, 앍둑배기, 앍족배기, 악착배기
　　ㅂ. '-뱅이' : 알금뱅이, 너털뱅이
　　ㅅ. '-보' : 뚱뚱보, 뚱보
　　ㅇ. '-이' : (뒤에 따로 제시)
　　ㅈ. '-기' : 끈기
　　ㅊ. '-ø' : 튼튼, 뚱뚱[41]

　파생법에 의한 이름씨 만들기는 '-증'이나 '-질', '-이'를 제외하고
는 흉내뿌리와 결합하는 경우가 많지 않으므로 그다지 생산적이라고 보
기 힘들다. 뒷가지에 의한 이름씨 파생에서 가장 생산적인 것은 '-이'계
파생의 뒷가지에 의한 것이다. 이를 제시하면 다음과 같다.

　(110) [흉내뿌리 - {-이}]이름씨
　　ㄱ. '-이' : 칭칭이, 찡찡이, 씽씽이, 쿵쿵이, 부루퉁이, 껑충이, 얼
　　　　룽이, 어룽이, 뚱뚱이, 뭉퉁이, 둥둥이, 시큰둥이, 발버둥이, 꿍
　　　　꿍이, 덩더꿍이, 짝짜꿍이, 알롱이, 아르롱이, 아롱이, 똥똥이,
　　　　쫄래둥이, 가둥이, 맹꽁이, 물컹이, 부엉이, 덤벙이, 털벙이, 멍
　　　　멍이, 물렁이, 헐렁이, 덜렁이, 껄렁이, 는지렁이, 꾸부렁이, 구부
　　　　렁이, 쭈구렁이, 팽이, 뺑뺑이, 알금뱅이, 너털뱅이, 땡땡이₁, 땡
　　　　땡이₂, 땡땡이₃, 땡땡이₄, 베쨍이, 올망이, 졸망이 촐랑이, 달랑
　　　　이, 오그랑이, 고부랑이, 몽당이, 팁팁이, 답답이, 더듬이, 다듬
　　　　이, 깔끔이, 깜깜이, 흔들이, 삐뚤이, 비뚤이, 빼뚤이, 쫄쫄이, 똘
　　　　똘이, 찰찰이, 살살이, 날씬이, 간간이, 합죽이, 쩔룩이, 얼룩이,

---

41) 이 밖에도 '속삭임', '움직임', '미끄럼'등도 흉내말의 이름씨 파생에 속하지만, 이
　들은 흉내뿌리에 바로 파생의 뒷가지가 결합한 것은 아니다.

　　찔뚝이, 홀쭉이, 오목이, ,알록이, 오뚝이, 억척이, 푸석이, 시시
　　덕이, 더덕이, 악착이, 납작이
　ㄴ. '-리' : 꿀꾸리, 개구리, 딱따구리, 털터리, 주저리, 떠버리, 탈
　　타리, 짤짜리
　ㄷ. '-기' : 꿱꿰기, 깍두기, 뻐꾸기, 꿱꽤기, 따오기, 기러기, 누더기,
　　쌕쌔기, 바스라기, 호루라기, 딱따기, 딱따기, 모다기

　'-이'는 가장 생산적인 이름씨 파생의 뒷가지 가운데 하나로 흉내뿌리
와 결합할 뿐만 아니라 줄기와 결합하기도 하고(먹이, 벌이, 길이, 높이 등),
이름씨와 바로 결합하여 다시 이름씨를 파생하기도 한다. 송철의(1989 : 92)
에서는 이들이 이름씨를 파생한다는 점에서는 같은 형태소 볼 수도 있고,
서로 다른 분포를 갖고 있으며 의미 특성에 다소의 차이를 보인다는 점
에서는 다른 형태소로 볼 수 있으나 전자의 입장을 취하여 하나의 형태
소로 처리하여 편의상 줄기와 결합하는 것을 '-이₁'으로, 그림씨 줄기와
결합하는 것을 '-이₂'로, 그 밖의 것을 '-이₃'으로 구분하여 논의한 바
있다.
　'-이'와 결합하는 형식으로는 모양흉내뿌리나 소리흉내뿌리가 모두 올
수 있다. 형태적 특성으로는 1음절 흉내뿌리의 경우는 반복형과 결합하고
2음절 이상의 흉내뿌리는 단순형으로 결합한다. 송철의(1989 : 98)에서는 흉
내말과 결합하는 '-이'는 대체로 '~와 같은 성질 또는 특징을 갖는 것
(사람, 동물, 사물)'이라는 의미를 갖는 명사를 파생시킬 뿐 행위명사나 추
상명사를 파생시키는 일은 없다고 하였다. 이는 글쓴이가 조사한 자료에
서도 마찬가지 결과를 보였다. 합성법에서와 마찬가지로 '-이'가 대응하
는 홀·닿소리의 흉내뿌리와 모두 결합하는 것은 아니다.
　이 밖에 파생과 합성의 겹침에 의한 경우, 또 '뽀뽀', '삐삐'(사전의 표제
항으로는 아직 안 올라 있다) 등과 같이 다른 가지와의 결합 없이 바로 이
름씨가 되는 경우가 있다.

3.4. 어찌씨 만들기

흉내뿌리에 일반형태소가 결합하여 어찌씨를 파생하는 경우는 '-이/
히' 파생형을 제외하면 매우 적어 77예밖에 없으며, 그나마 흉내뿌리에
바로 결합하는 것은 없고 그림씨를 파생하는 '-스럽다'의 어찌꼴 '-스
레-'가 결합하는 등 대부분 2차적인 파생형이다.

> (111) ㄱ. -스레 : 앙증스레, 엉뚱스레, 생뚱스레, 능청스레, 게정스레,
> 이지렁스레, 비아냥스레, 앙상스레, 야지랑스레, 볼강스레, 주
> 접스레, 삽삽스레, 엉큼스레, 앙큼스레, 까끔스레, 시들스레,
> 능글스레, 펄펄스레, 털털스레, 시설스레, 게걸스레, 팔팔스레,
> 새살스레, 걸씬스레, 갈씬스레, 끈끈스레, 뻔뻔스레, 바지런스
> 레, 빤빤스레, 간깐스레, 깜찍스레, 끔직스레, 억척스레, 수럭
> 스레, 악착스레, 가량스레
> ㄴ. -(하)게 : 뺀듯하게, 뻔쩔나게, 앙증스럽게, 뻔질나게
> ㄷ. -하면 : 언뜻하면, 벙끗하면, 거풋하면, 쩍하면, 꿈적하면, 거
> 푸적하면42)

'-이/히'는 흉내말과 결합하여 풀이말을 만드는 '-하다, -대다 -거
리다'를 제외하고는 가장 생산성이 높은 뒷가지이다. 사실 흉내말은 '-이/
히' 결합이 없이 대부분 단독으로 혹은 반복으로 어찌씨가 되는데, 여기
에 다시 '-이/히' 파생을 갖는다는 것은 흥미로운 점이다. 우선 이들을
계량적으로 살펴보기로 한다.

> (112) [X(X)-이/히]어찌씨 : 모두 463개
> 서로 다른 흉내뿌리의 수 : 426개 - 모양흉내뿌리 : 424개
> 소리/모양흉내뿌리 : 2개

---

42) 이 밖에도 형태를 분석하기 다소 어려운, '살그머니, 슬그머니, 어슴푸레, 으슴프
레' 등이 있다.

사전에 수록된 '-이 / 히' 파생형을 갖는 흉내말은 모두 463개이다. 단순형과 반복형이 중복되는 것을 하나로 계산하면 '-이 / 히'와 결합하는 서로 다른 뿌리의 수는 426개이다.[43] 이 때 '-이 / 히'와 결합하는 흉내뿌리의 종류는 '사풋,' '서풋'의 둘을 제외하고는 모두 모양흉내말뿌리이다. 게다가 '사풋', '서풋'마저 소리 / 모양흉내뿌리이므로 소리흉내뿌리는 '-이 / 히'와의 결합이 제약된다고 말할 수 있다.

다음은 '-이 / 히'와 결합하는 모양흉내뿌리의 음절수를 조사하여 전체 모양흉내뿌리와 비교한 것이다.

〈표 12〉 음절수별 빈도(모양흉내뿌리)　　　　개(%)

음절 수 ＼ 뿌리	모양흉내뿌리	'-이/히'와 결합하는 모양흉내뿌리
모두	2,540(100)	424(100)
1음절	295(11.6)	91(21.4)
2음절	1,805(71.1)	371(87.5)
3음절	404(15.9)	49(11.5)
4음절	33(1.3)	4
5음절	3(0.1)	0

전체 모양흉내말뿌리에서 1음절 뿌리의 빈도는 11.6%인 데 반해 '-이 / 히'와 결합하는 1음절의 모양흉내뿌리는 21.4%로 1음절 뿌리의 전체 비율에 비해 '-이 / 히' 파생의 정도가 높다. 또 2음절 뿌리의 경우에 '-이 / 히' 파생이 가장 생산적이며 3음절 이상의 다음절 흉내뿌리와는 잘 결합하지 않는다.

다음은 흉내뿌리의 자립성에 따른 '-이 / 히'의 결합 빈도를 전체 모양흉내뿌리의 자립도와 비교한 것이다.

---

43) 즉 '가뜩이 / 가뜩가뜩이, 가뿐히 / 가뿐가뿐히, 날쌍히 / 날쌍날쌍히' 등과 같이 단순형과 반복형 모두를 취할 때, 이를 하나로 계산한 것이다. 단순형과의 결합형이 있을 때, 반복형과 결합하는 것은 실제 잘 쓰지 않는다.

〈표 13〉 뿌리의 자립성에 따른 '이 / 히' 결합 빈도

흉내뿌리의 음절 수	자립성	모양흉내뿌리	'-이/히'와 결합하는 모양흉내뿌리
1음절	자립형식	57(19.3%)	0(0%)
	의존형식	238(81.7%)	91(100%)
2음절	자립형식	484(22.2%)	105(28.2%)
	의존형식	1,321(77.8%)	266(72.3%)
3음절	자립형식	129(31.7%)	4(8.2%)
	의존형식	275(68.3%)	45(97.9%)

1음절의 모양흉내말뿌리가 단독으로 자립성을 갖는 것은 57개로 1음절 흉내뿌리의 19.3%를 차지하는데 '-이 / 히'와 결합하는 1음절 모양흉내뿌리의 가운데 단독으로 자립성을 갖고 있는 것이 없었다.

(113) ㄱ. 꼭 / *꼭히, 쭉 / *쭉히, 삥 / *삥히
　　　ㄴ. *끈 / 끈끈히, *튼 / 튼튼히, *천 / 천천히

(113ㄱ)의 '꼭', '쭉', '삥'은 1음절 흉내뿌리로 단순형으로 자립성을 갖는 어찌씨 흉내말이다. 이러한 흉내뿌리에는 다시 '-이 / 히'가 결합하여 어찌씨를 파생하는 경우가 없다. (113ㄴ)의 '끈-', '튼-', '천-' 등처럼 단독으로는 자립성이 없는 1음절 흉내뿌리의 반복형과 결합한다. 이는 3음절 흉내뿌리와 '-이 / 히'가 결합하는 경우에도 같은 양상을 보인다.

'-이 / 히' 파생의 또 다른 특징은 앞서의 다른 뒷가지들과 달리 1음절 흉내뿌리와 단순형으로 결합하는 경우가 있다는 점이다.

(114) 반히, 빤히, 번히, 뻔히, 환히, 훤히, 멍히

이들 1음절 흉내뿌리는 반복형을 가질 수 없다는 공통점을 가진다.(*반반, *빤빤, *번번, 뻔뻔, *환환, *훤훤, *멍멍44)).

지금까지 2음절 흉내뿌리가 파생의 뒷가지와 결합할 때 '-하다'의 경우를 제외하고는 단순형과 결합하는 것이 원칙이었는데 '-이/히' 파생의 경우에는 '단순형'과 '반복형' 모두를 취하는 경우가 37예가 있었다. 일부 보기를 들면 다음과 같다.

(115) 가득히 / 가득가득히, 가뜬히 / 가뜬가뜬히, 가뿐히 / 가뿐가뿐히,
　　　 꼬붓이 / 꼬붓꼬붓이, 나긋이 / 나긋나긋이, 날쌍히 / 날쌍날쌍히,
　　　 납죽이 / 납죽납죽이, 누긋이 / 누긋누긋이, 늘씬히 / 늘씬늘씬히,
　　　 늘썽히 / 늘썽늘썽히

그러나 이것은 단지 사전의 처리를 충실히 따른 결과이며, 사실 반복형과 단순형과의 결합이 모두 가능한 경우 단순형을 쓰는 것이 일반적이다. 반대로, 2음절 흉내뿌리와 '-이/히'의 결합에서 흉내뿌리의 반복형과만 결합하는 경우가 있다.

(116) 가량가량히, 고분고분히, 나릿나릿이, 너푼너푼히, 노글노글히,
　　　 느릿느릿이, 매실매실히, 맨둥맨둥히, 몽실몽실히, 묵직묵직이,
　　　 민둥민둥히, 사근사근히, 서근서근히, 자긋자긋이, 잘쏙잘쏙이,
　　　 지긋지긋이, 지망지망히, 질번질번히, 짤쏙짤쏙이, 차곡차곡히,
　　　 추근추근히

즉 '가량가량히'나 '고분고분히'는 존재하나 단순형으로 '가량히', '고분히'는 가능할 것 같으나 쓰이지 않는다. 이들을 규칙화할 만한 형태적이나 의미적인 공통성은 발견되지 않는다.
3음절 이상의 흉내뿌리에 '-이/히'가 결합할 때는 단순형으로 결합한다.

(117) 뾰주룩이, 배주룩이, 가들막이, 아렴풋이, 자오록이, 고부장히,
　　　 샐기죽이 등

---

44) 동음이의어에 주의할 것.

'-이/히' 파생이 형태론적 조건에 의해 크게 제약을 받지 않는다는
점에서 그 결합 여부는 의미론적 조건의 영향을 더 많이 받는 것으로 보
여진다.

> (118) ㄱ. 항아리에 물을 <u>가득(가득히, 가득하게)</u> 부었다.
> ㄴ. 영주는 <u>방긋(방긋이)</u> 웃었다.
> ㄷ. 배가 <u>불룩(불룩이)</u> 튀어 나왔다.

그러나 흉내형식만으로 어찌씨가 될 수 없는 경우에는 '-이/히' 뒷가
지의 도움을 받는다.

> (119) ㄱ. 철수는 <u>쓸쓸히(*쓸쓸)</u> 걸었다.
> ㄴ. 비행기가 <u>사뿐히(*사뿐)</u> 내려 앉았다.

이러한 모습은 흉내말의 통어론적인 연구에서 검토할 것이다. 다만 여
기에서는 '-이/히'가 단순히 어찌씨를 파생하는 기능을 갖고 있는 것이
아니라 일련의 의미를 갖고 있다고 생각한다.[45]

앞에서도 언급했듯이 '-이/히' 파생의 뒷가지는 소리흉내말과 결합하지
못한다. 소리흉내뿌리는 대개 동작성 뿌리의 특성을 가지므로 '-이/히' 파
생의 뒷가지는 동작성 뿌리와 결합이 제약된다고 가정해 볼 수 있다. 이를
위해 '-이/히'의 뒷가지와 결합하는 뿌리의 자립성 여부와 '-하다, -대
다, -거리다'와의 결합 여부를 검토하였다. 그 일부를 보이면 다음과 같다.

---

45) 사전에서는 'X-이/히' 파생형을 대부분 'X-하게'로 뜻풀이하고 있다. 뒷가지
'-이'와 씨끝 '-게'의 의미는 여러 차례 비교되었는데, 흉내말의 이런 뜻풀이가
바른 것인지는 '-이/히'와 '-게'의 비교가 아니라 '-이/히'와 '-하게'의 비교
를 통해 검증해야 할 것이다.

〈표 14〉 '-이 / 히' 파생표

X-이/히	XX-이/히	X	XX	X-하다	XX-하-	X-거리	X-이다
가득히	가득가득히	O	O	㉠	㉠		
가뿐히	가뿐가뿐히			㉠	㉠		
	감감히	O			㉠		
거뿐히	거뿐거뿐히	O		㉠	㉠		
	걸걸히				㉠		
걸쭉이				㉠			
고부장히		O		㉠	㉠		
	고분고분히	O			㉠		
	곰곰히	O			㉠		
구붓이	구붓구붓이	O			㉠		
구수히				㉠			
그득히	그득그득히	O	O	㉠	㉠		
그들먹이		O		㉠	㉠		
	길길이						
	깐깐히				㉠		
삐죽이		O	O	㉠Ⓐ㉡	㉠Ⓐ㉡	Ⓐ㉡	

(㉠ : 그림씨, Ⓐ : 제움직씨, ㉡ : 남움직씨)

'-이 / 히' 파생형에 대해 다시 '-하다'와 '-거리다', '-이다'와의 결합을 검토한 것은 이들이 흉내뿌리의 의미를 객관적으로 검토할 수 있는 수단이 되기 때문이다. 조사 결과, 뿌리의 단순형과 반복형을 여부를 고려하지 않았을 경우 '-이 / 히'와 결합하는 426개의 흉내뿌리 가운데 다음의 29예를 제외하고는 모두 '-하다'와 결합하여 그림씨를 파생한다.

(120) 길길이, 너푼너푼히, 박박이, 벅벅이, 벙싯이, 빙긋이, 빙끗이, 빙싯이, 뻥긋이, 뻥끗이, 뻥싯이, 서붓이, 성긋이, 성끗이, 싱긋이,

쌍끗이, 쌩긋이, 쌩끗이, 썽긋이, 썽끗이, 씽긋이, 자그시, 지그시,
잘쏙잘쏙이, 절쑥이 쩟쩟이, 차곡차곡히, 해죽이, 해쭉이

앞에서 살펴보았듯이, '-하다'가 결합하여 움직씨를 파생하는 경우는
선행하는 요소가 동작성을 갖는 경우이고, '그림씨'를 파생하는 것은 상태
성을 갖는 경우이다. 그러므로 '-이/히'와 결합하는 흉내뿌리가 '-하다'
와 결합하여 그림씨가 될 경우에 이 흉내뿌리는 상태성임을 알 수 있
다46). 상태성 흉내뿌리는 '-거리다'와의 결합 여부를 검토함에 따라 다시
순간적인 것인가 지속적인 것인가를 판가름할 수 있다. '-하다' 그림씨
파생형이 '-거리다' 파생형을 가질 경우는 순간적인 상태의 흉내뿌리인
데 반해, '-거리다'와 결합하지 못할 경우에는 상태지속의 의미를 갖는
다.47)

조사 결과 '-이/히'와 결합하는 흉내뿌리가 '-하다'와 결합하여 그림
씨만을 파생하는 흉내뿌리일 경우 '-거리다'와의 결합이 제약되었다.48)

(121)

ㄱ. 가득히	가득하다(*-한다)	*가득거리다
ㄴ. 가뿐히	가뿐하다(*-한다)	*가뿐거리다
ㄷ. 수북히	수북하다(*-한다)	*수북거리다
ㄹ. 통통히	통통하다(*-한다)	*통통거리다
ㅁ. 쓸쓸히	쓸쓸하다(*-한다)	*쓸쓸거리다

---

46) 같은 뿌리를 갖는 '-하다' 결합형이 그림씨만을 파생하지 않고 동시에 움직씨를
파생하는 경우가 있다. '빼죽이'에서 '빼죽하다'는 그림씨뿐만 아니라 움직씨도
된다. 이것은 뿌리가 두 가지 속성을 다 가지고 있기 때문이라고 본다. 여기서
'-이/히'와 결합하는 힘은 그 가운데 상태성에 있는 것으로 본다.

47) 이것은 다음을 비교하면 알 수 있다.
ㄱ. 글썽글썽하다/글썽거리다, 끈적끈적하다/끈적거리다, 반들반들하다/반들거리다.
ㄴ. 가득하다/*가득거리다, 뾰족하다/*뾰족거리다, 끈끈하다/*끈끈거리다.

48) '시들히'의 한 예외가 있을 뿐이다(시들하다, 시들거리다). '-이/히'와 결합하는
흉내형식은 '-거리다'와 결합이 제약된다는 점은 송철의(1989 : 190)에서도 지적
된 바 있다.

지금까지의 결과를 종합하면 '-이 / 히'와 결합하는 흉내뿌리는 모양흉
내뿌리에 한정되며 모양흉내뿌리에 대한 음절수 제약은 없는 것 같다. 의
미상으로 '-이 / 히'와 결합하는 흉내뿌리는 [상태지속]의 의미를 갖는다.
　마지막으로 '-이 / 히'의 음운론적 분포를 검토해 보도록 하겠다. '-이'
와 '-히'는 의미상 차이가 없는 변이형태의 관계에 있다. '-이 / 히'는 그
와 결합하는 흉내뿌리의 끝소리에 따라 분포의 차이를 보인다.

<표 15> '-이 / 히'의 음운론적 분포

흉내뿌리의 끝소리	X-이	X-히
ㄱ	61	18
ㄴ	0	81
ㄹ	1	25
ㅁ	0	30
ㅂ	0	4
ㅅ	125	0
ㅇ	0	41
모두	227	109

　조사 결과 '-이'가 결합하는 흉내뿌리의 끝소리는 'ㄱ, ㄹ, ㅅ'에 한정되
고 '-히'가 결합하는 흉내뿌리의 끝소리는 'ㄱ, ㄴ, ㄹ, ㅁ, ㅂ, ㅇ'이다. 특
히 흉내말의 끝소리가 'ㅅ'으로 끝날 경우 예외 없이 '-이'가 결합하고,
'ㄴ, ㅁ, ㅂ, ㅇ'으로 끝날 경우 '-히'와 결합한다. '-ㄹ' 끝소리를 갖는 경
우에 '-이'와 결합하는 경우는 '길길이' 한 예밖에 없으므로 'ㄹ'로 끝날
경우에도 '-히'와 결합한다고 보아도 무방하다. 그러므로 '-이'와 '-히'
의 음운론적 분포는 다분히 상보적인 것처럼 보인다. 그러나 흉내뿌리가
'ㄱ'으로 끝나는 경우에는 '-이'와 '-히'가 결합하는 예를 모두 보인다.

(122) ㄱ. 'ㅇ' : 펑펑히, 싱싱히, 뿌루퉁히, 부루퉁히, 충충히, 우중충히,
　　　　　 뚱뚱히

　　 ㄴ. 'ㅂ' : 텁텁히, 섭섭히, 답답히, 갑갑히

　　 ㄷ. 'ㅁ' : 심심히, 벌름히, 발름히, 빠드름히, 뾰주름히, 빼주름히,
　　　　　 삐뚜름히

　　 ㄹ. 'ㄹ' : 몽실몽실히, 매실매실히, 쓸쓸히, 시들히, 새들히, 서늘
　　　　　 히, 싸늘히

　　 ㅁ. 'ㄴ' : 녹진히, 늘씬히, 물씬히, 몰씬히, 말씬히, 날씬히, 푹신히

　　 ㅂ. 'ㄱ' : 그득히, 아득히, 가마득히, 가득히, 으늑히, 아늑히, 벌
　　　　　 룩히, 톡톡히, 잘쏙이, 소복이, 다복이, 오목이, 볼록이,
　　　　　 짤록이, 잘록이, 뾰조록이

　　 ㅅ. 'ㅅ' : 뼁싯이, 솟긋이, 핥긋이, 시룻이, 배슷이, 번뜻이, 뻥끗
　　　　　 이, 쫑긋이, 나긋이

다음은 'ㄱ'으로 끝나는 흉내뿌리가 하나는 '-이'를 취하고 다른 하나
는 '-히'를 취하는 경우이다.

(123) 가뜩이 / 가득히

'가뜩이'와 '가득히'는 끝 음절의 첫소리만이 다르다. 그러므로 흉내뿌
리의 끝소리가 'ㄱ'으로 끝날 때는 비선형적인 분포도 고려해야 할지 모
른다. 그러나 흉내말 이외의 다른 뿌리와의 결합에서는 이와 다른 양상을
보인다.

(124) 간간이, 겹겹이, 나날이, 다달이, 땀땀이

(124)의 '-이'와 결합하는 요소들이 모두 흉내뿌리라면 이들은 모두
'-히'와 결합하여야 한다. 여기서 우리는 '-이'와 '-히'의 선택은 다분
히 규범적이라는 데 주의해야 한다. 실제 흉내뿌리에서 '-히'만을 선택
하는 'ㄴ, (ㄹ), ㅁ, ㅂ, ㅇ' 끝소리의 음운론적 일반성을 발견할 수 없다.
통일안에서 이에 대한 규정을 보면 "순 조선어나 한자어를 물론하고 부

사의 끝 음절이 '이'와 '히'로 혼동될 적에 한하여 그 말이 어원적으로
보아 '하다'가 붙을 수 있는 것은 '히'로 하고 그렇지 아니한 것은 '이'로
한다"고 규정하고 있다. 그러나 실제 화자의 습관에 따라 이들은 다소 수
의적이다. 그러므로 여기서 사전의 처리를 충실히 따른다면 '히'가 붙은
흉내말 가운데 '-하다'가 붙지 못하는 것만이 분명히 '-히'로 발음된다
고 인정할 수 있을 것이다. 그러나 '-이/히' 파생형의 대부분은 '-하
다'와 결합할 수 있음을 앞에서 보았으므로 좋은 기준은 되지 못하며 실
제 화자에 따라 '-이'로도 발음하고 '히'로도 발음하며, '-하다'가 결합
할 수 있는 경우에도 '-이'로 적는 경우가 상당히 많은 것으로 보인다.
'-이/히'의 규범화가 어려웠던 것은 흉내뿌리에 결합하는 '-이/히'와
일반뿌리에 결합하는 '-이/히'를 같이 다루었기 때문인 것 같다. 위의
음운론적 분포가 절대적이라고 할 수는 없지만, 흉내말에 한정한다면 상
당한 일반성을 갖고 있다고 하겠다.

4. 정리

이 장은 흉내말의 형태론적 연구로 현대국어 흉내말을 '분석'의 측면과
'낱말만들기' 측면에서 살펴본 것이다.
분석의 측면에서, 흉내말의 반복형식은 '구조의 일관성'이라는 점에서 모
두 형태소로 분석하는 것이 타당하다고 보고 그 형태론적인 근거를 제시하
였다. 또 흉내말을 구성하는 최소의 형태론적 단위로 '상징소'를 설정할 것
을 제안하였다. '상징소'는 '빙글', '끈쩍', '둥실'에서의 '-글', '-쩍', '-
실'과 같은 형태로, 현대국어 흉내말(주로 의태어)의 끝 음절 가운데에는 보
편적인 형태소의 개념으로는 분석하기 어려우나, 일련의 형태와 의미를 가

지고 있어 흉내말을 구성하는 형태론적 요소로 파악되는 것이다. 상징소를 설정함으로써 얻는 이점으로, 1) 흉내말을 보다 작은 형태의 구성체로 파악하여 흉내말의 본질적인 구조를 파악할 수 있고, 2) 흉내말의 형성 과정을 연구하는 데 유용할 뿐 아니라, 3) 흉내말의 의미론적 특성을 이해하는 데 기여할 수 있다는 점을 들었다.

다음은 낱말만들기의 측면에서, 흉내말의 낱말만들기 유형을 파생 범주에 따라 '어찌씨 만들기', '풀이씨 만들기', '이름씨 만들기'로 나누어 국어사전에서 뽑은 실제 예를 제시하고, 낱말만들기 규칙을 형식화하려 하였다. 풀이씨 만들기에서는, 흉내말 풀이씨를 만드는 데 가장 적극적인 '-하다, -대다, -거리다, -이다'의 파생 조건을 별도로 살펴보았다.

지금까지 살펴본 흉내말의 형태론적 특성은 다음과 같다.

첫째, 흉내말의 형태론적 구성은 형태 내적으로 홀소리 어울림을 지키며, 반복형을 갖고, 형태 외적으로 홀·닿소리 대응쌍을 가지며, '-하다', '-대다', '-거리다', '-이다'의 파생형을 갖는 것이 가장 전형적이다.

둘째, 표면적으로 반복형식을 갖는 모든 흉내말은 일반적인 형태소의 분석 원리로는 일괄적으로 분석하기 어려운 점이 있으나 '구조의 일관성'이라는 측면에서 모두 합성어 구성으로 볼 수 있다.

셋째, 공시적으로는 형태소로 분석하기 어려우나 '분포'나 '의미'를 고려할 때 흉내말을 구성하는 뒷가지 상당 요소가 있음을 밝히고 '상징소'를 설정하였다.

넷째, '-거리다' 등과 같이 흉내말에만 결합하는 뒷가지를 갖는다.

다섯째, 홀·닿소리 대응을 갖는 흉내형식의 파생형이 모두 홀·닿소리 대응쌍을 갖는 것은 아니다.

여섯째, 흉내형식이 일반 뒷가지와 결합하여 새 낱말을 만들 때에는, 음운적, 형태적, 의미적 특성이 모두 관여한다.

| 제3장 | 흉내말의 통어적 특성

1. 들어가기

흉내말의 통어적 특성에 대한 연구는 흉내말 연구에서 다소 부진하였다. 이는 흉내말(음성상징)이 음운론 혹은 형태론의 연구 대상으로 간주되었기 때문이다. 그러나 90년대 이후 흉내말의 통어적인 특이성이 주목되면서 이에 대한 연구가 관심을 끌기 시작했다.

흉내말의 통어적 특성에 대한 연구로는 송문준(1988), 우인혜(1990), 노마 히데키(1991), 서상규(1993), 채완(1993), 김홍범(1995), 박동근(1996ㄴ) 등이 있다. 송문준(1988)에서는 사전에서 소리흉내말의 씨가름이 일치하지 않음을 지적하고 소리흉내말은 모두 느낌씨로 다루어야 한다고 보고 흉내말의 통어론적 범주에 대한 문제점을 제기하였다. 우인혜(1990)에서는 풀이말과의 공기 관계를 조사해서 대부분의 흉내말이 동작성 흉내말과 어울리는 양상을 보이고 있음을 밝혔다. 흉내말의 통어적 특성에 대한 폭넓은 검토는 채완(1993)에서 이루어진다. 그러나 이들 연구는 주로 흉내말의 범위를 흉내형식으로만 이루어진 낱말에 한정했기 때문에, 이 글에서 말하는 넓은 의미의 흉내말들과의 상관 관계가 고려되지 않았다. 흉내말의 통어적 특성에 대한 연구가 미진했던 것도 흉내말을 흉내형식으로만 이루어진 어찌씨에 한정하였기 때문이라고 생각된다. 이에 반해, 서상규(1993)에서는 실제 문헌 조사를 통해 흉내말 자료를 수집하고 이를 계량적으로 검토한 후,

각 흉내형식이 월 안에서 어떻게 쓰이는가를 조사하였다. 여기서는 흉내형식만으로 구성되는 흉내말(전형적인 어찌씨)뿐만 아니라 흉내형식에 뒷가지가 결합하여 다양한 씨범주로 쓰이는 흉내말들을 포함하였다.

글쓴이가 이 장에서 대상으로 삼은 흉내말은 전형적인 어찌씨 흉내말뿐 아니라 넓은 의미의 흉내말로 흉내형식을 갖고 있는 모든 흉내말을 대상으로 한다. 이러한 처리는 월에서 흉내형식을 갖고 있는 '가득, 가득가득'뿐만 아니라 '가득히, 가득가득히', '가득하다' 등을 형태론적이나 통어론적으로 관련지어 설명할 수 있다는 이점을 갖는다.

이 장에서는 먼저 흉내말의 다양한 통어적 기능을 개관하고, 실제 문헌 조사를 통해 수집한 자료 가운데 사용 빈도가 높은 흉내말을 선택하여 실제 쓰임을 계량적으로 검토·분석하도록 하겠다.

2. 흉내말의 통어적 기능

2.1. 어찌말 기능

흉내말의 가장 전형적인 기능이다. 흉내말에는 다음 (1)과 같이 흉내형식이 다른 가지와 결합하지 않고 흉내형식 단독으로 단순형이나 반복형을 취하여 어찌씨가 되거나 (2ㄴ)과 같이 어찌씨 파생의 접미사 '-이/히' 등과 결합하여 어찌말 기능을 하는 것이 있다.

(1) ㄱ. 팥쥐는 호박을 꾹 눌러 보았다.
     ㄴ. 팥쥐는 호박을 꾹꾹 눌러 보았다.
(2) ㄱ. 콩쥐는 방끗 웃었다.
     ㄴ. 콩쥐는 방끗이 웃었다.

어찌씨 흉내말의 통어적 기능은 풀이말을 수식하는 것이다. 채완(1993)에 의하면 어찌씨 흉내말이 그림씨를 수식하는 경우는 드물고 움직씨를 수식하는 예가 압도적으로 많다고 하였다.

(3) ㄱ. 별들이 하늘에서 <u>반짝반짝</u> 빛난다.
ㄴ. 별들이 <u>반짝반짝</u> 하늘에서 빛난다.
ㄷ. <u>반짝반짝</u>, 별들이 하늘에서 빛난다.

(4) ㄱ. 방이 <u>텅</u> 비었다.
ㄴ. *<u>텅</u> 방이 비었다.

다만, (3ㄷ)과 같이 흉내말이 월의 머리에 놓일 경우, 특히 이것이 소리 흉내말일 경우에는 느낌씨와의 구별이 분명하지 않다.

매인풀이씨 구성에서, 흉내말은 후행하는 매인풀이씨 구성 전체를 수식하는 것으로 보인다.

(5) ㄱ. 건물이 <u>폭삭</u> 무너졌다.
ㄴ. 건물이 <u>폭삭</u> 무너져 있다.
ㄷ. *건물이 <u>폭삭</u> 무너지고 있다.

(6) ㄱ. 솥에 물이 <u>부글부글</u> 끓었다.
ㄴ. 솥에 물이 <u>부글부글</u> 끓고 있다.
ㄷ. *솥에 물이 <u>부글부글</u> 끓어 있다.

(5)의 '폭삭'이나 (6)의 '부글부글'은 모두 어찌씨 흉내말로 뒤에 오는 풀이말을 수식한다. 그런데 (5)의 '폭삭'은 '-고 있다' 구성의 매인풀이씨 구문과 제약되는 데 반해, (6)의 '부글부글'은 '-어 있다' 구성의 매인풀이씨 구문과 제약을 보인다. 이는 각 흉내말의 상적 속성과 관련된 것으로 보인다. '폭삭'은 그 자체가 완결의 속성을[1], '부글부글'은 진행의 속

---

1) 다음과 같은 예문을 통해서도 '폭삭'이 완결의 의미를 갖고 있는 것으로 판단된다.

성을 갖고 있기 때문에 각각 '-고 있다' 구성과 '-어 있다' 구성과 제약되는 것으로 보인다. 그러므로 매인풀이씨 구성에서 흉내말은 후행하는 매인풀이씨 구문 전체를 수식한다고 볼 수 있다.

이 외에 흉내말이 어찌씨의 용법을 갖는 것으로는 흉내형식에 '-이/히' 파생의 뒷가지가 결합하여 어찌씨 흉내말로 파생되는 경우이다. 이 때는 흉내형식만으로도 어찌씨가 되나 여기에 다시 '-이/히'가 결합하여 어찌씨가 되는 것과, 흉내형식만으로는 어찌씨가 되지 못하는 '-이/히' 파생형이 있다.

> (7) ㄱ. 항아리에 물을 <u>가득</u> 부었다.
> ㄴ. 항아리에 물을 <u>가득히</u> 부었다.

> (8) ㄱ. *줄을 나무에 <u>단단</u> 감았다.
> ㄴ. 줄을 나무에 <u>단단히</u> 감았다.

'가득'은 단독으로 혹은 반복형으로 어찌씨 기능을 하며 여기에 다시 '-이/히'가 결합하여 어찌씨로 쓰인다. 그러나 '단단'은 흉내형식만으로는 어찌씨가 되지 못하고 '-히'와 결합한 '단단히'만이 어찌씨의 자격을 갖는다. 물론 '단단'은 '딴딴, 탄탄, 든든, 튼튼'등의 대응쌍을 갖는 전형적인 흉내형식이다. '가득'과 '가득히'처럼 단독형과 파생형이 모두 어찌씨인 경우 이 둘 사이의 통어론적인 기능에는 차이가 없는 것으로 보이는데, 이에 대해서는 실제 문헌 자료를 가지고 뒤에서 다시 살펴보기로 하겠다.

이 밖에 흉내뿌리에 '-없이', '-스레' 등이 결합하여 어찌씨로 쓰인다. 어찌씨로 쓰이는 흉내말을 대부분 양태적인 의미를 가지며 성분어찌씨로 기능하는 것이 일반적이다.

보기) 건물이 <u>폭삭</u> 무너지고 말았다.

2.2. 매김말 기능

채완(1993)에서는 흉내말이 매김말로 기능하는 경우가 있음을 보였다.

> (9) ㄱ. 철수는 문을 쾅 소리가 나게 닫았다.
>   ㄴ. 철수는 문을 소리가 나게 쾅 닫았다.

> (10) ㄱ. 철수는 <u>따르릉</u> 소리에 잠을 깼었다.
>   ㄴ. *철수는 소리에 잠을 <u>따르릉</u> 깼었다.
>   ㄷ. 철수는 <u>자명종</u> 소리에 잠을 깼었다.

채완(1993)에 의하면, (9ㄱ)의 '쾅'은 '소리'를 수식하는 매김말의 위치에 쓰였으나, 흉내말의 전형적인 기능이 풀이말을 수식한다는 점에서 '쾅'은 '닫았다'를 수식하고 있다고 할 수 있다. 즉 어찌씨는 비교적 어순이 자유롭기 때문에 '소리' 앞에 놓일 수 있으나, (9ㄴ)과 같이 '쾅'을 '닫았다' 앞으로 이동시킬 수 있으므로 실제로는 풀이씨를 수식하는 것이므로 이때의 '쾅'은 어찌말로 볼 수 있다는 것이다. 이에 반해, (10ㄱ)에서 '소리' 앞에 놓인 '따르릉'은 (10ㄴ)과 같이 '깼었다' 앞으로 이동시킬 수 없다. 그러므로 이때에는 (10ㄷ)의 '자명종 소리'에서와 같이 매김말로 기능하는 것으로 볼 수밖에 없다고 하였다.

그러므로 결국, (9ㄱ)의 '쾅'이 어찌말로 쓰였는가 매김말로 쓰였는가도 말할이의 의사에 따라 결정된다고 할 것이다. 글쓴이는 (9ㄱ)의 '쾅'이 충분히 어찌말로 기능하고 있다고 볼 수 있겠지만, (10ㄱ)과의 관계나, 또 흉내말이 어찌씨로 쓰일 때도 풀이말 바로 앞에 놓이는 것이 일반적이라는 점 등을 고려할 때, 일차적으로는 매김말로 쓰였다고 보는 것이 보는 것이 타당하다고 생각한다.[2]

[2) 이에 반해, 김홍범(1995 : 120~121)에서는 흉내말이 이름씨를 수식하는 경우가 있으나, 극히 한정된 '소리'를 수식하는 경우밖에 없으므로 매김말로 볼 수 없다고 하였다.

2.3. 느낌말 기능

채완(1993)에서는 소리흉내말의 어순은 융통성이 있지만 말머리로는 자유롭게 이동시킬 수 없는데, 이는 소리흉내말이 문장부사로는 쓰일 수 없음을 보이는 것이라 하였다. 소리흉내말이 말머리에 올 경우에는 휴지를 동반하여 독립어로 쓰인다고 보았다.

송문준(1988)에서는 소리흉내말이 어떠한 문법적인 차이가 없음에도 불구하고 다음 <표 16>과 같이 사전에 따라 씨가름이 다르다는 점을 지적하고 소리흉내말의 '씨가름' 문제를 제기하였다.

〈표 16〉 송문준(1988), 소리흉내말의 씨가름에 대하여

	역순 사전	큰사전	대사전
야옹	느낌씨	느낌씨	감탄사
음매	느낌씨	느낌씨	부사
꼬끼오	어찌씨	느낌씨	부사
멍멍	어찌씨	어찌씨	부사
꿀꿀	어찌씨	어찌씨	부사

위의 표를 보면 사전끼리의 차이는 둘째 치고서라도 같은 사전 안에서도 각 소리흉내말들의 씨가름에 일관성이 없음을 볼 수 있다. 송문준(1988)에서는 소리흉내말이 홀로씨스러운 특성을 가지며, 혼자서 완전한 월을 이룰 수 있다는 점에서 기본 씨갈래를 '느낌씨'로 설정해야 한다고 보았다.

어쨌든, 흉내말이 어찌말뿐만 아니라, 특히 소리흉내말에 있어서는 느낌말의 용법을 갖는 것은 제법 일반적임을 알 수 있다.

(11) ㄱ. 닭이 <u>꼬끼오</u> 울었다.

ㄴ. <u>꼬끼오</u>, 닭이 울었다.

(12) ㄱ. 전화가 <u>따르릉</u> 울렸다.
　　ㄴ. <u>따르릉</u>, 전화가 울렸다.

(11ㄱ), (12ㄱ)은 흉내말이 어찌말로 쓰임을, (11ㄴ), (12ㄴ)은 느낌말로 쓰임을 보인 것이다. 앞에서도 밝혔듯이, 어찌말로 쓰이는 흉내말이 월의 머리에 올 때는 풀이말과의 관계를 끊어 어찌씨의 성격을 잃고 느낌말로 기능한다. 그런데, (11ㄱ)이나 (12ㄱ)도 원래 어찌말이라기보다는 인용토씨 '-하고'가 생략된 것으로 보인다.

(11)′ ㄱ. 닭이 <u>꼬끼오</u>(하고) 울었다.

(12)′ ㄱ. 전화가 <u>따르릉</u>(하고) 울렸다.

2.4. 풀이말 기능

흉내형식이 다른 가지와의 결합 없이 단독으로 쓰일 때는 주로 어찌말이나 느낌말의 기능을 하며, 이들이 풀이말로 기능하기 위해서는 '-하다, -대다, -거리다, -이다' 등과 결합하여 쓰인다.

(13) ㄱ. 토끼가 <u>깡충깡충</u> 뛰었다.
　　ㄴ. *토끼가 <u>깡충깡충</u> 걸었다.

(14) ㄱ. 철수는 <u>벌떡</u> 일어났다.
　　ㄴ. *철수는 <u>벌떡</u> 먹었다.

(13ㄱ)의 '깡충깡충'은 '짧은 다리로 세게 솟구쳐 뛰는 꼴'을, (14ㄱ)의 '벌떡'은 '앉았거나 누웠다가 급히 일어나는 꼴'을 모방한 흉내말이다. 그러므로 (13ㄴ)과 같이 '깡충깡충'은 '걸었다'를 수식할 수 없으며, (14ㄴ)

과 같이 '벌떡'은 '먹었다'를 수식할 수 없다. 한편, (13ㄱ)의 '뛰었다'나 (14ㄱ)의 '일어났다'는 이미 그 앞에 뛰거나 일어나는 동작을 의미하는 흉내말이 오기 때문에 의미상 잉여적이다. 여기서 '뛰었다'나 '일어났다'는 단지 한국어 월구성의 원칙을 지키거나 때매김법 등의 문법정보를 나타내기 위한 것이지 의미적인 비중은 적다.

> (15) ㄱ. 나뭇가지가 <u>흔들흔들</u> 움직였다.
> ㄴ. 나뭇가지가 <u>흔들흔들하였다</u>.
> ㄷ. 나뭇가지가 <u>흔들거렸다</u>.

> (16) ㄱ. 태극기가 바람에 <u>펄럭펄럭</u> 날렸다.
> ㄴ. 태극기가 바람에 <u>펄럭펄럭하였다</u>.
> ㄷ. 태극기가 바람에 <u>펄럭거렸다</u>(이었다).

(15ㄱ)의 '흔들흔들'은 가볍게 좌우로 움직이는 모습을 본딴 흉내말로 '흔들흔들'이 이미 동작을 의미하므로 풀이말 '움직였다'는 의미상 잉여적이다. 그러므로 (15ㄴ)과 같이 '-하다'가 결합한 움직씨나 '-거리다'가 결합한 움직씨로 이를 대신할 수 있다. (16ㄱ)의 '펄럭펄럭'이 바람에 날리는 모습을 본뜬 흉내말이므로 뒤에 오는 '날리다'는 의미상 잉여적이다. 그러므로 (15)에서와 같이 '-하다, -거리다, -대다' 등과 결합한 풀이말로 대신하여도 동일한 의미를 나타낼 수 있다.

흉내형식이 '-하다, -거리다' 등의 움직씨를 파생하는 뒷가지의 도움이 없이(혹은 뒷가지의 생략으로), 즉 흉내형식만으로도 풀이말 기능을 하는 경우가 있다.

> (17) ㄱ. 방치하면 3~5년 새 섬 전체 덮어 식물·생태계도 <u>흔들</u>(조선 94. 11. 28).
> ㄴ. 수능시험 일정 <u>빡빡</u>, 이틀로 나누어 치르자(조선 94. 11. 28).
> ㄷ. '稅盜 수용소' 77명 <u>복적</u>(조선 99. 12. 14).

ㄹ. 시냇물은 졸졸졸졸, 고기들은 왔다갔다. 버들가지 한들한들,
　　꾀꼬리는 꾀꼴꾀꼴(동요).

'흔들-', '빡빡-', '북적-' 등은 자립성을 갖지 못하므로 단독으로는
낱말이 되지 못하는 흉내형식으로 이들이 자립성을 갖기 위해서는 움직
씨를 파생하는 뒷가지 등과 결합하여야 한다. 그러나 위의 용례에서는 흉
내형식만으로 풀이말 기능을 하고 있다. 이와 같은 쓰임은 신문 기사문이
나 동요 등에서 흔히 볼 수 있는데, 채완(1993)에서는 이러한 표현이 독특
한 리듬감을 가지면서 압축된 느낌을 준다고 하였다.

3. 흉내말의 통어적 제약

3.1. 대상어, 피수식어 선택 제약

흉내말의 통어적 특성으로 먼저 '피수식어 선택 제약'과 '대상어 선택
제약'을 살펴보도록 하겠다. '피수식어'는 어찌씨 흉내말의 수식을 받는
풀이말을 이르는 것이며, 대상어란 흉내말이 나타내는 움직임이나 상태의
실질적인 주체, 혹은 소리를 일으키는 매체 등을 이름하는 것으로, 월에
서 이름씨로 나타난다.[3]

　　(18) ㄱ. 토끼가 깡충깡충 뛰었다.
　　　　 ㄴ. 길동은 고개를 갸우뚱하였다.

---

3) '대상어'라는 용어는 서상규(1993)에서 사용되었으며, 김흥범(1995 : 15)에서는 이와
　유사한 차원에서 흉내말의 주어·목적어 제약을 살폈다.

(18ㄱ)에서 '깡충깡충'의 피수식어는 '뛰었다'이며 '대상어'는 '토끼'가 된다. (18ㄴ)의 '까우뚱하다'는 움직씨이므로 피수식어는 갖지 않고, 대상어로 '고개'를 갖는다.

(19) ㄱ. *할아버지가 <u>응애응애</u> 우셨다.
　　 ㄴ. *개가 <u>꼬끼오</u> 울었다.

(20) ㄱ. *콩쥐는 갑자기 <u>벌떡</u> 누웠다.
　　 ㄴ. *사과가 나무에 <u>주렁주렁</u> 흔들렸다.

(19ㄱ)의 '응애응애'는 '아이'의 울음소리를 모방한 흉내말이므로 대상어로 '할아버지'를 취할 수 없고, (19ㄴ)의 '꼬끼오'는 닭의 울음소리를 모방한 흉내말이므로 '개'를 대상어로 취할 수 없다. (20ㄱ)의 '벌떡'은 갑자기 일어나는 모습을 흉내낸 말이므로 풀이말 '앉았다'를 수식할 수 없으며, '주렁주렁'은 열매 등이 나무에 매달린 모습을 흉내낸 말이므로 '흔들렸다'를 수식할 수 없다. 즉 흉내말은 자신의 의미에 따라 선택할 수 있는 대상어와 피수식어를 달리 한다.

다음과 같은 흉내말은 매우 제한된 풀이말 외에는 수식할 수 없는 흉내말들이다.

(21) 피수식어 선택 제약이 높은 흉내말
　　 ㄱ. '텅'(41) − 비다(41)
　　 ㄴ. '깜짝'(36) − 놀라다(36)
　　 ㄷ. '벌떡'(40) − 일어나다(35), 일어서다(5)[4)]

글쓴이는 실제 문헌 조사에서 '텅'이 출현하는 41개의 월을 수집하였는데, 이때 '텅'이 수식하는 풀이말로는 '비다'만이 나타났다. '깜짝'이 나타

---

4) 이들에 대한 구체적인 실례는 다음 '4. 개별 흉내말의 통어적 특성'에서 살펴보도록 하겠다.

나는 월로 모두 36개의 용례를 수집했는데, 이는 예외 없이 '놀라다'만을
수식하였다. 이들이 매우 제한된 피수식어를 선택한다는 것을 알 수 있다.

(22) ㄱ. 방안이 <u>텅</u> 비었다.
　　 ㄴ. *방안에 <u>텅</u> 아무도 없다.

(23) ㄱ. 콩쥐는 <u>깜짝</u> 놀랐다.
　　 ㄴ. *콩쥐는 <u>깜짝</u> 당황하였다.

'텅'이나 '깜짝' 등은 비록 개념이 비슷한 풀이말이더라도 (22ㄴ)과 (23
ㄴ)처럼 '비다'나 '놀라다' 이외의 풀이말은 수식하지 않는다.
　반면에, 다음과 같은 흉내말은 다양한 풀이말을 수식할 수 있다.

(24) 다양한 풀이말을 수식하는 흉내말
　　 ㄱ. '슬쩍'(36) - 스치다(4), 곁눈질하다(1), 끌어당기다(1), 더듬다(1),
　　　　 덧붙이다(1), 뒤집어보다(2), 따라나서다(1), 벗어나다(1), 보다(1),
　　　　 붙어앉다(1), 비껴놓다(1), 빼다(1), 살피다(1), 쓰다듬다(1), 오다
　　　　 (1), 주다(1), 쥐어주다(1), 치다(1), 피하다(1), 훑어보다(2), 흘리
　　　　 다(1), 물어보다(1), 끼얹다(1), 구겨지다(1)
　　 ㄴ. '불쑥'(39) - 내밀다(3), 들어오다(3), 나타나다(3), 찾아오다(3), 솟
　　　　 아오르다(2), 드러내다(2), 찾아들다(1), 열다(1), 달라지다(1), 걸
　　　　 어오다(1), 튀어나오다(1), 쳐다보다(1), 들어서다(1), 막아서다(1),
　　　　 꺼내다(1), 내다(1), 말하다(1)

　(21)의 '텅'이나 '깜짝' 등에 대해 '슬쩍'과 '불쑥'은 매우 다양한 풀이말
을 수식할 수 있는 흉내말이다. 한편, 이들이 수식하는 풀이말이 서로 유
사한 개념을 갖는 것도 아니다. 앞선 연구에서, 흉내말을 판단하는 기준
으로 풀이말에 대한 선택제약이 높다는 점을 들었으나[5] (24)와 같이 다양
한 풀이말을 수식할 수 있는 흉내말이 적지 않다는 점에서 풀이말 선택

---

5) 제1장 2.2.의 '<표 1> 흉내말의 판단 기준' 참조.

제약의 정도는 흉내말의 개별적인 특성으로 보아야 할 것이다.6)

대상어 선택의 폭도 흉내말에 따라 다르다. 가장 대표적인 흉내말은 '끄덕'이다. 글쓴이가 수집한 58개의 용례 가운데, 대상어가 표면으로 나타나지 않은 한 월을 제외한 57예에서 '끄덕'은 '고개'를 대상어로 하였다.

(25) 콩쥐는 고개를 <u>끄덕</u>였다.

다음 (26)과 같이 특정한 대상의 움직임을 모방한 흉내말의 경우, 대상어 선택 제약이 높게 나타나는 경향이 있으며, 특히 (27)과 같이 동물의 울음소리를 모방한 소리흉내말은 대상어 선택제약이 높은 흉내말의 대표적인 부류에 속한다.

(26) ㄱ. 흥부는 허리를 <u>굽실굽실</u> 하였다.
　　 ㄴ. 콩쥐는 가슴이 <u>두근두근</u> 떨렸다.

(27) ㄱ. 닭이 <u>꼬끼오</u> 울었다.
　　 ㄴ. 개가 <u>멍멍</u> 짖었다.
　　 ㄷ. 돼지가 <u>꿀꿀</u>거렸다.
　　 ㄹ. 개구리가 <u>개굴개굴</u> 노래한다.

피수식어·대상어 선택제약은 그 높고 낮음에 따라 이론적으로 다음과 같이 네 가지 부류로 나눌 수 있다.

---

6) 김홍범(1995)에서는 흉내말과 풀이말의 어울림 관계 제약을 다음과 같이 구분하고 용례를 제시였다.
　① 서술어와 제약 있음.
　　1) 제약이 큼-ㄱ. 한 종류의 서술어와만 어울림.
　　　　　　　　　 ㄴ. 공통적인 의미 특성을 가진 서술어와 어울림.
　　2) 제약이 작음(하나의 서술어와 주로 어울리되 다른 종류의 서술어와도 어울림).
　② 서술어와의 제약이 거의 없음.

〈표 17〉 피수식어·대상어 선택 제약에 따른 흉내말의 유형

피수식어 선택제약 대상어 선택제약	높 음	낮 음
높 음	두근두근, 끄덕끄덕, 굽실굽실, 부들부들, 꼬끼오, 멍멍,	?
낮 음	텅, 깜짝, 우뚝, 벌떡	가득, 문득, 불쑥, 살짝

선택제약의 정도를 객관적인 수치로 정하기는 어렵지만 대개 〈표 17〉
과 같은 부류로 나누어 볼 수 있다. 다만 피수식어 선택제약이 낮으면서
대상어 선택제약이 높은 흉내말들은 찾아보기 어려웠다.

개별 흉내말의 피수식어나 대상어를 살펴보는 것은 흉내말의 통어론적
특성에 대한 이해뿐만 아니라 흉내말의 의미를 기술하는 데 매우 유용하
게 사용될 수 있을 것이다.[7]

3.2. 위치 제약

일반적으로 어찌씨는 어순이 자유로운 것을 특성으로 한다. 이는 국어
의 어찌씨 흉내말의 경우에도 원칙적으로는 마찬가지이나, 몇몇 흉내말은
위치가 제한적이며, 적어도 화용상(습관상) 특정한 위치에 주로 놓이는 경
우가 있다. 또 위치 이동이 가능하나 통어 범주가 바뀌는 경우가 있다.

(28) 위치가 제약되는 어찌씨 흉내말
     텅, 깜짝, 우뚝, 벌떡

위의 흉내말들은 모두 어찌씨 흉내말인데 수집한 자료를 분석해 본 결

---

7) 이 밖에 전산기에 의한 자연언어처리를 위해서도 유용한 정보가 될 것이다.

과 '텅'과 '깜짝'은 모두 수식하는 풀이말 바로 앞에 위치하였다. '벌떡'을 갖는 36개의 용례 가운데 단 2용례를 제외하고는 모두 풀이말 바로 앞에 위치하였다. '우뚝'도 조사 용례 26월 가운데 단 2용례를 제외하고는 모두 수식하는 풀이말 바로 앞에 위치하였다.

우리는 이들이 월에서 나타나는 위치가 필수적인 위치 제약에 의한 것인지 단순히 습관에 의한 것인지 살펴볼 필요가 있다.

먼저, '텅'과 '깜짝'을 검토해 보도록 하겠다.

> (29) ㄱ. 방안이 완전히 <u>텅</u> 비었다.
> ㄴ. *<u>텅</u> 방안이 완전히 비었다
> ㄷ. *방안이 <u>텅</u> 완전히 비었다.

> (30) ㄱ. 흥부는 매우 <u>깜짝</u> 놀랐다.
> ㄴ. *<u>깜짝</u> 흥부는 매우 놀랐다.
> ㄷ. *흥부는 <u>깜짝</u> 매우 놀랐다.

(29)와 (30)의 예문에서 볼 수 있듯이, 월에서 '텅'과 '깜짝'이 풀이말 바로 앞 이 외의 자리에 오면 비문이 된다는 점에서 이들의 위치가 풀이말 앞에 오는 것은 습관적이 아니라 '텅'과 '깜짝'이 갖는 고유의 통어적 특성으로 보아야 한다.[8]

이에 반해 '벌떡'이나 '우뚝'은 수식하는 풀이말 바로 앞에 오는 것이 일반적이지만 다음과 같이 이들이 다른 위치에도 올 수 있다는 점에서 위치 제약을 받지 않는 것으로 판단된다.

> (31) ㄱ. 흥부는 자리에서 <u>벌떡</u> 일어났다.
> ㄴ. <u>벌떡</u> 흥부는 자리에서 일어났다.
> ㄷ. 철수는 <u>벌떡</u> 자리에서 일어났다.

---

8) '텅 비다'와 '깜짝 놀라다'는 거의 한 낱말처럼 쓰인다.

(32) ㄱ. 흥부는 집앞에 <u>우뚝</u> 멈추어 섰다.
　　 ㄴ. <u>우뚝</u> 흥부는 집앞에 멈추어 섰다
　　 ㄷ. 흥부는 <u>우뚝</u> 집앞에 멈추어 섰다.

주목할 만한 것은 이렇게 위치 제약을 보이는 흉내말들의 공통적인 특성은 그들이 수식할 수 있는 피수식어가 매우 한정적인 흉내말들이라는 점이다. 이들은 다양한 풀이말을 수식할 수 있는 흉내말들에 비해 수식어와 피수식어의 관계가 의미상 매우 밀접하다고 할 수 있다. 그러므로 그것이 흉내말의 고유 특성에 의한 것이든, 습관적인 것이든 의미 관계(거리) 면에서 풀이말 바로 앞에 위치하려는 경향이 있는 것 같다.

(33) ㄱ. 콩쥐는 소리가 나게 문을 <u>쾅</u> 닫았다.
　　 ㄴ. 콩쥐는 문을 <u>쾅</u> 소리가 나게 닫았다.
　　 ㄷ. <u>쾅</u>, 콩쥐는 문을 소리가 나게 닫았다.

(33ㄱ)의 '쾅'은 '닫았다'를 수식하는 어찌말이다. 그런데 (33ㄴ)과 같이 '소리' 앞에 위치할 수도 있고 (33ㄷ)처럼 월 앞에 놓일 수도 있으므로 어순이 자유로운 것 같다. 그러나 앞에서 살펴보았듯이, (32ㄱ)의 '쾅'이 어찌말인데 반해, (33ㄴ)에서는 매김말로, (33ㄷ)에서는 홀로말의 기능을 하는 것이므로, 어순에 따라 기능이 제한됨을 알 수 있다. 소리흉내말의 경우에는 풀이말 앞에 오면 어찌말로, '소리' 앞에 오면 매김말로, 월의 첫머리에 놓이면 홀로말로 기능하는 것이 일반적이다.

4. 개별 흉내말의 통어적 특성

글쓴이는 앞 단원에서 흉내말의 통어론적인 범주와 제약 현상을 살펴보았다. 그 결과 흉내말의 일반적인 통어적 특성의 대강은 살펴본 셈이다. 하지만, 이는 일반성의 문제이며 개별 흉내말은 각각 독자적인 통어적 특성을 갖고 있다. 그러므로, 이 단원에서는 빈도가 높은 흉내형식을 대상으로 이들이 월에서 실제 어떻게 사용되는가를 통계적인 방법으로 살펴보고자 한다.

이를 위해 1990년 이후에 발표된 33편의 단편소설과, 3편의 방송 수기, 3편의 방송 대본과 시나리오 및 신문, 실제 대화와 방송 대화 녹음 등을 통해, 모두 6,485개의 흉내말을 갖고 있는 월을 수집하였다.

이를 대상으로 표를 작성하여, 첫째 칸에는 수집한 월 전체에서 쓰인 각 흉내형식의 빈도수를 제시하고, 실제 낱말 형식으로 존재하는 흉내말의 빈도수를 그 아래 제시하였다. 그 옆에는 사전에 올라 있는 파생형과 홀 · 닿소리 대응형 모두를 제시하여 사전에 표제어로 올라 있는 가능한 흉내말과 실제 존재하는 흉내말과 비교하도록 하였다.9)

흉내말의 통어적 특성으로 먼저 '피수식어 어울림 제약'과 '대상어 선택 제약'을 살피고 특성을 기술할 것이다. 또 흉내말을 갖는 월의 대표 문형을 살펴보고 흉내말이 월에서 나타나는 위치를 검토해 보도록 하겠다. 이러한 작업은 기존 사전에서 제시된 흉내말에 대한 정보가 단순히 뜻풀이의 나열 정도에 머무른 데 반해, 다양한 통어적 정보를 제공할 수 있다는 점에 의의를 갖는다.10)

이제 이러한 방법에 따라 몇 가지 대표적인 흉내말을 검토해 보도록 하겠다. 여기서 다룬 흉내말들은 글쓴이가 조사한 자료에서 사용 빈도순으로 상위 100위 안에 드는 것 가운데, 되도록 다양한 양상을 보이는 것을 선정하였다.11)

---

9) 물론 여기서 수집하지 못한 흉내말들이 출현 가능하지 않은 것은 아니다.
10) 이외에 전산기에 의한 자연언어처리에도 유용한 자료가 된다.
11) 서상규(1993)에서 이와 같은 연구가 이루어진 바 있으나, 서상규(1993)에서는 홀 · 닿소리 대응을 갖는 흉내말을 구분하지 않고 하나로 처리하여 검토하였다. 그러나 흉내말의 홀소리 대응이나 닿소리 대응은 지적의미의 차이를 보이기도

[1] 흔들(132)	파생형	대응형
흔들흔들(2) 흔들거리다(2) 흔들다(79) 흔들리다(49)	① 흔들흔들 ② 흔들흔들하다, 흔들거리다, 흔들 대다 ③ 흔들다, 흔들리다 ④ 흔들레판, 흔들바람, 흔들비쭈 기, 흔들이, 흔들이계정, 흔들폭	① 한들한들, 한들한들하다, 한들거 리다, 한들대다

'흔들'은 빈도수가 가장 높은 흉내형식이다. 어찌씨 흉내말로 쓰이는 경우는 많지 않다. 능동의 '흔들다'와 '피동'의 '흔들리다' 형식으로 사용되는 것이 일반적이지만, 반복형으로 '흔들흔들'이나 '-하다, -거리다, -대다'형 파생을 가지며 대응형으로 '한들'을 가진다는 점에서 흉내말의 일반적인 특성을 두루 갖추었다고 할 수 있다. 사전에는 '흔들레판', '흔들바람' 등의 합성어가 있으나 조사 문헌에서는 나타나지 않았다.

① 흔들흔들(2) : 어찌씨이다.
  1) 피수식어 : 떠내려가다(1), 띄다(1)

〈용례 1〉
ㄱ. 신부와 강아지를 태우고 대야는 물결을 따라 <u>흔들흔들</u> **떠내려가더**
니 어느 지점에서 푹 엎어졌다(구렁이, 137).
ㄴ. 많이 드셨는지, 평소처럼 무뚝뚝한 표정도 없고 <u>흔들흔들</u> 웃음을
띄곤 하세요(재미있는, 125).

  2) 대상어 : 대야(1), 웃음(1)

'흔들흔들'의 형식으로 사용되는 경우는 많지 않다. 움직씨를 수식하는데, 다음과 같은 보기를 추가할 수 있다.

―――――――――――
하며, 실제 월에서 쓰임에 상당한 차이를 보이는 경우가 있다. 이러한 차이점을
밝히는 것이 이 장의 주목적이기도 하다.

〈보기 1〉
ㄱ. 큰 바위가 <u>흔들흔들</u> 움직이고 있었다[= 흔들리고 있다].
ㄴ. 나뭇잎이 바람에 <u>흔들흔들</u> 날리고 있었다.

〈보기 1-ㄱ〉과 같이 '흔들흔들'이 '동작'을 포괄하는 '움직이다'를 수식하는 경우에 '흔들흔들'이 이미 동작을 전제로 하기 때문에, 이때 '움직이다'는 의미상 잉여적이다. 그러므로 '흔들흔들 움직이다'는 '흔들리다'와 같은 의미를 갖는다.

② 흔들거리다(2) : 제 / 남움직씨이다.
  1) 대상어 : 안경과 안경속의 눈(1), 공기들(1), 꼬마기차(1)

〈용례 2〉
ㄱ. 나뭇가지 사이를 <u>흔들거리는</u> 공기들은 무겁고 축축했다(세상, 236).
ㄴ. 두 량뿐인 꼬마기차는 금방이라도 철길을 벗어날 듯 위태롭게 <u>흔들거렸다</u>(제부도, 162).

③ 흔들다(79) : 남움직씨이다.
  1) 대상어 : 고개(21), 손(17), 머리(9), 몸(4), 돈 / 동전(2), 그이(1), 꼬리(1), 나(1), 나무등치(1), 다리(1), 머리채(1), 머리통(1), 머릿결(1), 모습(1), 목(1), 발(1), 뺨(1), 안경과 눈(1), 양말(1), 저고리(1), 주먹(1), 지느러미(1), 커튼(1), 판자문(1), 팔(1)

〈용례 3〉
ㄱ. 나는 고개를 <u>흔든다</u>(기차와, 187).
ㄴ. 손을 <u>흔들고</u> 빠른 걸음으로 다가갔더니(포도, 122).
ㄷ. 커튼을 들치고 내다보는 창 안의 여자가 줄곧 <u>머리</u>를 옆으로 <u>흔들고</u> 있었다(하얀배, 53).
ㄹ. 무거운 <u>몸</u>을 <u>흔들며</u> 밖으로 뛰어 나가는 준희(아까딴유).

다양한 대상어를 갖는 움직씨 흉내말인데 그 가운데도 '고개', '손', '머리', '몸' 등 신체 부위를 대상어로 취하는 경우가 많다. 그러나 다음과 같이 추상적인 대상어를 가질 수도 있다.

〈보기 2〉
콩쥐는 내 마음을 <u>흔들어</u> 놓았다.

2) 대표 문형 : [NP는 NP를 흔들다]

④ 흔들리다(49) : '흔들다'의 제움직씨 형이다.
   1) 대상어 : 송노인(5), 나(3), 몸(2), 물(2), 준석(2), 지구(2), 그(1), 기차
             (1), 길(1), 얼굴(2), 남학생(1), 너(1), 농촌현실(1), 눈꺼풀(1),
             다리(1), 도시(1), 마음(1), 말소리(1), 목걸이(1), 목걸이(1),
             믿음(1), 배(1), 백열등(1), 버스(1), 사내의 머리(1), 사형제
             (1), 소매(1), 옷가지(1), 이빨(1), 자전거(1), 장기(1), 집(1), 촛
             불(1), 표정(1), 풀(1), 걸음(1)

〈용례 4〉
ㄱ. 난간을 잡고 겁이 나는 듯 위태롭게 <u>흔들리는</u> 송노인(아까딴유).
ㄴ. <u>흔들리는</u> 네가 언제 옥상에 올라왔는지(첫사랑, 209).
ㄷ. 바로 그때 그녀의 몸이 심하게 <u>흔들리면서</u> 자전거가 옆으로 미끄
   러져 버린다(얼음의, 22).

다양한 대상어를 취한다. '능동'의 '흔들다'가 다양한 대상어를 취하면서도 몇몇 신체어에 집중된 데 반해, 다음과 같이 '흔들리다'는 '농촌현실', '표정', '걸음' 등 추상적인 대상어까지 자유롭게 선택한다.

〈용례 5〉
ㄱ. 우루과이 라운드에 <u>흔들리는</u> 농촌 현실에 안타까워하고(포도, 9).

ㄴ. 그의 애매하던 **표정**이 흔들리고 있었다(아름다운).
ㄷ. 수로와 골목과 다리들의 무한한 변주, 그는 그 변주에 흔들리는
   걸음을 내맡겼다(하나코, 34).

'*흔드는 농촌현실', '*표정을 흔들다', '*흔드는 걸음'이 가능하지 않은
것으로 보아, '흔들다'와 '흔들리다'는 통어론적인 논항 구조의 차이 외에
의미 영역에도 차이가 있음을 알 수 있다.

2) 대표 문형 : [NP가 흔들리다]

3) '흔들다'가 월에서 이름꼴의 '흔들음'으로 사용되는 예가 하나도
없는 데 반해 '흔들리다'의 이름꼴인 '흔들림'[진동]의 형태로 사용
되는 예를 자주 볼 수 있다(모두 6예).

〈용례 6〉
ㄱ. 이제 흔들림 없는 물잔 속의 물(수선화, 318).
ㄴ. 검고 둥근 그 눈은 자신이 가는 곳을 잘 알고 있다는 듯 흔들림이
   없었다(제부도, 170).
ㄷ. 그렇게 말했던 작은형의 차분하고 흔들림이 없던 말소리(추운 봄
   날, 129).
ㄹ. 잊혀진 채 낡아 가는 **옷가지**의 그 반복되는 흔들림이 기어이 내
   눈물을 북받치게 했다(제부도, 175).

즉 '흔들다'와 '흔들리다'에서 '흔들리다'가 형식상 유표적인데 이름씨
파생에서는 '흔들리다'가 선택되는 특이성을 보인다.

〈대응형〉

• 한들(1) - 한들거리다(1)

〈보기 3〉
그 <u>한들거리던</u> 바람처럼 기체가 되어 증발해 버렸다.

원움직씨인 '흔들다'와 그 피동형인 '흔들리다'는 대응하는 양성의 '*한들다', '*한들리다'가 존재하지 않는 데 반해, '흔들흔들'은 흔들거리다', '흔들대다'는 홀소리 대응형으로 '한들한들', '한들거리다', '한들대다'가 있다. 문헌 조사에서는 '한들거리다'가 단 1회 출현하였다. 합성이름씨의 '흔들바람', '흔들폭' 등도 대응하는 '*한들바람', '*한들폭'이 존재하지 않아, 양성형의 빈도가 매우 낮다.

[2] 움직(113)	파생형	대응형
움직거리다(1) 움직이다(86) 움직임(26)	① 움직움직 ② 움직움직하다, 움직거리다, 움직대다, 움직이다 ③ 움직도르래, 움직씨, 움직임	① 움직움직, 움직움직하다, 움직거리다, 움직대다 ② 옴짝, 옴짝옴짝, 옴짝거리다, 옴짝대다, 옴짝하다, 옴짝옴짝하다, 옴짝달싹 ① 움찍, 움찍움찍, 움찍거리다, 움찍대다, 움찍하다, 움찍움찍하다

'움직이다'는 개별 흉내말로는 사용빈도가 매우 높다. 흉내형식 '움직'이 반복형을 취하고, '-하다, -대다, -거리다, -이다'의 파생형을 갖는 등 흉내말의 일반적인 특성을 갖고 있다. 대응형으로 홀소리 대응과 된소리 대응쌍을 갖는다.12) 마치 일반 낱말처럼 인식되기도 하나, 이는 '움직이다'와 같이 동작을 포괄하는 개념을 대신하는 일반 낱말이 없기 때문이라 생각된다.

① 움직거리다(1) : 제 / 남움직씨이다.

---

12) '움실', '움질', '움즉', '움칫', '꿈쩍' 등의 형식과 같은 계통의 흉내말이다.

〈용례 7〉

ㄱ. 그때서야 나는 **입술을** <u>움직거리면서</u> 지극한 애무의 말을 연습하듯
   이 그 기사를 속살거리며 읽었다(회색).

② 움직이다(86) : 제움직씨(57) / 남움직씨(29)로 기능한다.

  1) 대상어 : 몸(10), 차(7), 손(4), 트럭(2), 손가락(2), 다리(2), 머리(2), 송
             노인(2), 국제관계(1), 그(1), 그림자(1), 기차(1), 김(1), 나(3),
             나무토막(1), 눈(1), 눈동자(1), 느낌(1), 미국과 북한(1), 박테
             리아(1), 발(1), 사람(1), 상상(1), 손목(1), 손톱(1), 수건(1), 심
             장과 폐(1), 아이(1), 엘리베이터(1), 오른손(1), 우리(1), 인형
             (1), 일손(1), 입술(1), 잉어(1), 저(1), 조명(1), 준석(1), 집안
             (1), 하늘(1), 해(1), 핸들(1), 흙덩이(1)

〈용례 8〉

ㄱ. 그럴 때 그저 **몸을** <u>움직여</u> 뭐든지 하는 게 수라고(가는비, 336).
ㄴ. 이윽고 멈춰 서 있던 앞 **차가** 스르르 <u>움직였다</u>(얼음의, 20).
ㄷ. 그녀는 **손가락이** 조심스레 <u>움직이는</u> 것을 느꼈다(나비, 305).
ㄹ. 곁에서 아주머니의 **머리가** <u>움직이자</u> 파리가 다시 한번 비상을 시
   도한다(기차와, 219).

신체명의 대상어의 빈도가 다소 높게 나타나긴 하나 전체적으로 다양한
대상어를 취한다. 동작성 흉내말의 가장 상위 층위에 있다고 할 만하다.

  2) 대표 문형 : [NP가 움직이다]

③ 움직임(26) : 흉내말의 이름씨 파생형이다.

의미 영역이 넓기 때문에(모든 동작을 포괄하는 의미) 단독으로 쓰이기보
다 구체적인 동작을 표현하기 위해 매김말의 수식을 받는 자리에 오는
것이 일반적이다.

〈용례 9〉

ㄱ. 최고 경영자 방북 재추진 등 **발빠른** 움직임(동아, 94).

ㄴ. 그러나 어느 정도 기가 꺾인 **듯한** 움직임(수선화, 311).

ㄷ. 아물아물한 차의 움직임에 눈이 시렸다(제부도, 178).

ㄹ. 해파리의 투명한 몸조차 그의 움직임을 결정짓는 동기를 보여주지 못하는데……(기차와, 186).

ㅁ. 오히려 그 만화 영화 속의 **기발한** 움직임들이 훨씬 실감이 나고 현실적인 그럴듯하다는 느낌에 빠져 든다(얼음의, 41).

〈대응형〉

• 옴짝(2) - 옴짝(1), 옴짝달싹(1)

① 옴짝(2), 옴짝달싹(1)

〈용례 10〉

ㄱ. 나를 일행으로 안 구경꾼들의 시선이 제자리를 찾고 나서도 여자는 쓰러진 채 옴짝도 못하고 있었다(46).

ㄴ. 나는 오금이 저려 옴짝달싹도 할 수가 없었다(꿈꾸는).

'움직'의 홀소리 대응형인 '옴직'이나 그 파생형은 문헌 조사에서는 보이지 않았고, 된소리 대응형인 '옴짝'이 단 한 차례 나타났다. '옴짝'과 '달싹'이 결합하여 합성된 '옴짝달싹'이 1회 나타났다.

[3] 문득(113)	파생형	대응형
문득(109) 문득문득(4)	① 문득, 문득문득	① 문뜩, 문뜩문뜩

어찌씨로만 쓰인다. 뒷가지와 결합하여 새로운 말을 파생하지 못한다. 기본형 '문득'은 반복형을 취할 수 있으며, 대응형으로 된소리의 '문뜩'을 갖는다.

① 문득(109) : 어찌씨이다
  1) 피수식어 : 떠오르다(7), 보이다(5), 보다(5), 깨닫다(5), 나다(5), 멈추
        다(4), 느껴진다(4), 되돌아보다(4), 말하다(2), 빠져든다,
        (2)돌아보다(3), 나타나다(2), 떠올리다(2), 가다(1), 가지다
        (1), 긴장하다(1), 꼽아보다(1), 내다보다(1), 놀라다(1), 높
        이다(1), 다가서다(1), 담다(1), 돌리다(1), 되돌아오다(1),
        되살아나다(1), 둘러보다(1), 뒤집어보다(1), 들다(9), 들리
        다(1), 들어가다(1), 머물다(1), 무서워지다(1), 묻고싶다(1),
        바라보다(1), 받쳐올리다(1), 발견하다(1), 보여주다(1), 사
        라지다(2), 사로잡히다(1), 상충하다(1), 생각하다(1), 소리
        치다(1), 스치다(1), 시작하다(1), 안다(1), 울렁거리다(1),
        웃다(1), 읽고싶다(1), 자문하다(1), 적어보다(1), 지나가다
        (1), 찾아오다(1), 치뜨다(1), 치솟다(1)

  매우 다양한 움직씨를 피수식어로 갖는다. 이때 특징적인 것은 단순형
의 움직씨보다는 '떠오르다, 돌아보다, 느껴지다, 빠져들다'와 같은 복합형
의 과정성 움직씨나 풀이마디를 수식하는 것이 보통이다. 이들 피수식어
를 포괄할 만한 의미 자질을 설정하기는 어렵다.

〈용례 11〉
  ㄱ. 문득 내게 바람기가 있나 어쩌나 하는 생각과 동시에 떠오른 도덕
     과 부도덕이라는 단어에 나는 웃었다(우리생애, 97).
  ㄴ. 늘 보던 사물이 문득 다르게 보이는 일 말입니다(담배, 149) .
  ㄷ. 문득 돌아보니 옆에 혜린이 모로 누워 잠들어 있다(모래시계).

  또 '문득'은 다음과 같이 '-고 있다'형의 풀이말은 수식하지 못하는
것 같다.

〈보기 4〉

ㄱ. 콩쥐는 <u>문득</u> 멈추어 섰다.

ㄱ'. *콩쥐는 <u>문득</u> 멈추 서고 있었다.

ㄴ. 흥부는 놀부에게 <u>문득</u> 말을 걸었다.

ㄴ. *흥부는 놀부에게 <u>문득</u> 말을 걸고 있었다.

2) 대상어 : 생각(9), 일(4), 느낌(3), 사실(3), 눈(3), 고개(3), 걸음(2), 친구
(2), 누구(2), 눈빛(1), 풍경(1), 눈길(1), 길(1), 사물(1), 소설
(1), 말(1), 정신(1), 신선(1), 시간(1), 기억(1), 추억(1), 준석
(1), 소리(1), 머리(1), 허기(1), 남자(1)

다양한 대상어를 갖는다. 특히 추상적인 '생각', '느낌', '사실' 등의 빈
도가 높다.

〈용례 12〉

ㄱ. 나는 사내가 건네 주는 소주잔을 받으며 <u>문득</u> 生각이 나서 동백이
있는 곳을 물어 보았다(천지간, 43).

ㄴ. <u>문득</u> 친정 어머니 生각이 납니다.

ㄷ. <u>문득</u> 막막한 느낌에 사로잡혔을 뿐이라는 데서 막히고 만다(하얀
배, 30).

ㄹ. 나는 <u>문득</u> 한 가지 사실을 깨달았다(얼음의, 28).

3) 대표 문형 : [문득 NP가 어찌하다], [문득 NP을 어찌하다]

어찌씨 흉내말은 일반적으로 수식을 하는 풀이말 바로 앞에 오는 데
반해, '문득'은 대상어를 사이에 두는 것이 특징이다.

〈용례 13〉

ㄱ. 그러다가 나는 <u>문득</u> 걸음을 멈춘다(얼음의, 72).

ㄴ. 나는 <u>문득</u> 한 가지 사실을 깨달았다(얼음의, 28).

ㄷ. <u>문득</u>, 그 풍경이 꿈 속 같이 느껴진다(기차와, 188).
ㄹ. <u>문득</u> 옛 추억이 머리를 스치네요(포도, 150).

② 문득문득(4) : 어찌씨로 쓰인다. '문득'의 반복형으로 [반복]의 의미
     를 가진다.
  1) 피수식어 : 생각나다(1), 돌아보다(1), 사로잡히다(1), 빠지다(1)

〈용례 14〉
ㄱ. 도끼를 놓고 허리를 두르는 사이 <u>문득문득</u> 집 주위를 **돌아보며** 이
   상하다는 듯 고개를 흔들었다(옛우물, 392).
ㄴ. <u>문득문득</u>, 이곳이 어떤 영화를 촬영하기 위해 세워 놓은 난민보호
   소 야외세트 같다는 착각에 **빠지게** 된다(깡통).
ㄷ. '봄'을 만나고 오는 늦은 저녁이면 자신이 정상일까, 하는 의문에
   <u>문득문득</u> **사로잡혀** 길을 가다가도 발걸음을 멈춘 채 서 있곤 한다
   (나비, 308).
ㄹ. 아무 부족함이 없이 아빠 엄마의 사랑을 받으며 커 가는 딸아이를
   보면, <u>문득문득</u> 시골에 있는 저의 딸이 **생각납니다**(그래, 116).

단순형의 '문득'과 마찬가지로 '생각나다', '돌아보다', '사로잡히다' 등
의 복합구성의 움직씨나 풀이말 구문을 수식하는 것이 일반적이다.

  2) 대상어 : 착각(1), 의문(1), 생각(1)

  3) '문득'과 마찬가지로 수식어 바로 앞에 오지 않고 주로 월의 머리
    에 놓일 경우에는 어찌씨보다 홀로말로 보는 게 좋을 듯하다.

〈대응형〉

• 문뜩(1) - 문뜩(1)

① 문뜩(1) : '문득'의 된소리 대응어이나 거의 쓰이지 않는다. '문득'에
　　　　　닿소리 대응형에 의한 말맛의 차이를 갖는다기 보다는 수
　　　　　의적인 발음의 차이로 보는 것이 나을 듯하다.

〈용례 15〉
무작정 달리던 준석, <u>문뜩</u> 뛰는 걸 멈추고 달려온 길을 돌아다본다(아
까딴유).

[4] 가득(110)	파생형	대응형
가득(74) 가득히(7) 가득하다(29)	① 가득, 가득가득 ② 가득하다, 가득가득하다 ③ 가득히, 가득가득히	① 가뜩, 가뜩가뜩, 가뜩이, 가뜩가뜩이, 가뜩하다, 가뜩가뜩하다 ② 그득, 그득그득, 그득히, 그득그득히, 그득하다, 그득그득하다 ③ 그뜩, 그뜩그뜩, 그뜩이, 그뜩그뜩이, 그뜩하다, 그뜩그뜩하다

'가득'의 사전형은 모두 6가지인데 조사한 문헌에서는 이 가운데 세 가
지만 나타났다. 파생형보다는 '가득' 단독으로 쓰이는 경우가 가장 많았
다. 사전에 올림말로 실려 있는 '가득가득', '가득가득히', '가득가득하다'
는 실제 조사에서는 나타나지 않았다. 더 많은 문헌을 대상으로 했다면
이들의 쓰임을 찾을 수도 있겠지만 사용 빈도가 매우 낮음을 알 수 있다.
'가득'의 대응인 '가뜩', '그득', '그뜩'이나 그 파생형도 문헌 조사에서는
나타나지 않았다.

① 가득(32) : 13) 어찌씨이다.

---

13) 현대국어 '가득'의 원형은 'ᄀᆞ둑'이다. 현대국어에서 '가득'이 단독으로 어찌씨로
　　쓰이는 빈도가 높은 데 반해, 단독으로 쓰이기보다는 '-이', '-하다' 등의 파생

1) 피수식어 : 차다(15), 채우다(5), 담다(4), 싣다(2), 놓다(1), 있다(1), 끓
다(1), 밀려들다(1), 풀다(1), 메워지다(1), 빨아들이다(1),
실리다(1), 서리다(1), 담기다(1), 뜨다(1), 떠주다(1), 뛰우
다(1), 메우다(1), 들어서다(1), 내다(1), 들어차다(1), 묻어
나다(1)

'가득'이 꾸미는 풀이말로는 '차다'와 '채우다'의 빈도가 가장 높게 나
타났다. 다양한 피수식어를 선택할 수 있지만, 이들 대부분은 [차다, 남다]
와 상관된 의미를 갖는 풀이씨이므로 의미상 한정적인 풀이말을 수식한
다고 할 수 있다. '있다'를 제외하면 풀이말로 그림씨를 수식하는 경우는
볼 수 없었다. '가득'은 제움직씨나 남움직씨를 모두 수식할 수 있으나,
이때 풀이말은 대부분 위치말이나 방편말을 논항으로 갖고 있다.

형으로 쓰이는 것이 더 일반적이었다. 특히 현대국어에는 사용되지 않는 움직씨
'ᄀ둑다'가 있었던 것으로 보아 'ᄀ둑다>ᄀ둑하다>ᄀ둑'으로 쓰임이 일반화된 것
으로 보인다.(다음 자료는 『우리말 큰사전』에서 가져옴)
ㄱ. ᄀ둑 : 세 잔 ᄀ둑 먹고 <삼역 8 : 15>
ㄴ. ᄀ둑다 : 盧遮那ᄂ 一切 고대 ᄀ둑다 ᄒᄂ 마리니 <월석 2 : 53>, 體예 ᄀ둑
ᄒ녀 體예 ᄀ둑디 아니ᄒ녀(徧體) <능엄 1 : 66>, 이 經이 … 能히 一切 渴ᄒ
ᄂᄅ게 ᄀ둑게 ᄒ며<월석 18 : 51>, 雜 더러운 거시 ᄀ둑거늘(充徧) <법화 2 :
104>
ㄷ. ᄀ둑ᄒ다 : 歡呼之聲이 道上애 ᄀ둑ᄒ니(道上洋溢) <용가 6 : 1. 41.>, 가마오
디 … 고기 잡ᄂ 돌해 ᄀ둑ᄒ얏도다(滿漁梁) <두해-초 7 : 5>, 迦陵山音이
十方界예 ᄀ둑ᄒ더시다(徧十方界) <능엄 1 : 29~30>, 羸 ᄀ둑ᄒᆯ 영 又 이걸
영 <훈몽-초, 하 : 10>
ㄹ. ᄀ둑히 : ᄒ믈며 ᄯ 現前옛 虛空이 ᄒ마 다ᄋ며 佛土애 ᄀ둑히 다 珍寶ᄅᆯ 布
施호미ᄯ니잇가(充徧) <능엄 10 : 90>
ㅁ. ᄀ득기 : 倉庫ㅣ ᄀ득기 넘씨고 <석보, 9 : 20>, 倉庫ㅣ ᄀ득기 넘씨고 <월석,
9 : 38>, 法界예 ᄀ득기 ᄲᆯ면 國土애 ᄀ득기 나ᄂ니(萬國土히) <능엄 3 : 86>,
눉므ᄅᆯ 手巾에 ᄀ득기 흘리모라(淚盈巾)<두해-초 7 : 22>, 한 잔 ᄀ득기곰
먹고(滿飮一盞) <노번, 상 : 64>

〈용례 16〉

ㄱ. 그러니 우리는 정말 살육과 절망에 <u>가득</u> 차 있던 세대들이었는지
   모른다(꿈, 141).

ㄴ. 나의 슬픔엔 아랑곳없이 방 안이 사람들의 무례한 홍소로 <u>가득</u> 찼
   다(꿈꾸는).

ㄷ. 사내의 눈동자를 <u>가득</u> 채우는 남자의 검정 뿔테 안경(수선화, 303).

ㄹ. 그 눈은 곧 더럽혀질 것에 대한 의심과 경계와 경멸과 적의를 <u>가
   득</u> 담고 있다(나비, 306).

ㅁ. 책이 <u>가득</u> 있는 사랑방에서 책을 읽고 계셨을 때였다(포도, 302).

'가득'은 '-고 있다'와 '-어 있다'의 구성의 흉내말을 모두 수식할 수
있다.

〈보기 5〉

ㄱ. 콩쥐는 독이 물을 가득 채우고 있었다.

ㄴ. 항아리에 물이 <u>가득</u> 채워져 있었다.

3) 대상어 : 물(4), 절망(3), 사람(2), 호기심(1), 빛(1), 금종은종(1), 똥(1),
   비명(1), 원망(1), 김(1), 웃음(1), 비누거품(1), 거품(1), 벽돌
   (1), 쌀(1), 사진(1), 의문(1), 미역, 국(1), 싸릿가지(1), 도시
   (1), 한기(1), 분위기(1), 적의(1), 공포(1), 홍소(1), 미소(1),
   호소(1), 시체(1), 명태(1), 피비린내(1), 눈동자(1)

다양한 대상어를 선택한다. 가득'의 대상어로 '물'(4)이 가장 많이 나타
나기는 하지만 구체적인 사물뿐 아니라, '원망, 절망, 의문' 등의 심리적
태도나, '피비린내' 등의 냄새를 대상어로 취하기도 한다.

〈용례 17〉

ㄱ. 동이에 물을 <u>가득</u> 담아 왔소(구렁이, 142).

ㄴ. 나는 처음으로 그의 얼굴을 <u>원망</u>을 <u>가득</u> 담고 똑바로 쳐다보았다

(회색).

ㄷ. **피비린내**가 입 안 <u>가득</u> 밀려드는 것을 느끼며 영우는 가 자리에
나자빠졌다(노래에, 398).

4) 대표문형 : [NP는 NP에 NP를 가득 어떠하다]

[NP는 NP-으로 가득 어떠하다]

[NP는 NP-(에) 가득 어떠하다]

[NP는 NP 가득 어떠하다]

'가득'의 위치는 일반적인 어찌씨와 마찬가지로 자유로울 것이라 기대
되지만, 실제 문헌 자료에 나타난 바에 의하면 대부분이 피수식어 바로
앞에 놓여 뒤에 오는14) '-어 있다' 풀이마디 전체를 수식하는 것이 일반
적이다.

〈용례 18〉

ㄱ. 장터의 밑바닥 사람들만이 갖는 특유의 자유분방함과 낙천적인 분
위기만이 <u>가득</u> 차 있다(아름다운).

ㄴ. 로비 바깥 세상에는 자신의 두 다리로 걷는 사람들로 <u>가득</u> 차 있
었다(추운 봄날, 129).

ㄷ. 우리 집은 평온과 따사로움으로 <u>가득</u> 차 있어(나비, 293).

흔히, 위치자리토씨 '-에'가 생략되어 'NP-가득'의 구성으로 쓰이는
경우가 많다.

〈용례 19〉

ㄱ. 여름 한낮 낮잠을 자다 선뜻 눈을 뜨면 뿌연 연기가 <u>방안 가득</u> 풀
어져 있다(나비, 306).

ㄴ. <u>연병장 가득</u> 병사들은 띄엄띄엄 사이를 두고 늘어서 있었다(노래

---

14) 이 특성은 [2]의 '문득'과 대조적이다.

에, 346).
ㄷ. <u>두 눈 가득</u> 눈물이 가득하다(아까딴유).

이는 원래 '방안에 가득', '연병장에 가득', '두 눈에 가득' 등으로 '-에'가 생략된 형으로 보인다.

② 가득히(7) : 어찌씨이다.
  1) 피수식어 : 열다(1), 올라오다(1), 남기다(1), 몰려나오다(1), 뛰다(1), 들어차다(1)

  2) 대상어 : 이파리(1), 무엇(1), 멀미(1), 식구(1), 하늘(1)

  3) 대표문형 : [NP는 NP 가득히 NP를 어찌하다]

'가득히'는 어찌씨 '가득'에 다시 어찌씨 파생의 뒷가지 '-히'가 결합하여 어찌씨가 된 것이다. 이 둘을 대치하는 것은 원칙적으로 가능하다. 그러나 실제 조사한 용례에서는 사용상의 차이를 보였다. 즉 '가득'은 풀이말 바로 앞에 위치하는 것이 일반적인데, '가득히'는 그 사이에 다른 명사항을 두는 것이 더 일반적이다.

〈용례 20〉
  ㄱ. 그리고 그 줄기에서 가지로 퍼져나와 **온몸** <u>가득히</u> 문을 열어 탄소 동화작용을 하고 있는 이파리는 아닐까?(아름다운).
  ㄴ. 그녀는 내게 예닐곱 장의 전달할 편지와 **가방** <u>가득히</u> 무언가를 남겼다(회색).
  ㄷ. **집안** <u>가득히</u> 식구들이 모여 있는 모습이 그는 뿌듯하였다(물이, 166).

이를 '가득' 문형과 비교하면 다음과 같이 도식화할 수 있다.

〈'가득'과 '가득히'의 문형 비교〉

'가득'의 문형 : [NP는 NP에 NP를 가득 어찌하다]

'가득히'의 문형 : [NP는 NP-ø 가득히 NP를 어찌하다]

〈보기 6〉
ㄱ. 철수는 가방에 무언가를 <u>가득</u> 남겼다.
ㄴ. 철수는 가방 <u>가득히</u> 무언가를 남겼다.

이때 '가득'과 '가득히'는 모두 뒤에 오는 풀이말을 수식하는 것이지만 '가득히'는 '가득'에 비해 서술성이 강하게 나타난다. 그래서 위의 월은 의미상 '온몸에 가득하다', '방안에 가득하다', '입안에 가득하다' 등의 의미를 갖는 것으로 인식된다. 그러나 '가득'과 '가득히'의 위치가 강제적인 통어적 제약에 의한 것이 아니므로 이들 문형의 차이는 각각의 문체적 특성으로 볼 만하다.

③ 가득하다(19) : 그림씨이다.
  1) 대상어 : 예감(2), 건달(1), 권태(1), 그것(1), 꽃향기(1), 꽃향기(1), 꾸러미(1), 농작물(1), 눈물(1), 눈물(1), 달빛(1), 두려움(1), 마음(1), 물(1), 사람(1), 손(1), 수증기(1), 아들(1), 예감(1), 웃음소리(1), 잡초(1), 절망(1), 정열(1), 정적(1), 풀(1), 한숨(1), 호흡소리(1)

다양한 대상어를 취하며 특정한 의미 범주의 어휘에 한정되지도 않는다. 이때 대상어가 'NP-가'일 때 다음과 같이 'NP-로'로 대신할 수 있다.

〈보기 7〉
ㄱ. 꽃향기가 가득한 → 꽃향기로 가득한
ㄴ. 웃음소리가 가득하였다 → 웃음소리로 가득하였다.

2) 대표문형 : [NP-(에)는 NP-(가)로 가득하다]

〈용례 21〉
ㄱ. 광화문 교보문고는 작가들의 한숨으로 <u>가득한</u> 곳이다(깡통).
ㄴ. 편지에는 옛 은사에게 띄우는 감사한 마음이 구구절절 <u>가득했습니</u>
   <u>다</u>(포도, 180).
ㄷ. 꽃향기가 <u>가득한</u> 방 한가운데 누웠다가 나는 점심 공양을 하러 법
   당 쪽으로 올라갔다(깡통).
ㄹ. 나무그늘이 뜨락에 서늘히 잠겨 있고 맛있는 음식이 풍성하고 웃
   음소리가 <u>가득하였다</u>(물이, 166).

3) 어찌씨 '가득'과 '가득'에 어찌씨 파생의 뒷가지가 '-히'가 결합
   한 '가득히', 그리고 어찌법 씨끝과 결합한 '가득하게'가 다음과
   같이 한 월에서 대치 가능한 것으로 보이나 '가득'과 '가득히'는
   문체상 다른 문형을 취하는 것으로 생각된다. '가득하게'가 쓰인
   용례는 발견하지 못했다.

〈보기 8〉
ㄱ. 콩쥐는 독에 물을 <u>가득</u> 부었다.
ㄴ. 콩쥐는 독에 물을 <u>가득히</u> 부었다.
ㄷ. 콩쥐는 독에 물을 <u>가득하게</u> 부었다.

[5] 천천(97)	파생형	대응형
천천히(97)	① 천천하다 ② 천천히	① 찬찬히, 찬찬하다

흉내형식 '천천'은 단독으로 흉내말이 되지 못하고 어찌씨 파생의 뒷가지 '-히'와 결합하여 어찌씨가 되거나 '-하다'와 결합하여 그림씨가 되며, 그 밖의 다른 파생형은 갖지 않는다. 대부분 '천천히' 형식으로 쓰이며 '-하다' 파생형은 거의 사용하지 않는다. 홀소리 대응형으로 '찬찬히'와 '찬찬하다'가 있으며 한뜻말로 한자어의 '서서히'가 있다.

① 천천히 : 어찌씨이다.
  1) 피수식어 : 걷다(4), 돌리다(4), 움직이다(3), 내려오다(3), 말하다(3), 내려앉다(2), 일으키다(2), 들어올려지다(2), 끄덕이다(2), 일어나다(2), 가다(2), 내려놓다(1), 바꾸어놓다(1), 떼어놓다(1), 떼어놓다(1), 휘젓다(1), 가로젓다(1), 씹다(1), 감다(1), 빠져들다(1), 다가들다(1), 들다(1), 다물다(1), 돌다(1), 열다(1), 가라앉다(1), 닦다(1), 익다(1), 뒤집히다(1), 뒤지다(1), 끄덕여지다(1), 느껴지다(1), 이어지다(1), 다독이다(1), 흩어져내리다(1), 내리다(1), 끌어당기다(1), 옮기다(1), 떠오르다(1), 오르다(1), 스며들다(1), 뜨다(1), 들이쉬다(1), 피우다(1), 비우다(1), 돌려세우다(1), 불어오다(1), 걸어오다(1), 다가오다(1), 두드려보다(1), 풀어보다(1), 돌아보다(1), 흔들어대다(1), 음미하다(1), 하다(1), 일어나다(1), 살아나다(1), 내려가다(1), 들어가다(1), 걸어가다(1), 읽어나가다(1)

매우 다양한 풀이말을 피수식어로 취하는 말이다. 이때 피수식어는 대부분 복합형의 움직씨이거나 과정성의 풀이마디이다. 특정 의미를 갖는 풀이말에 대한 선택제약은 보이지 않지만, 과정성의 상적 속성을 갖는 풀이말을 주로 수식한다.

〈용례 22〉

ㄱ. 마치 축포라도 터뜨리는 것처럼 환해졌고 불빛들이 부서져서 <u>천천</u>
   <u>히</u> 흩어져 내리고 있었다(꿈, 131).
ㄴ. 아침해는 <u>천천히</u> 하늘을 가로질러 움직이고 있었다(물이, 150).
ㄷ. 소금기 머금은 바닷바람이 <u>천천히</u> 그들에게로 **불어오고** 있었다(물
   이, 137).
ㄹ. 차창 곁으로 트럭이 <u>천천히</u> 언덕길을 오르고 있었다(꿈, 122).

이때 풀이마디는 '-어 있다' 형의 풀이마디와는 선택제약을 보인다.

〈보기 9〉

ㄱ. 바위가 <u>천천히</u> 굴러 떨어지고 있다.
ㄴ. *바위가 <u>천천히</u> 굴러 떨어져 있다.

2) 대상어 : 나(9), 고개(7), 얼굴(5), 걸음(2), 발거음(2), 몸(2), 시선(2), 무
   릎(1), 불빛(1), 머리통(1), 병(1), 입(1), 떨림(1), 발걸음(1), 숨
   (1), 몸(1), 바닷바람(1), 발길(1), 입술(1), 말(1), 송노인(1), 노
   인(1), 여인(1), 눈(1), 손(1), 우주선(1), 수건(1), 흔적(1), 트럭
   (1), 박(1), 만우씨(1), 우리(1), 뿌리(1), 목소리(1), 비행기(1),
   그녀(1), 기체(1), 익사체(1), 양떼(1), 너(1), 아침해(1), 화적
   패(1), 사내(1), 눈동자(1), 글자(1), 식사(1)

다양한 대상어를 취한다. 특히 행동의 주체인 '나'나 신체의 일부가 상
대적으로 높은 빈도로 나타난다.

3) 대표문형 : [NP가 천천히 어찌하다(고 있다)]
           [NP가 천천히 NP를 어찌하다(고 있다)]
           [NP가 NP를 천천히 어찌하다(고 있다)]

〈대응형〉

> • 찬찬(11) - 찬찬히(11)

① 찬찬히(11)

1) 피수식어 : 살펴보다(1), 풀다(1), 들여다보다(1), 끌고가다(1), 설명
하다(1), 들여다보다(1), 읽다(1), 떼어내다(1), 걸어나가
다(1), 더듬다(1)

〈용례 23〉

ㄱ. 나는 그림을 <u>찬찬히</u> **살펴보며** 개똥벌레를 찾아본다(얼음의, 19).

ㄴ. 그래서 난 그 포장끈을 가위나 칼로 싹둑 자르지 못하고 <u>찬찬히</u>
풀면서 여러 가지 생각들을 하죠(포도, 272).

2) 대상어 : 나(4), 저(1), 그(1), 그녀(1), 김(성)(1), 남편(1)

3) '찬찬히'는 '천천히'의 양성의 대응형인데, 음성 쪽의 빈도수가 97
인 데 반해, 양성의 수는 빈도수 11로 훨씬 적게 사용한다. '천천
히'나 '찬찬히' 모두 기본의미는 [느림]인데 '찬찬히'는 주변의미
로 [자세하게]의 뜻을 갖는다.

〈용례 24〉

남편이 아이들이 잘 알아듣게끔 <u>찬찬히</u> 설명하자(포도, 207).

[6] 끄덕(65)	파생형	대응형
끄덕거리다(6) 끄덕이다(58) 끄덕없다(1)	① 끄덕, 끄덕끄덕 ② 끄덕하다, 끄덕끄덕하다, 끄덕거리다, 끄덕대다, 끄 덕이다	① 까닥, 까닥하다, 까닥거리다, 까닥대 다, 까닥이다, 까닥까닥, 까닥까닥하다 ② 까딱, 까딱하다, 까딱거리다, 까딱대 다, 까딱이다, 까딱까딱, 까딱까딱하 다, 까딱없다, 까딱없이 ③ 까댁, 까댁하다, 까댁거리다, 까댁대 다, 까댁까댁, 까댁까댁하다 ④ 까땍, 까땍하다, 까땍거리다, 까땍대 다, 까땍이다. 까땍까땍, 까땍까땍하 다, 까땍없다, 까땍없이 ⑤ 꺼덕거리다, 꺼덕대다, 꺼덕이다, 꺼덕꺼 덕, 꺼덕꺼덕하다 ⑥ 꺼떡거리다, 꺼떡대다, 꺼떡이다, 꺼떡 꺼떡, 꺼떡꺼떡하다 ⑦ 끄덱, 끄덱하다, 끄덱거리다, 끄덱대 다, 끄덱이다 ⑧ 끄떽, 끄떽하다, 끄떽거리다, 끄떽대 다, 끄떽이다 ⑨ 끄떡, 끄떡하다, 끄떡거리다, 끄떡대 다, 끄떡이다, 끄떡없다, 끄떡없이

‘끄덕’은 가장 다양한 대응형을 갖는 흉내말이다. ‘끄덕’은 단순형과 반복형 모두 자립성을 갖는 어찌씨 흉내말이나, 실제 문헌 조사에서는 파생형인 ‘끄덕거리다’, ‘끄덕이다’, ‘끄덕없다’만 쓰였다.

① 끄덕이다(58) : 남움직씨이다.

　1) 대상어 : 고개(57)

대상어에 대한 제약이 높은 대표적인 흉내말이다. 조사 문헌 58개의 용례 가운데 대상어가 보이지 않는 한 월을 제외하고 모두 ‘고개’를 대상어로 취했다.

〈용례 25〉
ㄱ. 나는 고개를 <u>끄덕였다</u>(첫사랑, 206).
ㄴ. 나는 시트 위에 얼굴만 내놓은 채 고개를 <u>끄덕였다</u>(궤도, 106).
ㄷ. 천천히 고개를 <u>끄덕이는</u> 송노인(까삐딴유).
ㄹ. 고개를 <u>끄덕이며</u> 나는 그녀를 올려다 보았다(맑고, 331).

비록 비슷한 동작을 표현하더라도 '고개' 이외의 대상어를 선택할 수 없다.

〈보기 10〉
ㄱ. 철수는 고개를 <u>끄덕였다</u>.
ㄴ. *철수는 손가락을 <u>끄덕였다</u>(까딱이다).
ㄷ. *철수는 허리를 <u>끄덕였다</u>(굽실거리다).

'끄덕이다'는 고개를 앞으로 빨리 숙이는 모습을 모방한 흉내말이므로, 여기에서 '끄덕'은 의미상 잉여적이다. 그러나 57의 용례에서 '고개'가 생략된 예는 없었다. '꿈을 꾸다'에서 '꿈'이 의미상 잉여적이지만 생략되지 않는 것과 같은 맥락이라 할 수 있다.

2) 대표문형 : [NP가 고개를 끄덕이다]
'끄덕이다'는 남움직씨로만 쓰이며 '*고개가 끄덕이다'와 같은 표현은 가능하지 않다.

3) '끄덕이다' 자체가 반복의 의미를 갖는 것 같지는 않으나 동작이 한 번일 경우 '고개를 한 번 끄덕하였다' 등으로 표현하는 것이 더 자연스럽다.

4) '끄덕이다'의 이름씨 파생형으로 '끄떡임'이 쓰인다.[15]

〈용례 26〉
아무런 긍정적인 뜻을 담고 있지 않은, 상투적인 듯한 남자의 <u>끄덕임</u>
(수선화, 314).

② <u>끄덕거리다</u>(6) : 남움직씨이다.
1) 대상어 : 고개(6)
끄덕이다와 마찬가지로 대상어로는 '고개'만을 가진다.

〈용례 27〉
ㄱ. 숙영은 다만 고개를 <u>끄덕거려</u> 가면서 따라 웃었다(맑고, 346).
ㄴ. 나는 고개를 <u>끄덕거렸다</u>(아름다운).
ㄷ. 나는 잠자코 고개를 <u>끄덕거렸다</u>(기차와, 199).

③ <u>끄덕없다</u>16)(1) : 그림씨이다

〈용례 28〉
난 <u>끄덕없다니까</u>. 안 흔들려(기차와, 199).

'끄덕이다'가 '고개를 앞뒤로 가볍게 움직임'을 뜻하며 남움직씨로 쓰
이는 데 반해, '끄덕없다'는 구체적인 움직임이 아닌, [아무 탈이 없음]을
의미하는 그림씨가 된다.

〈대응형〉

• 까닥(1) － 까닥하다(1)
• 까딱(8) － 까딱(2), 까딱까딱(1), 까딱이다(1), 까딱하다(4), 까딱하면(1)
• 끄떡(3) － 끄떡(1), 끄떡거리다(1), 끄떡이다(1)

---

15) 흉내말의 이름씨 파생은 '－음'쪽이 우세하다.
16) 사전에는 '끄떡없다'만 인정하므로 오기라 볼 수 있지만, 여기서는 문헌 조사 방
법의 성격을 고려해 그대로 표기하였다.

'끄덕'은 가장 많은 대응쌍을 갖고 있는 흉내형식이나 이들 대응형들의 빈도가 고루 높지는 않다.

① 까딱(2) : 어찌씨이다
  1) 피수식어 : 안하다(1), 움직이다(1)

〈용례 29〉
ㄱ. 봉수 : 그래, 나도 그러고 싶다. 방법만 알면! 무슨 사고라도 나서 손 하나 <u>까딱</u> 안해도 죽이는 그런 방법만 알면!(마누라)
ㄴ. 불빛을 등지고 선 부대장이 한 손을 들어 <u>까딱</u> 움직였다(노래에, 350).

② 까딱하다(4) : 제 / 남움직씨이다.
  1) 대상어 : 손(2), 두눈(1)
'끄덕'의 홀소리 대응형이다. '끄덕'이 대상어로 '고개'만을 선택할 수 있는 데 반해 '까딱'이나 그 파생형은 '고개' 이외에 '손', '눈' 등 다양한 대상어를 가질 수 있다.

〈용례 30〉
ㄱ. 손가락만 <u>까딱하면</u> 형님 얼굴 잊어버리겠어요(꿈꾸는).
ㄴ. 시집간 큰 언니가 시어머니가 밥을 안 줘 배고파 죽겠다고 도망왔을 때는 두 눈 하나 <u>까딱하지</u> 않으셨다(포도, 241).

2) 흉내말은 대체로 음성의 홀소리를 가지는 쪽이 피수식어나 대상어에 대한 선택제약이 높다. 이것은 의미상 양성의 홀소리 쪽이 무표적임을 보이는 것이다. '끄덕'이 고개(머리)의 움직임만을 묘사하는 데 반해, '까딱'은 다양한 대상어를 가질 수 있다.

〈보기 11〉

ㄱ. 철수는 **손가락** 하나 <u>까딱하지</u> 않았다.

ㄴ. *철수는 **손가락** 하나 <u>끄떡하지</u> 않았다.

ㄷ. 철수는 고개를 <u>까딱하였다.</u>

ㄹ. 철수는 고개를 <u>끄떡하였다.</u>

3) '까딱'과 '끄덕'은 단순히 어감상의 차이를 가질 뿐 아니라 지적의 미의 차이를 갖는다. '고개를 까딱이다'나 '고개를 끄덕이다'는 모두 고개를 앞뒤로 가볍게 움직이는 모습을 나타내지만 '까딱이다'는 그 행동에 다소 버릇이 없음을 함축한다.

4) '끄덕'과 '까딱'은 같은 자리에 갈음하지 못하는 경우가 있다.

〈용례 31〉

발 한번 까딱(*끄덕) 잘못 디뎠다가는 깊은 벼랑으로 떨어질 판이었다 (우리말 큰사전).

5) '까딱하면'은 제움직씨로 '하마터면'의 의미를 갖는다.

[7] 비틀(43)	파생형	대응형
비틀비틀(8) 비틀거리다(25) 비틀대다(1)	① 비틀, 비틀비틀 ② 비틀하다, 비틀비틀하다, 비틀거리다, 비틀대다 ③ 비틀걸음, 비틀걸음치다, 비틀양반	① 배틀, 배틀배틀, 배틀하다, 배틀배틀하 다, 배틀거리다, 배틀대다, 배틀걸음

흉내형식 '비틀'은 단순형과 파생형 모두 어찌씨의 자격을 가지며 '-하다, -대다, -거리다' 파생형과 홀소리 대응형 '배틀'을 갖는 전형적인 흉내형식이다. 홀소리 대응쌍으로 '배틀'을 갖는데 조사 자료에서는 하나도 나타나지 않았다.

① 비틀비틀(8) : 어찌씨이다.

  1) 피수식어 : 걸어가다(3), 들어오다(1), 올라가다(1), 걷다(1)

  제한된 피수식어를 갖는다. '가다'와 같은 이동동사나 과정성 풀이마디를 취하는 경향이 있다. 이들 피수식어를 대표하는 의미로는 [걷다]를 설정할 수 있다.

  〈용례 32〉

  ㄱ. 어느 날 길을 가던 신랑은 화살을 몸에 맞고 <u>비틀비틀</u> 걸어가는
     사람을 보았다(구렁이, 147).

  ㄴ. 피곤한 표정의 봉수가 <u>비틀비틀</u> 들어온다(마누라).

  2) 대상어 : 사람(1), 딸내미(1), 봉수(1), 그(1), 준석(1), 남학생(1)

  다양한 대상어를 취할 수 있지만, 주로 '사람이름씨'를 취한다.

  〈용례 33〉

  ㄱ. 이번엔 <u>딸내미</u>가 어지러워, <u>비틀비틀</u>, 쿵 넘어졌다 일어서고(마지
     막, 295).

  ㄴ. <u>비틀비틀</u> 숲속으로 걸어 들어가는 준석(까삐딴유).

  3) 대표문형 : [NP가 NP으로 비틀비틀 어찌하다]

  '비틀비틀'은 피수식어 바로 앞에 오는 것이 일반적이나(8용례 중 5개)

'위치말' 앞에 오기도 한다.

  〈용례 34〉

  ㄱ. <u>비틀비틀</u> 숲속으로 걸어 들어가는 준석. (아까딴유)

② 비틀거리다(25) : 제 / 남움직씨이다.

  1) 대상어 : 송노인(8)[17], 준석(2), 나(2), 기자(1), 삶(1), 이야기(1), 시(1),
      목(1), 길(1)

〈용례 35〉

ㄱ. 태국아이들에게 둘러싸인 **송노인**이 <u>비틀거리며</u> 길을 찾고 있다(아
    까딴유).

ㄴ. 그는 목이 <u>비틀거리는</u> 것 같은 느낌을 받았다(얼음의, 19).

2) 대표문형 : [NP가 비틀거리다]

사전에는 제 / 남움직씨로 되어 있으나, 문헌에서 수집한 25개의 용례는
모두 제움직씨로 쓰였다.

③ 비틀대다(1) : 움직씨이다.

'ㅡ거리다' 파생형이 빈도 25를 보이는 데 반해 'ㅡ대다' 파생형은 1차
례만 나타났다.

〈용례 36〉

비틀대며 일어난 나는 녀석의 얼굴을 향해 주먹을 날렸다(추운 봄날, 108).

[8] 더듬(42)	파생형	대응형
더듬더듬(1) 더듬거리다(9) 더듬대다(1) 더듬다(32)	① 더듬더듬 ② 더듬더듬하다, 더듬거리 다, 더듬대다 ③ 더듬감각, 더듬질, 더듬 이, 더듬이질, 더듬이질 하다	① 다듬다듬, 다듬다담하다, 다듬거리다, 다듬대다 ② 따듬따듬, 따듬따듬하다, 따듬거리다, 따듬대다 ③ 떠듬떠듬, 떠뜸떠듬하다, 떠듬거리다, 떠듬대다

흉내형식 '더듬'은 단독으로는 자립성이 없어 어찌씨가 되지 못하며 반
복형 '더듬더듬'으로 어찌씨가 되거나 뒷가지 파생에 의해 흉내말이 된다.
대응형으로 '홀소리 대응'형 '다듬'과 닿소리 대응형 '떠듬'과 그 파생형

---

17) 특정 고유명사가 높게 나타나는 것은 특정 작품에서 집중적으로 많이 사용되었기
    때문이다.

을 갖는다. '더듬다'와 영파생 관계에 있는 흉내형식이다.

① 더듬더듬(1) : 어찌씨이다.

〈용례 37〉
더듬더듬 말하는 내게 그 여자는 새로 바뀐 전화번호라고 상냥하게 대답했다(옛우물, 397).

② 더듬거리다(9) : 남움직씨이다.
  1) 대상어 : 말(4), 소리(1), 거짓말(1), 도넛(1), 구멍(1), 눈길(1)

〈용례 38〉
ㄱ. 이 사람이, 말을 <u>더듬거리긴</u>(우리시대, 29).
ㄴ. 그는 숫제 말까지 <u>더듬거렸다</u>(아름다운).
ㄷ. 이 사람이 말을 <u>더듬거리긴</u>.

'더듬거리다'는 '말을 시원스럽게 하지 못하거나', '무엇을 찾으려고 더듬거리는 꼴'을 의미한다. 첫 번째 의미로는 주로 '말'과 관련되 낱말을 대상어로 가지며, 두 번째 의미로는 다양한 대상어를 가질 수 있다.

〈보기 12〉
ㄱ. 콩쥐는 **방바닥**을 <u>더듬거렸다</u>.
ㄴ. 팥쥐는 호주머니 속을 <u>더듬거렸다</u>.
ㄷ. 누군가 내 목을 <u>더듬거리는</u> 것을 느꼈다.

  2) 대표문형 : [NP는 NP를 더듬거리다]

③ 더듬대다(1) : 남움직씨이다.

〈용례 39〉

ㄱ. 혼탁한 머리 어둠 속을 헤치며 힘겹게 <u>더듬대는</u> 듯한 그의 월들
(마지막, 275).

④ 더듬다(42) : 남움직씨이다

1) 대상어 : 기억(3), 말(2), 손(2), 가게(1), 가랑이(1), 가슴(1), 돌밭(1),
　　　　　 벽(1), 숲언저리(1), 시계(1), 이불속(1), 입술(1), 전설(1)

다양한 대상어를 부림말로 갖는다. '가슴', '벽'과 같은 구체적인 사물
이나, 그에 연상하여 '기억'이나 '전설'과 같은 비실체적인 대상어를 가질
수도 있다.

〈용례 40〉

ㄱ. 학교 다니던 때 등교길이며 선생님이며 철봉이며에 대해 다퉈 가
며 기억을 <u>더듬을</u> 때까지는 좋았다(빈처, 227).

ㄴ. 남편은 눈치를 챘는지 말을 <u>더듬었다</u>.

ㄷ. 기억 <u>더듬어</u> 보지 않을까?(옛우물, 397)

2) 대표문형 : [NP가 NP를 더듬다], [NP가 NP를 NP로 더듬다]

〈용례 41〉

ㄱ. 순식은 국민 학교 시절의 음악 시간에 배운 노래를 떠올리기 위해
열심히 기억을 <u>더듬었다</u>(노래에, 361).

ㄴ. 형 앞에서 항상 이상하게 기가 죽고 말을 <u>더듬는</u> 듯한 그를 잘 알
고 있었다(궤도, 124).

ㄷ. 나는 내가 앉아 있는 주변을 손으로 <u>더듬어</u> 보았다(세상, 245).

3) '더듬다'의 영파생형인 '더듬더듬'은 홀소리 대응쌍 '다듬다듬'과
'닿소리 대응쌍 '떠듬떠듬'을 갖는 데 반해 그 원움직씨인 '다듬다'
는 닿소리 대응쌍 '*따듬다'나 홀소리 대응쌍 '*더듬다'를 갖지 않
는다.[18]

〈대응형〉

| • 떠듬(2) - 떠듬거리다(2) |

'더듬'의 된소리 대응형으로 첫 음절만 된소리가 된다.

① 떠듬거리다(2) : 남움직씨이다

〈용례 42〉

ㄱ. <u>떠듬거리며</u> 노래를 시작하면 나는 음성이 서서히 내 몸에서 떠나는 것을 볼 수 있었고(궤도, 142).

ㄴ. <u>떠듬거리는</u> 영어로 꽂게 값을 깎으려는 엉성한 생활(궤도, 127).

[9] 텅(42)	파생형	대응형
텅(41) 텅텅(1)	① 텅, 텅텅	① 탕, 탕탕

단독형과 반복형 모두 어찌씨로 쓰이는 흉내말이다. 홀소리 대응쌍으로 '탕'을 가지나 예사소리의 '덩'이나 '떵'은 존재하지 않으며 다른 뒷가지와 결합하지 못한다.

① 텅(20) : 어찌씨이다.

1) 피수식어 : 비다(41)

피수식어의 선택이 제한적인 대표적인 흉내말이다. '비다' 이외의 다른 피수식어를 갖지 못한다.

〈용례 43〉

ㄱ. 그녀는 머리 속이 <u>텅</u> 빈 듯 닭의 감긴 눈 속으로 들어간다(나비, 316).

---

18) 움직씨 '다듬다'가 있으나 지적의미가 다르다.

ㄴ. 그들은 그렇게 선 채로 텅 빈 사열대만을 주시하고 있었다(노래에,
346).
ㄷ. 서너 평 넓이의 텅 빈 공간이 징계 감방이었다(노래에, 355).

이때 '비다'는 '-어 있다' 풀이마디는 수식할 수 있지만 '-고 있다'
풀이마디는 수식하지 못한다.

〈용례 44〉
ㄱ. 병사들은 여전히 꼼짝도 않은 채 여전히 텅 비어(*-고) 있는 사
열대만을 주목하고 있었다(노래에, 346).
ㄴ. 연병장은 텅 비어(*-고) 있는 것처럼 보였다(노래에, 345).
ㄷ. 내 방안은 텅 비어(*-고) 있었습니다(담배, 159).
ㄹ. 물론 그 자리는 영우 자신의 잠자리와 더불어, 텅 비어(*-고) 있
었다(노래에, 397).

2) 대상어 : 사열대(5), 눈(4), 공간(2), 동굴(2), 눈알(2), 거리(2), 골짜기
(1), 강(1), 광장(1), 교실(1), 눈빛(1), 도로(1), 머리속(1), 명
륜당(1), 모퉁이(1), 방(1), 벽(1), 부재(1), 아스팔트(1), 역사
안(1), 연병장(1), 우렁이(1), 우물(1), 유원지(1), 입(1), 자루
(1), 자리(1), 평상(1), 방안(1)
'텅'은 피수식어의 선택에 제약이 높은 데 반해, 다양한 대상어를 취할
수 있다. 대개 물리적인 공간이나 평면에 관한 어휘를 대상어로 하는데
'머릿속', '눈빛'과 같은 추상적 공간을 대상어로 취하기도 한다.

〈용례 45〉
ㄱ. 자기 아내의 텅 빈 눈빛을 들여다본 적도 없는 사람인데(나비, 312).
ㄴ. 그녀는 머리 속이 텅 빈 듯 닭의 감긴 눈 속으로 들어간다(나비, 316).

3) 대표문형 : [텅 빈 NP(대상어)], [NP(대상어)가 텅 비다]
총 41 용례에서 매김 구성을 갖는 월이 27개로, 일반적인 어순을 가진

두 번째 유형 14개보다 훨씬 많아 월 구성의 특이성을 보인다.

〈용례 46〉
ㄱ. 그녀의 텅 빈 눈은 그 소리 나는 쪽을 향해 열려졌다(나비, 316).
ㄴ. 서너 평 넓이의 텅 빈 공간이 징계 감방이었다(노래에, 355).
ㄷ. 언니한테 처음으로 내 얘기를 하고 나니깐 왜 이렇게 갑자기 텅 빈 것 같지(나비, 316).
ㄹ. 우리는 텅 빈 유원지를 가로질러 갔다(하얀배, 60).

또 '텅'은 다른 어찌씨 흉내말과 달리, 위치가 자유롭지 못하여 반드시 '비다' 앞에 놓이며 그 사이에 다른 성분이 삽입되지 못한다.

〈용례 47〉
ㄱ. 눈알이 완전히 텅 비어 있다(얼음의, 76).
ㄱ'. *눈알이 텅 완전히 비어 있다.
ㄴ. 왜 이렇게 갑자기 텅 빈 것 같지(나비, 316).
ㄴ'. *왜 이렇게 텅 갑자기 빈 것 같다.

② 텅텅(1) : 어찌씨이다.

〈용례 48〉
싸게 방을 얻은 것은 사실이었으나, 막상 호텔은 텅텅 비어 있었다(하얀배, 55).

'텅'의 반복형 '텅텅'은 사용 빈도수가 높지는 않다. '텅'과 마찬가지로 '비다'만을 수식할 수 있다. '텅'의 상적 속성이 '상태 지속'이므로 그 반복형 '텅텅'은 [반복]이 아니라 [강조]19)의 의미('완전히 빔')를 갖는다.

_____

19) 흉내말 반복형식의 의미 기능에 대해서는 제5장 '흉내말의 의미적 특성'에서 다시 다룬다.

[10] 불쑥(42)	파생형	대응형
불쑥(39) 불쑥불쑥(3)	① 불쑥, 불쑥불쑥 ② 불쑥하다, 불쑥불쑥하다, 불쑥거리다, 불쑥대다 ③ 불쑥이	① 볼쏙, 볼쏙볼쏙, 볼쏙하다, 볼쏙볼쏙하다, 볼쏙거리다, 볼쏙대다, 볼쏙이

『우리말 큰사전』에 따르면 '불쑥'은 세 가지 의미를 갖는다.

(1) 갑작스럽게 쑥 나오거나 생긴 꼴[상태].[20]
(2) 불룩하게 쑥 나오거나 내미는 꼴[동작].
(3) 앞뒤를 헤아리지 않고 대뜸 말하는 꼴[동작].

1)은 상태성의 의미이고, 2), 3)은 동작성의 의미이다. 이에 따라 그 기본형은 같더라도 의미에 따라 다른 파생형을 갖는다. 1)의 의미로는 그림씨 '불쑥하다', '불쑥이'의 파생형을 가지나, 2), 3)의 의미는 갖지 못한다. '불쑥거리다'와 '불쑥대다'는 2), 3)의 의미로만 파생된다. 이에 반해 '불쑥불쑥하다'는 1)과 2), 3)의 의미를 모두 가질 수 있어 문맥에 따라 그림씨와 움직씨로 기능한다.

'불쑥'은 대응형으로 양성의 '볼쏙'을 가지나 문헌 조사에서는 하나도 나타나지 않았다. 된소리 대응형은 갖지 않는다.

① 불쑥(39) : 어찌씨이다
   1) 피수식어 : 내밀다(3), 들어오다(3), 나타나다(3), 찾아오다(3), 솟아오르다(2), 드러내다(2), 있다(1), 찾아들다(1), 열다(1), 달라지다(1), 걸어오다(1), 튀어나오다(1), 쳐다보다(1), 들어서다(1), 막아서다(1), 꺼내다(1), 내다(1), 말하다(1)
조사 자료에서 '불쑥'이 [상태]의 자질을 갖는 경우는 없었다. '있다'를

20) 상적 속성은 글쓴이가 붙임. 1)의 의미일 때는 '불룩'과 유의관계에 있다.

제외하고는 모두 움직씨를 수식하는데 '있다', '열다', '꺼내다', '내다', '말하다', '하다'를 제외하고는 모두 복합형 움직씨를 수식하였다. 이들을 대표하는 의미로는 [나오다] 정도를 설정할 수 있다.

〈용례 49〉
ㄱ. 그때 이상한 사람이 <u>불쑥</u> 앞으로 모습을 드러내었다(해는, 214).
ㄴ. 그 작정은 <u>불쑥</u> 치밀어 올랐고, 나는 거역할 수 없었다(세상, 227).
ㄷ. 노인이 무엇인가를 <u>불쑥</u> 내 앞으로 내밀었다(세상, 252).

2) 대상어 : 그(2), 남자(2), 노인(2), 그녀(1), 나(1), 누구(1), 당신(1), 말(2), 무엇(2), 방문(1), 사람(1), 술잔(1), 의문(1), 인형(1), 저(1), 커피(1), 택시기사(1), 화(1)

다양한 대상어를 가지며 특정 대상어의 빈도가 높게 나타나지는 않는다. 크게는 사람이름씨와, 사물이름씨로 나눌 수 있으며, 다음과 같이 추상적인 대상어를 갖기도 한다.

〈용례 50〉
ㄱ. 그런 나에게 <u>불쑥</u> 한 가지 의문이 솟아왔다(아름다운).
ㄴ. 그러던 지난 늦여름에 <u>불쑥</u> 남편이 화를 냈습니다(그래, 67).

3) 대표문형 : [NP가 불쑥 NP로 (NP를) 어찌하다]

흉내말이 어찌씨의 기능을 할 때는 일반적으로 꾸미는 말 바로 앞에 놓이는 것이 일반적인데 '불쑥'이 나타나는 위치는, 조사 문헌 39월 가운데 단 9월에서만 풀이씨 바로 앞에 놓였다. 나머지 용례에서는 '불쑥'과 풀이말 사이에 위치말('앞으로' 등)이나 부림말이 왔다.

〈용례 51〉
ㄱ. 그 때 이상한 사람이 <u>불쑥</u> 앞으로 모습을 드러내었다(해는, 214).
ㄴ. 그런데 바로 그가 <u>불쑥</u> 강의실로 들어왔습니다(포도, 65).

ㄷ. 노인이 무엇인가를 <u>불쑥</u> 내 앞으로 내밀었다(세상, 252).

4) '불쑥'은 뜻하지 않거나, 기대 밖의 상황에서 쓰이기도 한다.

〈용례 52〉

ㄱ. <u>불쑥</u> 앞으로 나타난 것은 좀전에 타고 온 그 택시 기사였다(맑고, 343).

ㄴ. 창 밖을 내다보고 있는 내 눈앞에 캔 커피 하나가 <u>불쑥</u> 들어오면서 그녀의 목소리가 들렸다.

ㄷ. 노인이 무엇인가를 <u>불쑥</u> 내 앞으로 내밀었다(세상, 252).

② 불쑥불쑥(3) : 어찌씨이다.

〈용례 53〉

ㄱ. 그러다가 아내의 아직이에요란 말이 <u>불쑥불쑥</u> 떠올랐다(깡통).

ㄴ. 정신없이 돌아치는 동안 <u>불쑥불쑥</u> 담배 생각이 났습니다(담배, 176).

ㄷ. 삶의 길목에서 예기치 않게 <u>불쑥불쑥</u> 만나는 사건은 대체로 당혹감을 일깨우게 마련이죠(담배, 160).

[11] 단단(41)	파생형	대응형
단단하다(24) 단단히(17)	① 단단하다 ② 단단히 ③ 단단도, 단단막	① 딴딴하다, 딴딴히 ② 탄탄하다, 탄탄히 ③ 든든하다, 든든히 ④ 뜬뜬하다, 뜬뜬히 ⑤ 튼튼하다, 튼튼히, 굼튼튼하다

흉내형식 '단단'은 단독으로 어찌씨가 되지 못하고 어찌씨 파생의 뒷가지 '-히'와 결합하여 어찌씨로 기능하거나 '-하다'와 결합하여 그림씨가 된다. '단단'은 다양한 대응형을 갖는다. '대응형' 가운데 '뜬뜬'은 부적격한 형태로 판단된다.

① 단단하다(24) : 그림씨이다.
1) 대상어 : 근육(3), 근육질(2), 얼음(1), 벽(1), 계단(1), 몸(1), 여인(1), 젖꼭지(1), 의지(1), 가방(1), 다리(1), 고갱이(1), 금속(1), 알갱이(1), 고요함(1), 흙(1), 엉덩이(1), 장딴지(1), 체격(1), 말투(1), 가지(1), 차돌(1)

다양한 대상어를 갖는다. 구체적인 물체뿐 아니라, 추상적인 '말투', '고요함', '의지' 등을 대상어로 가지기도 한다.

〈용례 54〉
ㄱ. 그 동안 자신의 근육과 의지가 얼마나 우람해지고 단단해졌는지를 과시했다(195).
ㄴ. 아니 단단한 말투였지요(담배, 153).
ㄷ. 실내에 갇힌 만져질 듯 단단한 고요함을 견디지 못한 찻집 주인이 턴테이블에 판을 걸었다(옛우물, 370).

2) 대표문형 : [NP가 단단하다]
매김구성으로 대상어를 수식하는 구성을 갖는 경우가 많다.

〈용례 55〉
ㄱ. 단단한 금속이나 광물끼리 서로 강하게 부딪쳐서 비벼지고(얼음의, 13).
ㄴ. 어느새 단단한 차돌이 되어 가슴 속에 굳어버린 원망이(포도, 137).
ㄷ. 근육질의 단단한 살 위로 내 손이 닿자 바보는 간지럼을 타듯 움찔움찔 몸을 비틀었다(옛우물, 377).

② 단단히(17) : 어찌씨이다
1) 피수식어 : 나다(2), 하다(2), 무장하다(1), 내다(1), 묶다(1), 깨닫다(1), 고정시키다(1), 업다(1), 작정하다(1), 풀리다(1), 들다(1)

다양한 피수식어를 갖는데 모두 움직씨이다. 이들 풀이말을 포괄할 의미를 설정하기는 어렵다.

'-어 있다'나 '-고 있다' 풀이마디를 모두 수식할 수 있다.

〈보기 13〉
ㄱ. 새끼줄이 나무에 <u>단단히</u> 묶여 있다.
ㄴ. 새끼줄을 나무에 <u>단단히</u> 묶고 있다.

2) 대상어 : 혼(1), 용기와 믿음(1), 장면과 소리(1), 각오(1), 육체(1), 무
장(1), 창문(1), 폐쇄성(1), 화(1), 폼(1) ,병(1)
다양한 대상어를 갖는다. '단단'의 '어떤 물체가 무르지 않고 굳음'을
모방한 흉내말인데, '무장', '각오', '혼' 등을 대상어로 삼아 '뜻이나 생각
이 굳음'을 의미하기도 한다.

〈용례 56〉
ㄱ. <u>단단히</u> 혼을 내어 오히려 싹싹 빌고 가도록 해주겠다(우리시대).
ㄴ. 무슨 <u>각오</u>를 그렇게 <u>단단히</u> 했는지 그는 담배도 안 피우고(가는비,
345).

3) 대표문형 : [NP는 NP를 단단히 어찌하다]
'단단히'의 위치는 일반적으로 피수식어 바로 앞에 온다.

〈대응형〉

• 탄탄(1) - 탄탄하다(1)
• 든든(10) - 든든하다(9), 든든히(1)
• 튼튼(14) - 튼튼하다(13), 튼튼히(1)

① 탄탄하다(1) : 그림씨이다.
'단단'의 거센소리 대응형이다.

〈용례 57〉
밥 얻어먹고 보답한다고 <u>탄탄하게</u> 생긴 튼 소쿠리 한 개 내 놓은 엄마
에게(포도, 241).

② 든든하다(9) : 그림씨이다.

〈용례 58〉
ㄱ. 남편이 그토록 듬직하고 <u>든든하게</u> 느껴졌던 건 사실 처음이었으니
   까요(포도, 38).
ㄴ. 뒤가 그만큼 <u>든든하면</u>(꿈꾸는).
ㄷ. 대를 이을 <u>든든한</u> 아들 손자가 없는 집엔(꿈꾸는).
ㄹ. 더러는 아예 짐을 싸 성벽이 높고 <u>든든한</u> 인근의 대처(大處)나(시
   인과).

'단단'과 '든든'은 단순한 말맛의 차이를 가질 뿐 아니라 의미의 차이
를 갖는다. '단단'이 '물체가 굳음'을 의미하는 데 반해, '든든'은 주로
'믿음직스러움'의 의미를 갖고 있다.

③ 튼튼하다(13) : 그림씨이다, 튼튼히(1) : 어찌씨이다.
'튼튼하다'는 대상어로 '예감, 세상, 연, 왕자, 다리, 날개, 뿌리, 음성'
등을 갖는다. '굳음', '견고함'의 의미 외에 연상적으로 '건강함'의 의미를
갖는다.

〈용례 59〉
ㄱ. 그 음성은 노인의 것이라기에는 너무 정정하고 <u>튼튼했다</u>(세상, 249).
ㄴ. <u>튼튼하고</u> 씩씩한 왕자가 있는데 뭐가 더 부러워요?(포도, 116)
ㄷ. <u>튼튼하게</u> 생긴 연은 바다 위로 떴다(물이, 167).

'단단'의 홀소리 대응형과 닿소리 대응형은 말맛 차이 이상의 지적의미
에 차이를 갖는다. 기본 의미는 '물체가 굳음'을 모방한 것인데 '단단',

'딴딴'은 주로 기본 의미를 유지하는 데 반해, 홀소리 대응형이나 거센소리 대응형은 기본 의미보다 연상 의미로 해석되는 경향을 보인다.

[12] 벌떡(40)	파생형	대응형
벌떡(40)	① 벌떡, 벌떡벌떡 ② 벌떡벌떡하다, 벌떡거리다, 벌떡대다, 벌떡이다 ③ 벌떡증	① 발딱, 발딱발딱, 발딱발딱하다, 발딱대다, 발딱거리다, 발딱이다 ② 빨딱, 발딱빨딱, 빨딱빨딱하다, 빨딱거리다, 빨딱대다, 빨딱이다 ② 뻘떡, 뻘떡뻘떡, 뻘떡뻘떡하다, 뻘떡거리다, 뻘떡대다, 뻘떡이다

『우리말 큰사전』에 '벌떡'은 다음 두 가지 의미를 갖는 것으로 풀이되어 있다.

(1) 앉았거나 누웠다가 급자기 일어나는 꼴
(2) 급자기 번듯하게 뒤로 자빠지거나 젖혀지는 꼴

조사 문헌에서 '벌떡'의 반복형 '벌떡벌떡'은 출현하지 않았으며, 홀소리 대응형 '발딱'과 된소리 대응형 '뻘떡'도 쓰이는 예가 없었다.

① 벌떡(40) : 어찌씨이다.
1) 피수식어 : 일어나다(35), 일어서다(5)
'텅'과 더불어 제한적인 피수식어를 갖는 대표적인 흉내말이다.

〈용례 60〉
ㄱ. 그러자 자려고 누워 있던 그가 벌떡 일어났다(포도, 136).
ㄴ. 그러자 그 여자는 심하게 자존심이 상한 듯 벌떡 일어났습니다(수선화, 322).
ㄷ. 나는 벌떡 일어섰다(얼음의, 51).

이 밖에 '앉다'도 수식할 수 있는 것으로 보인다.

〈보기 15〉
놀부는 <u>벌떡</u> 앉았다.

2) 대상어 : 그(5), 나(4), 너(4), 남편(1), 누군가(1), 사람(1), 선생님(1),
송노인(1), 언니(1), 엄마(1), 영섭(1), 영우(1), 준석(1)
대부분 행위주가 될 수 있는 사람이름씨나 사람대이름씨를 대상어로
갖는다.

〈용례 61〉
ㄱ. 그이는 <u>벌떡</u> 일어나더니 옷을 갈아입고 부산을 피워댔죠(포도, 71).
ㄴ. 나는 <u>벌떡</u> 일어서서 획획 바람을 일으키며 코트를 걸쳤다(얼음의, 31).

3) 대표문형 : [NP는 (NP에서) 벌떡 일어나다 / 일어서다]
모두 자동사문으로 '벌떡'의 위치는 피수식어 바로 앞에 온다. 조사 문헌
40용례 가운데 다음과 같은 두 예문만 '부림말' 앞에 '벌떡'이 자리했다.

〈용례 62〉
ㄱ. 놀라 침대에서 <u>벌떡</u> 몸을 일으키는 미영(아까딴유).
ㄴ. 송노인을 살피다 <u>벌떡</u> 몸을 일으켜 우왁스럽게 이불을 걷어 젖힌
다(아까딴유).

[13] 깜짝(37)	파생형	대응형
깜짝(36) 깜짝깜짝(1)	① 깜짝, 깜짝깜짝 ② 깜짝하다, 깜짝깜짝하다, 깜짝거리다, 깜짝, 깜짝대다 ③ 깜짝이야, 깜짝야	① 끔쩍, 끔쩍끔쩍, 끔쩍하다, 끔쩍끔쩍하다, 끔쩍거리다, 끔쩍대다

사전에는 '깜짝'에 대한 다양한 파생형(사전형)과 홀소리 대응형(관계형)
이 제시되어 있지만 '깜짝'이 단독으로 어찌씨로 쓰이는 것 이외에는 대
부분 잘 쓰이지 않는다. '깜짝'이 '－하다, －거리다' 등과 결합한 형이
표제항으로 올라 있지만 다음의 보기와 같이 '놀라다'의 의미로 '깜짝하
다'나 '깜짝거리다' 등을 쓸 수 있는지 의심스럽다.

〈보기 16〉
ㄱ. 철수는 매우 놀랐다.
ㄴ. 철수는 매우 깜짝하였다.
ㄷ. 철수는 자주 놀랬다.
ㄹ. *철수는 자주 깜짝거렸다.

홀소리 대응형으로 '끔쩍'이 있으나 조사 문헌에는 나타나지 않았다.

① 깜짝(36) : 어찌씨이다.
1) 피수식어 : 놀라다(36)
매우 제한된 피수식어를 갖는 어찌씨 흉내말이다. 피수식어로 '놀라다'
만을 갖는다.

〈용례 63〉
ㄱ. 나는 깜짝 놀라며 거울 속의 한쪽 귀퉁이를 바라보았다(얼음의, 71).
ㄴ. 그 소리에 깜짝 놀라 자세히 들여다 보니(세상, 252).
ㄷ. 나는 깜짝 놀라 잠시 그를 돌아본다(얼음의, 45).

서상규(1993)에서는 '깜짝'이 '텅'과 함께 매우 제한된 피수식어를 갖는
대표적인 흉내말로 보았다. 이는 피수식어의 제약이 거의 없는 일반적인
모양어찌씨와 구분되는 특성이다.

2) 대상어 : 나(7), 남편(2), 영우(2), 송노인(2), 선생님(1), 남편(1), 아이

(1), 우리(1), 태수(1), 그녀(1), 임자(1), 김중사(1), 엄마(1)
사람이름씨나 사람대이름씨가 대상어가 된다. '나'가 7 용례로 가장 많
이 나타났다.

3) 대표문형 : [NP는 (NP에) 깜짝 놀라다]

⟨용례 64⟩
ㄱ. 나는 <u>깜짝</u> 놀라 잠시 그를 돌아본다(얼음의, 45).
ㄴ. 휴지를 쓴 학생들은 <u>깜짝</u> 놀랐죠(재미있는, 15)!
ㄷ. 그래서 우리는 <u>깜짝</u> 놀랐지(하얀배, 51).

수집한 36개의 용례에서 '깜짝'은 모두 '놀라다'다 바로 앞에 위치했다.
'텅'과 함께 위치 제약이 심한 흉내말이다.

⟨보기 17⟩
ㄱ. 철수는 매우 <u>깜짝</u> 놀랐다.
ㄴ. *철수는 <u>깜짝</u> 매우 놀랐다.

② 깜짝깜짝(1) : 어찌씨이다.

⟨용례 65⟩
어떤 땐 <u>깜짝깜짝</u> 놀래(모래시계).

'깜짝'의 반복형식으로 반복의 의미를 갖는다.

[14] 슬쩍(36)	파생형	대응형
슬쩍(31) 슬쩍슬쩍(5)	① 슬쩍, 슬쩍슬쩍 ② 슬쩍하다	① 살짝, 살짝살짝, 살짝이, 살짝곰보, 살짝수염벌레, 살짝사진

『우리말 큰사전』에 의하면 '슬쩍'은 다음 네 가지 뭇뜻을 가진다.

(1) 남이 모르는 사이에 가만히.
(2) 힘 안 들이고 가볍게.
(3) 표가 나지 않게 넌지시.
(4) 마음을 쓰거나 정성을 들임이 없이 빠르게.

'슬쩍'의 단순형과 반복형은 어찌씨가 되는데, '-거리다' 등과는 결합하지 않는다. '-하다'와 결합하여 움직씨가 되는데 이때 위의 4가지 의미 가운데 3)의 뜻에만 해당하는 파생어이다. 대응하는 양성의 '살짝'은 1)과 2)에 대응하는 의미만을 갖는다. '살짝'이 다양한 합성어 구성에 참여하는 데 비해 '슬쩍'은 새말 만들기에 소극적이다.

① 슬쩍(36) : 어찌씨이다.
  1) 피수식어 : 스치다(4), 곁눈질하다(1), 끌어당기다(1), 더듬다(1), 덧붙이다(1), 뒤집어보다(2), 따라나서다(1), 벗어나다(1), 보다(1), 붙어앉다(1), 비껴놓다(1), 빼다(1), 살피다(1), 쓰다듬다(1), 오다(1), 주다(1), 쥐어주다(1), 치다(1), 피하다(1), 훑어보다(1), 홅어보다(1), 흘리다(1), 물어보다(1), 끼얹다(1), 구겨지다(1)
다양한 동작성 움직씨를 수식할 수 있다. 이들을 포괄할 수 있는 의미를 설정하기는 어렵다.

〈용례 66〉
ㄱ. 나는 젓가락으로 사내가 말한 얼룩무늬 부위의 살점을 <u>슬쩍</u> 뒤집어 본다(33).
ㄴ. 마담의 무릎을 <u>슬쩍</u> 친다(모래시계).
ㄷ. 누나를 찾은 남동생에게 용돈을 <u>슬쩍</u> 쥐어주고 싶었고(포도, 186).

  2) 대상어 : 나(3), 발(1), 용돈(1), 만유(1), 뒷모습(1), 햇살(1), 모서리(1), 내용(1), 군인(1), 웃음(1), 문(1), 머리칼(1), 입가(1), 종도(1),

태수(1), 기분(1), 말꼬리(1)

다양한 대상어를 갖는다. 특정 대상어의 빈도가 높게 나타나지는 않는다.

3) 대표문형 : [NP는 NP를 슬쩍 어찌하다](20)

　　　　　　[NP는 슬쩍 NP를 어찌하다](11)

위치가 비교적 자유로운 흉내말이다. '슬쩍'의 위치는 피수식어 바로 앞에 오는 것이 일반적이지만, 부림말 앞에 오는 문형도 적지 않다.

〈용례 67〉

ㄱ. 슬쩍 한 발을 빼는 시늉을 하였다(아름다운).

ㄴ. 종도 슬쩍 그 뒤를 따라나선다(모래시계).

ㄷ. 은박지로 된 뚜껑의 날카로운 모서리가 슬쩍 손끝을 스쳤을 뿐인
데도 꽤 깊이 베인 것 같았다(가는비, 337).

4) '슬쩍'은 '살짝'의 홀소리 대응형이다. 중심의미는 모두 '힘 안들이고 가볍게'이나 '슬쩍'은 '살짝'이 갖는 의미 외에 부정적인 의미를 더 갖고 있으며, 이 경우에 '살짝'과 달리 '-하다' 파생형을 가질 수 있다.

〈보기 18〉

ㄱ. *도둑놈이 물건을 살짝하였다.

ㄴ. 도둑놈이 물건을 슬쩍하였다.

② 슬쩍슬쩍(5) : 어찌씨이다.

〈용례 68〉

ㄱ. 여사의 손등이 만우씨의 팔뚝을 슬쩍슬쩍 건드렸다(우리시대, 66).

ㄴ. 슬쩍슬쩍 나를 곁눈질하던 여인네가 켜놓은 텔레비전의 소리가 웅
웅 울리고 있는 방은 벽 끝부터 조금씩 어둠에 잠기고(제부도, 161).

ㄷ. 운전하며 슬쩍슬쩍 까녹완의 옆모습을 훔쳐보는 송노인(아까딴유).

ㄹ. 주위의 싸움으로 밀려오는 자들을 슬쩍슬쩍 몸을 움직여 피하고

있다가 태수 문득 한곳으로 시선이 간다(모래시계).

ㅁ. 환기창을 통해 정수리에 직선으로 떠 있는 해를 <u>슬쩍슬쩍</u> 바라보
며 나는 메마른 공기를 훔치듯 들이마시고 있었다(피아노, 252).

〈대응형〉

• 살짝(28) − 살짝(26), 살짝살짝(8)

---

① 살짝(26) : 어찌씨 기능을 한다.

1) 피수식어 : 들여다보다(2), 건드리다(2), 웃다(2), 가리다(1), 깔다(1), 껴
다(1), 끼우다(1), 놓다(1), 눌러대다(1), 당기다(1), 들여다보
다(1), 디밀다(1), 만지다(1), 부르다(1), 비끼다(1), 살다(1),
숨다(1), 스치다(1), 얼굴(1), 펴다(1), 펴주다(1), 훔쳐보다(1)

다양한 피수식어를 갖는데 모두 움직씨이다. 이들의 의미를 일반화하기
는 어렵다.

〈용례 69〉

ㄱ. 깜짝 놀라 방문을 열고 <u>살짝</u> 들여다보니 시어머니가 친구분들하고
화투를 치고 계셨어요(포도, 168).

ㄴ. <u>살짝</u> 웃어야 사진이 예쁘게 나온다(포도, 52).

ㄷ. 쪽문을 <u>살짝</u> 당겨 보았지만 열리지 않았다(회색).

2) 대상어 : 단추(1), 수화기(1), 긴장감(1), 방문(1), 이맛살(1), 죽음(1),
얼굴(1), 낙엽(1), 눈언저리(1), 쪽문(1), 뺨(1), 그(1), 장미꽃
(1), 누구(1), 저(1)

3) 대표문형 [NP는 (NP를) 살짝 V]

'살짝'은 대부분 피수식어 바로 앞에 놓인다.

② 살짝살짝(2) : 어찌씨이다.

〈용례 70〉
ㄱ. 그런데도 그녀 발의 뜨뜻한 기운이 내 무릎을 <u>살짝살짝</u> 건드린다
(기차와, 209).
ㄴ. 팬티는 너무 예쁘고 귀여워 어쩜 저 팬티를 <u>살짝살짝</u> 보여 주기
위해 짧은 치마를 입는 것은 아닐까(나비, 309).

[15] 캄캄(34)	파생형	대응형
캄캄하다(34)	① 캄캄하다 ② 캄캄절벽, 캄캄칠야	① 감감, 감감하다, 감감히, 감감무소식, 감감소식 ② 깜깜, 깜깜하다, 깜깜나라, 깜깜무소식, 깜깜무식장이, 깜깜밤중, 깜깜부지, 깜깜상자, 깜깜소식 ③ 껌껌하다, 껌껌나라 ④ 컴컴하다

'캄캄'은 흉내형식만으로는 자립성을 갖지 못하고 '-하다'와 결합하여 그림씨가 되거나 그 이름꼴로 쓰인다. 전형적인 홀·닿소리 대응쌍을 갖는 흉내형식이다.

① 캄캄하다(34) : 그림씨이다.
   1) 대상어 : 눈앞(5), 나이(2), 계단(1), 고요(1), 곳(1), 공간(1), 공허(1),
      눈속(1), 대지(1), 머리속(1), 밤(2), 암흑(1), 앞(1), 어둠(1),
      어둠속(1), 얼굴(1), 하늘(1)
다양한 대상어를 갖는다. 실제 어두워 질 수 있는 공간(하늘, 천공, 어둠속)이나 시간(밤)을 대상어로 가질 뿐만 아니라 캄캄함에서 연상되는 절망감, 공허속, 나이 등을 대상어로 갖는다.

   2) 대표문형 : [(NP는) NP가 캄캄하다] / [캄캄한 NP]

관형형으로 대상어를 수식하는 문형이 일반적이다(15·용례 가운데 17·용례가 관형형으로 쓰인다).

〈용례 71〉

ㄱ. 아이는 **캄캄한** 어둠 속에서(아름다운).

ㄴ. **캄캄한** 밤을, 가로등만이 빛나는 길을 차들은 달려갔다(맑고, 373).

ㄷ. 불현듯 어떤 절망감이 아이의 눈 속으로 마치 **캄캄한** 어둠처럼 몰려오는 것이었다(아름다운).

3) 어두운 모습뿐만 아니라 '위기'나 '어려운 상황' 등에 의미하기도 한다.

〈용례 72〉

ㄱ. 생각만으로 눈앞이 **캄캄하다**(포도, 29).

ㄴ. 그 **캄캄한** 나이에 그거라도 없으면 어떻게 살겠니?(아름다운)

ㄷ. 남편이 없고 나와 애들 둘만 있는 상상을 하니 갑자기 눈앞이 **캄캄해지고** 가슴이 벌렁거렸다(포도, 88).

4) '캄캄함'의 이름씨 파생형을 보인다(3)[21]

〈용례 73〉

ㄱ. 어둠 속에 우뚝 서서 그 **캄캄함**으로 눈멀어 있을 때에(얼음의, 62).

ㄴ. 그 **캄캄함**에 차츰 익숙해지다가 어둠 속에서 점점 더 밝아지는 시야(얼음의, 65).

〈대응형〉

• 깜깜(7) 깜깜하다(7)
• 컴컴(6) : 컴컴하다(2), 어두컴컴하다(4)

---

21) 흉내말의 이름씨 파생은 '-음'형을 취하는 것이 일반적이다. '-거리다', '-이다' 파생형은 '-기' 파생에 제약을 갖는다.

'캄캄'의 빈도수가 34번인 데 반해 된소리 대응형인 '깜깜' 7번, 홀소리 대응형인 '컴컴'은 6번을 보이는데 불과했다. 이 밖에 '껌껌'이나 '감감/검검'의 흉내형식을 갖는 용례는 한 예도 보이지 않았다.

'캄캄하다'와 대응하는 흉내말들은 쓰임에 있어 큰 차이를 보이지 않으며, 의미도 말맛 이상의 차이를 보이는 것 같지는 않다. 다만 '눈앞이 캄캄하다 / 깜깜하다'와 같은 관용적 표현에 대응하는 '눈앞이 껌껌하다 / 컴컴하다'와 같은 표현은 잘 쓰지 않는 것 같다. 빈도에 있어 양성의 홀소리 쪽이 우세하다.

① 깜깜하다(7) : 그림씨이다.

〈용례 74〉
ㄱ. 뒤통수가 시원하다 못해 허전해지면서 눈앞이 깜깜해졌습니다(그래, 85).
ㄴ. 진찰을 하고 난 의사 선생님의 말씀에 정말 앞이 깜깜하더군요 (그래, 56).
ㄷ. 막상 카메라를 들이대고보니 눈앞이 깜깜했다(꿈꾸는).

전체 7용례 가운데 4용례가 '눈앞이 깜깜하다'로 쓰였다.

② 컴컴하다(2) : 그림씨이다.

〈용례 75〉
ㄱ. 나는 컴컴한 거실 한구석 소파에 앉아 화면에 나타난 사막을 화난 짐승처럼 노려보고 있었다(피아노, 226).
ㄴ. 안은 한층 컴컴했다(세상, 242).

[16] 꼭(31)	파생형	대응형
꼭(22), 꼬옥(9), 꼭꼭(3)	① 꼭, 꼭꼭	① 꾹, 꾹꾹

'꼭'은 단순형과 반복형 모두 어찌씨 흉내말이 되나, 다른 뒷가지와 결합하지는 못한다. 대응형으로 음성의 '꾹'이 있으며, 음운·의미적으로 관계가 있는 형태로 '꽉'이 있다.

① 꼭(22), 꼬옥(9)
  1) 피수식어 : 잡다(5), 다물다(3), 안다(3), 붙잡다(1), 감다(1), 붙들다
                (1), 앙다물다(1), 걸다(1)붙어앉다(1), 껴안다(1), 쥐다(1),
                그러쥐다(1)
'잡다', '다물다', '안다' 등 한정된 의미의 피수식어를 취하는 흉내말이다. 이를 포괄하는 의미로 [감싸다]를 설정할 수 있다. '꼬옥'은 '꼭'의 음운론적 확장형으로 음운론적 방법에 의한 강조법 실현의 하나이다.

〈용례 76〉
ㄱ. 김 하사는 제 손을 꼭 **잡더니** 밖으로 데리고 나가더군요(포도, 32).
ㄴ. 옆자리의 박은 입술을 꼭 **앙다문** 채 눈을 감고 있었다(꿈, 109).
ㄷ. 입을 꼭 **다물고서** 윤하를 빠안히 올려다보았다(물이, 175).

  2) 대상어 : 손(7), 입(3), 앞 / 뒤좌석(2), 입술(1), 문(1), 봄(1), 알갱이(1),
               주먹(1)
대상어로 '손'을 선택하는 경우가 가장 많다.

  3) 대표 문형 : [NP가 (NP를) 꼭 어찌하다](22)
'텅'과 더불어 위치가 제약되는 대표적인 흉내말이다. '꼭'의 위치는 반드시 피수식어 앞에 와야 한다.

〈용례 77〉
ㄱ. 옆자리의 박은 입술을 꼭 앙다문 채 눈을 감고 있었다(꿈, 109).
ㄱ'. *옆자리의 박은 꼭 입술을 앙다문 채 눈을 감고 있었다.

ㄴ. 어린 그녀를 꼭 안고 머리를 쓸어내려 주는 아버지의 손길(나비, 290).

ㄴ'. *꼭 어린 그녀를 안고 머리를 쓸어내려 주는 아버지의 손길.

ㄷ. 나는 알갱이들을 꼭 그러쥐었다(제부도, 175).

ㄷ'. *나는 꼭 알갱이들을 그러쥐었다.

② 꼭꼭(3) : 어찌씨이다.

〈용례 78〉

ㄱ. 그리고 조심스러운 손길로 콩가루를 반죽하여 주둥이를 꼭꼭 막은 참기름 병까지 건네주셨다(포도, 112).

ㄴ. 나는 입술을 꼭꼭 깨물고 있다(기차와, 193).

'꼭'의 반복형으로 [반복·강조]의 의미를 갖는다.

〈대응형〉

• 꾹(19) － 꾹(10), 꾹꾹(8), 꾸욱(1)

① 꾹(10), 꾸욱(1) : 어찌씨이다.

1) 피수식어 : 참다(4), 다물다(3), 누르다(1)

대응하는 '꼭'이 대상어로 '잡다－다물다－안다'의 순으로 대상어를 취하고 그 밖의 다양한 대상어를 취한 데 반해, '꾹'은 '참다－다물다－누르다' 순으로 대상어를 선택하였다. 조사 자료에서는 그 밖의 대상어는 보이지 않아 '꼭'과 비교할 때 피수식어에 대한 제약이 더 높다. 이들을 포괄하는 상위 의미로는 [누르다]를 설정할 수 있다.

'다물다'를 수식하는 경우는 '꼭'이나 '꾹' 모두 높은 빈도로 나타났으나, '꾹'과 달리 '꼭'은 '참다'를 수식하는 용례가 나타나지 않았다.

〈용례 79〉

ㄱ. 나는 입을 꾹 다물고 고개를 끄덕였다(깡통).

ㄴ. 나도 화가 치밀었지만 꾹 참으면서 다그쳤다(포도, 158).

ㄷ. 내가 입을 꾸욱 다물고 있는 것이 그녀의 말 때문이 아닌 것은 분명하다(추운 봄날, 109).

2) 대상어 : 입(3), 화(1), 지침(1)

3) 대표 문형 : [NP가 (NP를) 꾹 어찌하다](10)

'꼭'과 마찬가지로 피수식어 바로 앞에 온다.

② 꾹꾹(8) : 어찌씨이다.

1) '꼭'과 '꼭꼭'의 빈도수가 22:3인 데 반해 '꾹'과 '꾹꾹'은 10:8로 '꼭'에 비해 상대적으로 '반복형을 취하는 경향이 높다.

2) 피수식어 : 누르다 / 눌러대다(6), 참다(2),

피수식어에 대한 제약이 대응하는 흉내말 가운데 가장 높다.

〈용례 80〉

ㄱ. 동전을 넣고 번호판을 하나씩 힘주어 꾹꾹 눌렀다(옛우물, 397).

ㄴ. 지역 번호를 누른 뒤 빠르고 센 힘으로 번호판을 꾹꾹 눌렀다(옛우물, 363).

ㄷ. 숟가락으로 밥을 꾹꾹 눌러 가며 그것을 떠먹었다(말을, 275).

3) 대상어 : 번호판(2), 전화번호(1), 밥(1), 저(1), 다리미(1)

4) 다른 대응하는 흉내말과 마찬가지로 풀이말 바로 앞에 위치한다.

[17] 쓸쓸(29)	파생형	대응형
쓸쓸하다(25) 쓸쓸히(4)	① 쓸쓸하다, 쓸쓸히	① 쌀쌀하다, 쌀쌀히, 쌀쌀맞다, 쌀쌀스럽다

흉내형식 '쓸쓸'은 자립성이 없고, '-히'와 결합하여 어찌씨가 되거나 '-하다'와 결합하여 그림씨가 된다. 홀소리 대응형으로 '쌀쌀'이 있으며, 예사소리의 대응형으로 기대되는 '*슬슬'은 쓰이지 않는다.

① 쓸쓸하다(25) : 그림씨이다.
　　1) 대상어 : 그(3), 내용(1), 배웅(1), 김중사(1), 장례식(1), 자세(1), 부부
　　　　　　　　(1), 인간(1), 그(3), 미소(1), 생애(1), 지혜(1), 빈터(1), 나(1)
다양한 대상어를 갖는다. 쓸쓸하다의 대상어가 주체일 경우에는 사람이름씨로 나타난다.

　　2) 대표 문형 : [NP는 쓸쓸하다]

　　3) '쓸쓸'의 기본의미는 '날씨가 약간 으시시함'이나 연상 의미인 '외로움'의 뜻으로 쓰이는 것이 더 일반적이다.

〈용례 81〉
ㄱ. 아이가 없이 늙어가니 부부는 쓸쓸하였다(구렁이, 125).
ㄴ. 그가 쓸쓸해 보인다니, 아마도 내가 쓸쓸한 건 맞을 것이다(꿈꾸는).
ㄷ. 풍만한 젖가슴을 가진 여자의 쓸쓸한 한 생애를(우리생애, 102).
ㄹ. 아들이 없이도 불행하기는커녕 쓸쓸하지도 허전하지도 않은 인간이(꿈꾸는).
ㅁ. 쓸쓸해 보이십니다(꿈꾸는).

② 쓸쓸히(4) : 어찌씨이다.

〈용례 82〉
ㄱ. 자기 같은 바보에게 쓸쓸히 미소를 짓는 바보가 또 어디에 있다는 말인가(얼음의, 56).
ㄴ. 아기의 재롱을 혼자서 지켜보면서 쓸쓸히 웃던 하루 해는 참으로

긴 것같더니만(포도, 191).
ㄷ. 그가 <u>쓸쓸히</u> 웃는 소리에 내 귓전에 와 달라붙었다(피아노, 222).

'쓸쓸하다'은 '날씨가 서늘함'과 '외로움'의 의미를 모두 갖는 데 반해 어찌씨 파생형 '쓸쓸히'는 '외로움'의 의미로만 쓰인다.

〈대응형〉

> • 쌀쌀(11) － 쌀쌀하다(9), 쌀쌀맞다(2)

'쓸쓸'의 양성의 홀소리 대응형으로 '쌀쌀'이 있다.

① 쌀쌀하다(9) : 그림씨이다.
  1) 대상어 : 날씨(3), 여자(1), 표정(1), 말(1), 손길(1), 나(1)
'쌀쌀하다'는 그림씨로 중심로 '날씨가 서늘함'의 뜻을 가지며 다의적인 뜻으로 '냉정함'의 두 가지 의미를 가진다(쓸쓸하다의 연상의미는 '외로움').

〈용례 83〉
ㄱ. 아침 기온이 10도 이하로 내려가면서 <u>날씨</u>가 <u>쌀쌀</u>해지고(조선, 94).
ㄴ. 네가 어떤 개뼉다귀이든 관심없다는 듯이, <u>쌀쌀하고</u> 고상한 <u>표정</u>을 꾸몄다(꿈꾸는).
ㄷ. 착한 올케에서 <u>쌀쌀하고</u> 무도한 <u>여자</u>로 변했다(꿈꾸는).

  2) 쌀쌀맞다(2) : 그림씨이다.

〈용례 84〉
ㄱ. <u>쌀쌀맞게</u> 대꾸하던 그의 얼굴이 떠올랐다(제부도, 161).
ㄴ. 쌀 한 가마니 값의 돈을 부르며 돈을 받기 전엔 주사를 놔줄 수가 없다고 <u>쌀쌀맞게</u> 대답하더랍니다(포도, 251).

'쌀쌀'의 중심의미였던 '추움'의 의미는 없고, '냉정함'의 의미로만 사용된다.[22]

[18] 우뚝(28)	파생형	대응형
우뚝(26) 우뚝하다(2)	① 우뚝, 우뚝우뚝, 우뚝하다, 우뚝우뚝하다, 우뚝이	① 오똑, 오똑오똑, 오똑하다, 오똑오똑하다, 오똑이, 오뚝이

'우뚝'은 단순형과 반복형 모두 어찌씨이며 '-이'가 결합하여 다시 어찌씨가 된다. '-거리다, -대다, -이다'와는 결합할 수 없고, '-하다'와 결합하여 그림씨가 된다. 홀소리 대응형식으로 양성의 '오똑'이 있다.

① 우뚝(26) : 어찌씨이다.
　　1) 피수식어 : 서다(15), 멈추다(3), 멈춰서다(2), 버티고 서다(1), 붙박혀 서다(1), 솟다(1)
매우 제한된 풀이말만을 취하는 흉내말이다. 이들을 대표하는 의미로는 [서다]를 설정할 수 있다.

〈용례 85〉
ㄱ. 그러다가 만우씨는 방 복판에 <u>우뚝</u> 서 버렸다(우리시대, 60).
ㄴ. 방에서 나오던 미란이 그 말을 듣고 그자리에 <u>우뚝</u> 멈춰 선다(아까딴유).
ㄷ. 발걸음을 <u>우뚝</u> 멈추었습니다(수선화, 323).

'우뚝'은 진행의 '-고 있다' 풀이마디는 꾸미지 못하며 주로 '-어 있다' 풀이마디를 수식한다.

---

22) 조사 문헌에는 없었으나 '쌀쌀'의 어찌씨 파생형인 '쌀쌀히'도 중심의미였던 '추움'의 의미는 없고, '냉정함'의 의미만을 갖는다.

〈보기 19〉

ㄱ. 철수는 방 한 가운데 <u>우뚝</u> 서 있다.

ㄴ. [*]철수는 방 한 가운데 <u>우뚝</u> 서고 있다.

2) 대상어 : 발걸음(2), 개(1), 걸음(1), 그녀(1), 너(1), 노인(1), 만우씨
　　　　　　(1), 미란(1), 발걸음(2), 부친(1), 빌딩(1), 사람(1), 아내(1),
　　　　　　준석(1), 태수(1), 혜린(1)

3) 대표 문형 : [NP가 (NP에) 우뚝 어찌하다] (24)

제움직씨 구문으로, '우뚝'은 피수식어 바로 앞에 놓인다. 조사한 26개
의 용례 가운데, 단 2용례만 위치어 앞에 '우뚝'이 왔다.

② 우뚝하다(2) : 그림씨이다.

〈용례 86〉

ㄱ. 칭기즈칸과 티무르의 이름은 아직도 이 땅의 역사에 <u>우뚝하다</u>(하
얀배, 40).

ㄴ. 거 왜 코가 <u>우뚝하고</u> 눈이 서글서글한 이(말을, 275).

〈대응형〉

• 오똑(6) － 오똑(1), 오똑하다(3), 오똑이(2)

① 오똑(1) : 어찌씨이다.

'우뚝'의 홀소리 대응어로 '서다'를 꾸민다.

〈용례 87〉

혼자만 <u>오똑</u> 서 있는 그 아기불은 아마도 천상천하유아독존을 외쳤던
(우리시대, 36).

② 오똑하다(3) : 그림씨이다.

〈용례 88〉

ㄱ. <u>오똑하게</u> 돋아난 코가 더욱 부각되어 보였다(하나코, 41).

ㄴ. 곧고 <u>오똑한</u> 코(수선화, 303).

ㄷ. 갸름하고 <u>오똑한</u> 코는 오롯이 자기 자리에(얼음의, 35).

3용례 모두 대상어로 '코'를 취했다.

③ 이름씨 파생형으로 '오똑이'가 있다.

[19] 반짝(28)	파생형	대응형
반짝(6) 반짝반짝(4) 반짝하다(2) 반짝반짝하다(2) 반짝거리다(4) 반짝이다(10)	① 반짝, 반짝반짝 ② 반짝하다, 반짝반짝하다, 반짝거리다, 반짝대다, 반짝이다 ③ 반짝버들	① 빠작, 빠작이다, 빠작대다, 빠작이다, 빠작빠작, 빠작빠작하다 ② 빤짝, 빤짝거리다, 빤짝대다, 빤짝이다, 빤짝빤짝, 빤짝빤짝하다 ③ 번쩍, 번쩍거리다, 번쩍대다, 번쩍이다, 번쩍번개, 번쩍빛 ④ 뻔적, 뻔적거리다, 뻔적대다, 뻔적이다, 뻔적뻔적, 뻔적뻔적하다 ⑤ 뻔쩍, 뻔쩍거리다, 뻔쩍대다, 뻔쩍이다, 뻔쩍뻔쩍, 뻔쩍뻔쩍하다

지금까지 살펴본 흉내형식들은 다양한 파생형들을 가질 수 있을지라도 실제 사용에 있어서는 그 가운데 특정 파생형의 빈도가 높게 나타나는 것이 일반적이었다. 이에 반해, '반짝'은 다양한 파생형들이 문헌에 고루 나타나는 특징이 있다. '반짝'은 파생형의 쓰임이 다양한 만큼 여러 가지 뜻을 가진다.

① 반짝(6) : 어찌씨이다.

　1) 피수식어 : 뜨다(1), 환해지다(1), 고이다(1)

〈용례 89〉

ㄱ. 그녀는 <u>반짝</u> 눈을 **떴다**(물이, 153).
ㄴ. 떨떠름하던 그의 표정이 <u>반짝</u> **환해졌다**(꿈꾸는).
ㄷ. 그의 눈에 <u>반짝</u> 눈물이 **고이는** 것을 영우는 보았다고 생각했다(노래에, 383).

'반짝'과 풀이말 사이에는 모두 '－하고'가 들어갈 수 있다. 특히 ㄷ)에서 표면상 '반짝'이 풀이말로 '고이다'를 수식하고 있는 것처럼 보이지만 의미상 부적절하다(*반짝 고이다). 이 경우에 '그의 눈에 반짝하고 눈물이 고이다' 처럼 '－하고'가 들어가는 것이 더 자연스럽다.

  2) 대상어 : 눈(4), 표정(1)

② 반짝반짝(4) : 어찌씨이다.

  1) 피수식어 : 빛나다(2),

  2) 대상어 : 눈물방울(1), 금종 은종(1), 눈과 이(1), 구두(1)

〈용례 90〉

ㄱ. 굵은 **눈물방울**이 땀방울처럼인가, <u>반짝반짝</u> 빛나고 있었다(마지막, 298).
ㄴ. 금종 **은종**들이 가득, <u>반짝반짝</u>, 찰랑대고, 모든 빛들이 모여 새하얗게, 악기들의 화음을 돋우는(마지막, 307).
ㄷ. 두 **눈과 이**만 <u>반짝반짝</u> 빛내고 있었으니 웃음을 터뜨리지 않을 수 없었다(포도, 106).
ㄹ. 정신을 차리면 **구두**를 <u>반짝반짝</u> 윤이 나게 닦고 다시 노래를 부르기 시작하겠지(첫사랑, 200).

③ 반짝하다(2), 반짝반짝하다(2) : 제 / 남움직씨이다.

〈용례 91〉

ㄱ. 내 못 말리는 인생이 거기서도 <u>반짝하는</u> 순간이었다(하얀배, 43).

ㄴ. 처녀때는 <u>반짝했던</u> 총기가 많이 사라진 것은 사실이다(포도, 170).

ㄱ. 너무 이쁘잖아요, 불이 <u>반짝반짝하는</u> 게(대화, 2).

ㄴ. 흙투성이에 다 떨어진 교복 차림이지만 구두만은 늘 <u>반짝반짝했다</u>
   (첫사랑, 199).

단순형의 '반짝하다'가 비유적인 의미로 주로 사용된 데 반해, 반복형
의 '반짝반짝하다'는 기본의미인 [빛나다]의 뜻으로 사용되었다.

④ 반짝거리다(3) : 제 / 남움직씨이다.

〈용례 92〉

ㄱ. 오히려 저의 제의가 신기하다는 듯 **눈빛**까지 <u>반짝거렸습니다</u>(수선
   화, 319).

ㄴ. 사열대의 **모서리**들이 그 빛 속에서 희게 <u>반짝거리고</u> 있었다(노래
   에, 349).

ㄷ. 어둑한 실내 한구석에 눈만 <u>반짝거리는</u> 여자들이 둘러앉아 있다가
   자리에서 부스스 일어나는 게 보였다(피아노, 240).

모두 '눈'을 대상어로 하였다. 제 / 남움직씨이지만, 조사 문헌에는 제움
직씨로 사용된 것만 나타났다.

④ 반짝이다(10) : 제 / 남움직씨이다.

  1) 대상어 : 눈(2), 반지(1), 불빛(1), 장롱(1), 바늘(1), 오아시스(1), 금수
     술(1)

〈용례 93〉

ㄱ. 수용자들은 그의 손가락에서 <u>반짝이는</u> 바늘을 보았다(노래에, 385).

ㄴ. 검은 바탕에 지그재그로 금수술이 <u>반짝인다</u>(우리생애, 100).

'반짝이다'는 불이나 금속성같이 빛날 수 있는 물체를 대상어로 한다.23) 기본형식인 '반짝'이 많은 '뜻뜻'을 갖는 데 반해, '-이다' 파생형은 제한된 의미를 갖는다.

2) 대표문형 : [NP는 반짝이다](9)
대부분 자동사문이다(10개의 용례 가운데 9개가 제움직씨 구문이었다). 다음과 같이 남움직씨 구문으로 사용되는 경우는 드물다.

〈용례 94〉
숙영은 비로서 올 것이 왔다는 표정으로 눈을 반짝였다(맑고, 346).

3) '반짝이다' 자체가 반복의 의미를 갖고 있지는 않은 것 같다. 반복의 의미를 분명히 하기 위해서는 '-고 있다' 형을 쓴다.

〈용례 95〉
ㄱ. 멀고 희미하게 반짝이고 있을 뿐(꿈, 139).
ㄴ. 별들이 반짝이고 있다(기차와, 222).

〈대응형〉

• 번쩍(24) - 번쩍(15), 번쩍번쩍(1), 번쩍하다(1), 번쩍거리다(3), 번쩍이다(4)7

지금까지 다루었던 흉내말들은 양성의 홀소리나 음성의 홀소리 가운데 어느 한 쪽의 빈도가 높게 나타나는 데 반해 '반짝'과 그 홀소리 대응형 '번쩍'은 모두 높은 빈도로 사용되었다.

---

23) 흉내말의 의미 연구에서도 원형의미를 추출할 수 있을 것이다. "원형(prototype)은 그 범주를 대표할 만한 가장 '전형적', '이상적', '좋은' 보기를 말한다."(임지룡, 1993). 의미론에서 원형에 대한 인식은 설문조사 등을 통해 검토할 수 있다. 예를 들어 '끄덕끄덕'이나 '깡충깡충'을 피실험자에게 제시하고 이들에서 연상되는 대상어를 조사함으로써 원형의미를 추출할 수 있을 것이다.

① 번쩍(15) : 어찌씨이다.

1) 피수식어 : 뜨다(5), 들다(3), 안다(2), 쳐들다(1), 들어오다(1)

'번쩍'은 '반짝'의 홀소리 대응쌍으로 '반짝'에 대해 말맛의 차이를 가진다. 특이한 점은 '번쩍'의 경우 중심의미인 '빛나다'의 개념으로 사용된 예는 15용례 가운데 단 한 용례만 있었고 나머지는 '눈을 번쩍 뜨다(5)', '아무개를 번쩍 들다/안다/쳐들다(6)' 등에 사용되었다.

〈용례 96〉

ㄱ. 나는 고개를 **번쩍** 쳐든다(얼음의, 72).

ㄴ. 나는 눈을 **번쩍** 떴다(얼음의, 71).

ㄷ. 두 손을 **번쩍** 들고 뛰며 기뻐하는 준일. 터지는 함성과 박수갈채 (아까딴유).

2) 대상어 : 눈(5), 고개(1), 귀(1), 도끼(1), 손(1), 쇼핑백(1), 저(1), 칼(1)

대상어로는 '눈'이 5예로 가장 많이 나타나는데, 이 때 의미 관계상 피수식어로는 '빛나다'와 '뜨다'를 가질 수 있는데, 조사 예문에서는 모두 '빛나다'를 수식하는 월만 나타났다. '반짝'과 '번쩍'은 홀소리에 의해 말맛을 달리하는 흉내말임에도 불구하고 '반짝'은 주로 '빛나다'의 개념으로 '번쩍'은 주로 '갑자기 무엇을 들거나 눈을 뜸'의 의미로 사용된다.

3) 대표문형 : [NP는 NP를 번쩍 어찌하다](9)

남움직씨 구문으로 사용되는 빈도가 가장 높다.

② 번쩍번쩍(1) : 어찌씨이다.

'번쩍'의 반복형식의 빛이 자꾸 빛남을 의미한다.

〈용례 97〉

드디어 플래시가 <u>번쩍번쩍</u> 서너 번 터지고 결혼식이 끝났다(포도, 52).

③ 번쩍거리다(3) : 제 / 남움직씨이다.

〈용례 98〉

ㄱ. 권 하사는 눈을 결의와 의지로, 용기를 잃지 않으려는 안간힘으로 경련하듯 <u>번쩍거리고</u> 있었다(노래에, 382).
ㄴ. 700미터의 푸른 돌밭은 왕의 요대처럼 <u>번쩍거리고</u> 있었다(천지간, 36).
ㄷ. 재규어니 하는 고급 차들이 주차장에서 <u>번쩍거리고</u> 있었다(궤도, 120).

④ 번쩍이다(4) : 제 / 남움직씨이다.

〈용례 99〉

ㄱ. 다만 멀리 빠칭고 점만이 서부의 그 어느 도시의 주점처럼 요란하게 <u>불빛을 번쩍이고</u> 있었다(맑고, 372).
ㄴ. 덩그러니 해안에 지어진 고성처럼 혼자서 <u>네온사인을 번쩍이고</u> 있었다(궤도, 130).
ㄷ. 모든 면에서 사나이로 인정받고 있는 이 청년은 <u>번쩍이는</u> 눈으로 주변을 둘러보며 말했다(197).
ㄹ. 얼룩무늬 군복에, 녹색의 모자, <u>번쩍이는</u> 검은 군화(노래에, 346).

[20] 뒤척(28)	파생형	대응형
뒤척거리다(1) 뒤척이다(27)	① 뒤척뒤척 ② 뒤척뒤척하다, 뒤척거리다, 뒤척대다, 뒤척이다	① 되작되작, 되작되작하다, 되작거리다, 되작거리다, 되착이다 ② 뒤적뒤적, 뒤적거리다, 뒤적대다, 뒤적이다 ③ 되착되착, 되착되착하다, 되착거리다, 되착대다, 되착이다

흉내형식 '뒤척'은 단독으로 자립성이 없고 반복형으로 어찌씨가 되거나 '-하다, -대다, -거리다, -이다'의 파생형을 가진다. 닿소리 대응형으로 '뒤적'이 있다. 대부분 '뒤척이다'의 형식으로 쓰인다. 대응형들은 문

헌 조사에서는 나타나지 않았다.

① 뒤척거리다(1) : 남움직씨이다.

〈용례 100〉
단추를 누르면 내가 며칠 밤을 <u>뒤척거리며</u> 써놓은 글들이 일 초도 안
되는 순간에 지워지는 것이 화가 났으며(꿈, 119).

② 뒤척이다(28) : 남움직씨이다.
 1) 대상어 : 몸(5), 송노인(2), 손(2), 산(2), 신랑(1), 온몸(1), 절벽(1), 준
       석(1), 손바닥(1), 파도(1), 뼈(1), 그녀(1)
대상어는 부림말로 실현되는 '몸'을 취하는 경우가 가장 많았지만 '몸'
이 생략되어 행동의 주체가 다음 용례 101ㄷ)과 같이 바로 대상어가 되
는 경우가 있다.

〈용례 101〉
ㄱ. 어둠이 몸을 <u>뒤척이는</u> 소리가 가까운 곳에서 들려왔다(세상, 245).
ㄴ. 손을 <u>뒤척이다</u> 멈추며 내쉬는 한숨(수선화, 309).
ㄷ. 갑자기 그녀가 <u>뒤척인다</u>(빈처, 223).

 2) 대표문형 : [NP가 뒤척이다](20)

〈용례 102〉
ㄱ. 비단 이불과 요는 부드럽게 따스하였으나 신랑은 잠을 못 이루며
   <u>뒤척였다</u>(구렁이, 140).
ㄴ. 다시 <u>뒤척이는</u> 사내의 손(수선화, 313).
ㄷ. 갑자기 그녀가 <u>뒤척인다</u>(빈처, 223).
ㄹ. 잠시 <u>뒤척이다가</u> 이내 잠이 드는 송노인, 가볍게 코까지 골기 시
   작한다(아까딴유).

사전에 '뒤척이다'는 남움직씨로 되어 있어 '부림말'을 필수성분으로 하나 실제로 조사한 28개의 용례 가운데 부림말이 표면에 나타난 경우는 8개 용례에 불과했다. 이는 '뒤척이다'의 기본의미가 '제 몸을 이리 저리 뒤집다'라는 점에서 다음과 같이 부림말로 올 '몸'이 생략된 것으로 볼 만하다.

ㄷ'. 갑자기 그녀가 (몸을) 뒤척인다(빈처, 223).
ㄹ'. 잠시 (몸을) 뒤척이다가 이내 잠이 드는 송노인, 가볍게 코까지 골기 시작한다(아까딴유).

〈대응형〉

> • 뒤척(12) : 뒤적거리다(2), 뒤적이다(10)

'뒤척'의 예사소리 대응형이다.

① 뒤적거리다(2) : 남움직씨이다.

〈용례 103〉
ㄱ. 나는 수화기를 가슴에 대고 손수건을 찾는 척 **양복 주머니**를 뒤적거렸다(피아노, 231).
ㄴ. 그는 **주머니**를 뒤적거리다 말고 잠시 낭패한 표정을 짓더니(꿈, 117).

② 뒤적이다(10) : 남움직씨이다.
1) 대상어 : 신문(2), 무언가(1), 전단지(1), 관물대(1), 책(1), 깨(1)

〈용례 104〉
ㄱ. 남편은 장롱 깊숙이 넣어 **무언가**를 뒤적이더니 싸놓은 것을 풀었습니다(그래, 200).
ㄴ. **책**을 뒤적이다가 시선을 느끼고 고개를 들어 우석을 본다(모래시계).
ㄷ. 다른 이는 피자집 **전단지**를 뒤적여 전화번호를 눌러대니……(재미있는, 114)

'뒤척이다'가 일반적으로 '몸'을 대상어로 취하는 데 반해, '뒤적이다'는
다양한 대상어를 취한다. 또한 그 움직임의 대상이 다르다.

〈보기 20〉
ㄱ. 놀부는 몸을 <u>뒤척이다</u>.
ㄴ. 놀부는 (흥부의) 몸을 <u>뒤적이다</u>.

ㄱ)은 실제 뒤척이는 것이 '몸'이지만 ㄴ)에서 뒤적이는 것은 '철수'이
고 '몸'은 그 행동의 대상이 된다.

2) 대표문형 : [NP는 NP를 뒤적이다](8)

[21] 푹(25)	파생형	대응형
푹(19), 푸욱(1), 푹푹(5)	① 푹, 푹푹	① 폭, 폭폭

매우 다양한 '뭇뜻'을 가지고 있는 흉내말이다. 『우리말 큰사전』에는
다음과 같이 13개의 뭇뜻을 제시하였다.

(1) 깊이 빠지거나 들어간 꼴.
(2) 깊숙이 가라앉거나 깊이 팬 꼴.
(3) 잠이 푸근하게 깊이 들거나 편히 쉬는 꼴.
(4) 세게 깊이 찌르거나 쑤시는 꼴. 또는 그 소리.
(5) 밖으로 드러나지 않게 빈틈없이 아주 덮어싸거나 가리는 꼴.
(6) 힘없이 쓰러지거나 넘어지는 꼴. 또는 그 소리.
(7) 숟가락, 삽 따위로 물건을 많이 퍼 내는 꼴.
(8) 가루나 연기 따위가 세게 쏟아져 나오는 꼴.
(9) 분량이 갑자기 많이 줄어든 꼴.
(10) 고개를 아주 깊이 숙이는 꼴.
(11) 흠씬 익을 정도로 끓이거나 삶거나 고는 꼴.
(12) 아주 심하게 썩거나 삭는 꼴.
(13) 아주 심하게 젖거나 목소리가 가라앉는 꼴.

홀소리 대응형으로 '폭'이 있는데 조사 문헌에서는 하나도 나타나지 않았다. '푹'의 반복형 '푹푹'은 단순형일 때와 다른 의미를 갖기도 하는데 예를 들어 '푹푹'은 날씨가 찌는 듯이 더운 모양을 나타내는 데 '푹' 단독으로는 이러한 의미로 사용되지 못한다.

① 푹(19), 푸욱(1) : 어찌씨이다.
  1) 피수식어 : 숙이다(3), 빠지다(2), 고꾸라지다(1), 끓이다(1), 내쉬다(1),
          놓다(1), 쉬다(1), 싸안아버리다(1), 엎어지다(1), 젖다(2),
          주저앉다(1), 집어넣다(1)

다양한 풀이말(움직씨)을 수식한다. 피수식어를 포괄할 수 있는 의미로는 [깊이 ~하다] 정도를 설정할 있다.

〈용례 105〉
ㄱ. 나는 고개를 푹 숙였다(회색).
ㄴ. 고개를 푹 숙인 채 원수 같은 찐빵만 배가 터지도록 먹는 수밖에 없었다(첫사랑, 214).
ㄷ. 그 앞에 우석이 고개를 푹 숙이고 서있다(모래시계).

  2) 대상어 : 고개(3), 구두(1), 남편(1), 마음(1), 몸(1), 바늘(1), 사골(1),
          사람(1), 숨(1), 신문(1), 주먹(1)
다양한 대상어를 갖는다.

  3) 대표 문형 : [NP는 NP를 푹 어찌하다]
'푹'의 위치는 다음과 같이 크게 제약을 받지는 않으나 수식하는 풀이말에 바로 앞서는 것이 일반적이다.

〈보기 21〉

ㄱ. 푹(하고), 철수는 고개를 숙였다.

ㄴ. 철수는 푹 고개를 숙였다.

ㄷ. 철수는 고개를 푹 숙였다.

② 푹푹(5) : 어찌씨이다

〈용례 106〉

ㄱ. 무슨 일인지 말도 못하고 한숨을 **푹푹** 내쉬는 게 아닌가(포도, 49).

ㄴ. 발이 눈 속으로 **푹푹** **빠지**기 시작한다(얼음의, 82).

ㄷ. 지금까지와는 다르게 한걸음을 걸어도 그것이 **푹푹** 발이 **빠지**는 모래밭을 걷는 기분이 아닐 수도 있을지 모른다는(회색).

ㄹ. 발이 **푹푹** **빠지**는 마른 모래밭 쪽으로만 걸었다(가는비, 343).

ㅁ. 딱히 할 일도 없었겠지만 의례적으로 사진을 **푹푹** **찍어**대고 그것도 귀찮은 사람은 아예 사진집을 사버렸다(피아노, 238).

다섯 용례 가운데 '(발이) 푹푹 빠지다'가 4회로 가장 전형적인 쓰임새이다.

[22] 꿈틀(23)	파생형	대응형
꿈틀(1) 꿈틀꿈틀(2) 꿈틀하다(1) 꿈틀거리다(17) 꿈틀대다(2)	① 꿈틀, 꿈틀꿈틀 ② 꿈틀하다, 꿈틀꿈틀하다, 꿈틀거리다, 꿈틀대다	① 곰틀, 곰틀곰틀, 곰틀하다, 곰틀곰틀하다, 곰틀거리다, 곰틀대다 ② 굼틀, 굼틀굼틀, 굼틀하다, 굼틀굼틀하다, 굼틀거리다, 굼틀대다 ③ 꼼틀, 꼼틀, 꼼틀하다, 꼼틀꼼틀하다, 꼼틀거리다, 꼼틀대다

'꿈틀'이나 '꿈틀꿈틀'은 어찌씨로 흉내형식만으로 자립성을 갖지만 단독으로 쓰이는 경우보다는 '-거리다'와 결합하여 쓰이는 경우가 일반적이다.

① 꿈틀(1), 꿈틀꿈틀(2) : 어찌씨이다.

〈용례 107〉

ㄱ. 잘 나가지도 않는 집 밖을 음지로 <u>꿈틀</u> 걸어가, 가장 가까이서, 술
   이나 책을 사가지고(마지막, 296).
ㄴ. <u>꿈틀꿈틀 팽팽한</u> 순대인양(마지막, 279).
ㄷ. 미친 누에처럼 여기 조금 저기 조금 기분 내키는 대로 <u>꿈틀꿈틀</u>
   건너뛰면서 갉아먹고 있었다(우리시대, 24).

② 꿈틀하다(1) : 제 / 남움직씨이다

〈용례 108〉

그때 여자의 숨이 잠깐 멎은 듯했고 몸이 조금 <u>꿈틀했다</u>(57).

몸이 한 번 크게 구부러지듯 움직이는 모양을 나타낸다.

③ 꿈틀거리다(17) : 제 / 남움직씨이다.
   1) 대상어 : 사진(1), 벌레(1), 어깨와 몸(1), 여자의 내부(1), 삶(1), 윗몸
             (1), 양떼(1), 핏줄(1), 뜨거움(1), 벌레(1), 선풍기(1), 시대
             (1), 무엇(1)

『우리말 큰사전』에 '꿈틀거리다'는 '몸의 일부가 크게 뒤틀리거나 구부
러지며 자꾸 움직이다'로 풀이되어 있는데 이 밖에 다양한 대상어를 취할
수 있다. 삶'이나 '시대'와 같은 추상적인 이름씨를 대상어로 가질 수도
있다.24)

〈용례 109〉

ㄱ. <u>삶</u>은 사지를 잘라 내고 잘라내도 여전히 <u>꿈틀거리는</u> 겁니다(얼음
   의, 41).

---

24) 이는 일반적으로 사용되는 표현은 아니며 '소설'의 문체적 특성으로 볼 수 있다.

ㄴ. 밝아도 밝아도 저 시대는 <u>꿈틀거리며</u> 죽지도 않고 살아나는가(맑
고, 372).

2) 대표문형 : [NP가 꿈틀거린다]
조사한 17개의 월 가운데 다음 한 월을 제외하고는 모두 제움직씨 구
문으로 쓰였다.

〈용례 110〉
그는 윗몸을 <u>꿈틀거리는가</u> 싶더니 구속복을 벗어 팽개쳤다(깡통).

제움직씨 구문에서 대상어는 행위주가 될 수 있는 유정물이거나 그의
일부가 되는 것이 일반적인데 의인화한 무정물이 대상어가 되기도 한다.

〈용례 111〉
ㄱ. 18년 전의 달콤한 추억 담긴 몇 백 장의 **사진들**이 살아 **꿈틀거려
요**(포도, 46).
ㄴ. 그날 **꿈틀거리며** 끈질기게 돌아가던 선풍기에 마지막 일격을 가하
여(얼음의, 54).

④ 꿈틀대다(2) : 제 / 남움직씨이다.

〈용례 111〉
ㄱ. 그의 살점들을 맞아, 살을 섞는 반죽을 빚으며 온 **공간을 꿈틀대게**
만들었을 때(우리시대 24).
ㄴ. 그렇게 이끌려, 천천히, 다시 **글자가 꿈틀댄다**(마지막, 293).

5. 정리

이 장에서는 흉내말의 통어적 특성에 대해서, 먼저 흉내말이 어찌말 외에 매김말, 느낌말, 풀이말 등으로 기능함을 보이고, 각 기능에 따른 특성을 개관하였다. 흉내말의 통어적 제약으로 대상어와 피수식어 선택 양상과 흉내말의 위치 제약을 살펴보았다. 흉내말에 따라 매우 다양한 대상어와 피수식어를 선택할 수 있는 개방적인 흉내말과 이들에 대한 선택이 매우 제한적인 흉내말이 있음을 알았다. 또 어찌씨 흉내말의 위치는 풀이말과의 선택 폭과 관련이 있음을 밝혔다. 즉 제한된 피수식어와만 어울릴 수 있는 흉내말은 수식하는 풀이말 바로 앞에 오는 것이 일반적이다.

다음은 실제 문헌 조사를 통해 수집한 흉내말 가운데 일부를 선택하여 개별 흉내말의 실제 쓰임새를 구체적으로 살펴보았다. 먼저 개별 흉내말의 피수식어와 대상어를 검토하였는데, 다양한 피수식어를 선택하는 경우에는 이들 피수식어에 공통적인 의미를 설정할 수 있는 경우도 있었다.

특히 홀·닿소리 대응형에 대해서도 같은 기준으로 비교하였다. 대응형들이 존재할 때, 사용 빈도 면에서 그 가운데 하나가 높은 빈도를 보이는 것이 일반적이다. 대응형들은 기본적으로 단순히 말맛의 차이를 갖기 보다, 실제 사용 면에서 형태·통어·의미·화용상의 차이를 보인다.

이 글에서 개별 흉내말의 통어적 검토는 흉내말의 일부를 검토하는 데 그쳤다. 흉내말 자료는 방대하여 이 자리에서 이를 다 다룰 여유가 없기 때문이다. 여기서는 그 가운데 표본을 설정하여 그 특성의 일단을 살펴본 것이다.

이와 같은 방법에 따라 전체 흉내말 하나하나에 대한 검토가 이루어져야 할 것이며, 국어사전에는 흉내말의 의미뿐만 아니라 중요한 통어정보도 함께 제공되어야 한다.

|제4장| 흉내말의 의미적 특성

1. 들어가기

이 장은 현대국어 흉내말의 의미 실현 양상을 살펴보려는 것이 목적이
다. 흉내말의 의미를 이루는 요소에는 다음과 같은 것들이 있다.

(1) **흉내말의 의미 실현 요소**
　① 자질 : 닿소리 교체(단단- / 딴딴- / 탄탄- ; 감감- / 깜깜- / 캄
　　　캄- ; 반반- / 빤빤- / 판판-)
　　　홀소리 교체(똥똥 / 뚱뚱 ; 반짝반짝 / 번쩍번쩍)
　② 음운 : 어말의 /-ㄱ/(강세, 정지), /-ㄴ/(흐름, 유연감), /-ㅁ/(계
　　　속감), /-ㅂ/(폐쇄감), /-ㅇ/(유려, 탄력감), /-ㅅ(/t/)/(경쾌감, 긴
　　　박감) 등
　③ 상징소 : '-실' - 둥둥 / 둥실둥실
　　　　　　　'-들' - 반반 / 반들반들
　　　　　　　'-적' - 끈끈 / 끈적끈적
　④ 반복 형식 : ㄱ. 몸을 <u>덜덜</u> 떨다[반복].
　　　　　　　　ㄴ. 사람들이 여기저기서 <u>벌떡벌떡</u> 일어났다[동시
　　　　　　　　　동작].
　　　　　　　　ㄷ. 나무에 사과가 여기저기 <u>주렁주렁</u> 달려 있다
　　　　　　　　　[복수의 대상].
　　　　　　　　ㄹ. 방이 <u>텅텅</u> 비었다[강조].

흉내말의 의미는 다양한 요소의 복합으로 이루어진다. 먼저 ①과 같이 국어의 흉내말은 '홀·닿소리 교체에 의해 말맛(어감)을 달리한다. 닿소리의 교체는 'ㄱ-ㄲ-ㅋ', 'ㄷ-ㄸ-ㅌ', 'ㅂ-ㅃ-ㅍ', 'ㅅ-ㅆ'의 삼지적 대응을 갖는데 이 글에서는 이것을 음소적 대응으로 파악하기보다는 이들이 공통적으로 '예사소리-된소리-거센소리'의 대립 관계를 갖고 있다는 점에서 음운론적 자질에 의한 의미 실현으로 보았다. 한편, 양성의 홀소리와 음성의 홀소리 대응도 말맛의 차이를 분화하는 데 참여한다. 현재 현대국어에서 양성의 홀소리 계열과 음성의 홀소리 계열의 대립을 구분하는 음운론적 자질이 규명되지 않은 상태이다.[1] 그러나 현대국어 화자라면 이들 대립쌍에 대해 분명하게 대응 의식을 갖고 있으며, 체계적으로 '말맛'의 차이를 가진다는 점에서 이를 '인상 자질'로 규정하고 닿소리 대응과 마찬가지로 '자질'에 의한 의미 실현으로 간주한다.

②는 개별 음운이 특정한 의미를 갖고 있다고 보는 것으로 음성상징 논의와 직접적으로 관련되는 부분인데, 주로 어말 닿소리의 음성상징이 주목되어 왔다. ③은 1음절 흉내형식에 '상징소'를 결합해서 2음절 흉내 뿌리를 형성함으로써 흉내말의 의미를 다채롭게 하는 것이다. ④는 흉내말의 구성 방식에 따른 의미 실현으로 도상성(iconicity)에 관련된 문제이다.

이렇게 흉내말의 의미가 다양한 요소의 결합으로 이루어진다고 할 때, 우리는 흉내말의 의미가 다음과 같은 구조로 이루어졌다고 가정할 수 있다.

---

[1] 현대국어 흉내말의 홀소리 교체는 일반적으로 다음과 같이 나타난다.

ㅣ		ㅟ		ㅡ		ㅜ	(높은홀소리)
ㅔ		ㅚ		ㅓ		ㅗ	(낮은홀소리)
ㅐ				ㅏ			

이를 보면 현대국어 흉내말의 홀소리 교체는 혀의 상대적인 높낮이에 의해 결정되는 듯하다. 그러나, 이러한 혀의 상대적 높낮이는 음운론적인 자연 부류로 묶을 수 없다는 점에서 논란의 대상이 되어왔다(이러한 논의에 대해서는 김영석(1994) 참조).

(2) **흉내말의 의미 구조(Ⅰ)**
[흉내말의 바탕의미] + [홀소리 대응의 말맛] + [닿소리 대응의
말맛] + [형식 의미]

이제 이 장에서는 이들을 하나하나 검토하여, 흉내말의 전체 의미가 어
떻게 구성되는지 좀더 자세히 살펴보도록 하겠다.

한편, 흉내말의 의미는 독자적으로 기술하기보다 서로 관련된 낱말을
고려하여 기술하는 것이 유용하다는 점에서 흉내말의 의미 상관 관계를
검토해 보도록 하겠다.

또, 흉내말이 언어 현장에서 사용될 때는 사전에 기술된 사전적 의미
외에 문맥에 따라 화용적 의미를 갖거나, 대상어, 피수식어 선택에 차이
를 보인다. 또한 관용적(상투적) 쓰임을 보이기도 하는데 이러한 양상을
살펴보도록 하겠다.

2. 음운적 층위의 의미 실현

2.1. 음운 대응에 의한 의미 실현

소리와 개념과의 관계에 대한 논의는 언어가 자연에 의해 지배되느냐
(자연론자) 혹은 규약에 의해 지배되느냐(관습론자) 하는 그리이스의 철학적
논쟁으로 거슬러 올라가 소쉬르(1916)에 이르기까지 언어 연구의 한 쟁점
이 되어 왔다.

실제 일반 화자들이 특정한 소리에 대해 느끼는 인상이 어느 정도 공
통적인 것은 사실이다. 우리는 흔히 '르'은 부드러운 것, 흐르는 것, 혹은
지속적인 것과 관련지으며, 'ㄱ'이나 'ㄷ' 소리에 대해서는 막힌 것, 딱딱

한 것 등을 연상한다. 이러한 생각은 얼핏 '술, 물, 꿀, 불'과 같은 낱말을 생각한다면 그럴 듯하지만, '칼', '돌'과 같은 낱말을 쉽게 찾을 수 있으므로 우리의 기대는 바로 어긋나게 된다. 그러나 명백한 자의적인 낱말들에도 불구하고 'ㄹ'이나 'ㄱ, ㄷ' 등의 소리 하나하나에 대해 우리가 갖는 인상마저 부인되는 것은 아니다.[2] 다만 개별 낱소리의 인상이 낱말의 의미에 그대로 반영되지 않을 뿐이다.

그러나 적어도 특수한 낱말 가운데에는 소리에 대한 인상이 낱말의 전체 의미를 결정하는 데에 관여한다고 생각해 왔고 우리의 흉내말이 그런 부류에 속한다. 그러나 휜들링그(1985 : 11)에 의하면 "한국어의 음성 집단은 서로 다른 모습을 나타내며 비슷한 내용을 지닌 의미적 분류(집단)에서는 상이한 음들이 현저하고, 이렇게 대응의 불확실한 현상은 한국어 상징어에 있어서 소리와 내용 사이의 관계에 대한 논제를 뒷받침할 수 없다"고 함으로써 흉내말에서의 '소리'와 '의미' 사이의 대응에 대한 막연한 인상이 객관적이지 못하다고 지적하였다. 사실 명백히 일반 낱말에서 파생된 것임을 알고 있는 많은 어휘들을 우리의 흉내말 목록에 포함시켰음에도 불구하고 우리의 자료에서 소리·의미의 대응 관계를 기대한다는 것은 어리석은 일인지도 모른다.[3]

---

2) 사피어(1921)의 'MAL-MIL' 테스트는 말소리에 대해 사람들이 느끼는 인상을 실험적으로 조사한 것이다. 예를 들어 한 쌍의 큰 물체와 작은 물체를 상정하고 여기에 임의의 낱말인 MAL과 MIL을 제시하여 피실험자로 하여금 어느 쪽의 물체에 그 이름이 적당한가를 묻는 것이다. 실험 결과는 응답자의 80%가 [a]를 가진 단어를 큰 물체에 연관시켰다 한다(채완, 1987). 이는 한국어 화자에게도 대개 일치되는 것으로 보인다.

3) 실제 소리흉내말에서조차 같은 의미군에 속하는 개의 울음소리가 '멍멍, 컹컹'과 같이 다르게 나타날 수 있는데, 이러한 차이가 소리와 의미와의 관계를 부정할 자료로 선택되었다면, 연구 결과가 의심스러울 수 있다. 어떤 대상에 대한 느낌은 한 방법만으로 표현할 수 있는 것이 아니다. 우리가 현재 모양흉내말로 인정하는 상당수의 낱말들이 명백히 일반 낱말에서 파생된 것이라는 점을 생각할 때, 고유한 흉내말과 이들을 포함한 분석은 타당한 분석 결과를 가져올 수 없을 것이다.
최근의 연구로, 김인화(1995 : 135~137)에서는 음성상징 체계에 근거하여 만든 가상의 전형적인 흉내말에 대해 설문조사를 통하여 모국어 화자가 나타내는 반응을 이러한 점에서 이 단원에서 우리가 하려는 것은 하나하나의 음소가 갖고 있는 절대적 음성상징론이 아니라 흥내말의 음운론적 대응 관계에서 나타나는 의미 기능(상대적 음성상징)을 살펴보려는 것이다. 이는 흥내말의 의미가 하나하나 독립적으로 해석되기보다는 상대적인 가치에 의해 결정된다고 보기 때문이다.

2.2. 홀소리 대응의 의미 기능

홀소리의 의미 실현에 대해서는 크게 두 가지 측면에서 살펴볼 수 있다. 하나는 개별 홀소리가 갖는 고유한 의미 자질이며, 다른 하나는 홀소리 대응 사이에 나타나는 상대적 의미 자질이다.

낱낱의 홀소리가 갖는 자질에 대해서 양주동(1942 : 221)은 다음과 같이 제시하였다.

(3) 양주동(1942), 『조선고가연구』 : 모음의 청각 인상
　ㅏ - 서술, 의문,　　　　ㅜ - 사역
　ㅓ - 감탄, 접속,　　　　ㅣ - 조사, 부사
　ㅗ - 아어(雅語),　　　　ㆍ - 조음(調音)

그러나 엄밀한 의미에서 이것은 형태소에 나타난 홀소리를 그 형태소의 기능에 따라 분류한 것이지 우리가 말하는 홀소리의 의미 기능이라 말할 수는 없다.

한편, 최범훈(1995)에서는 홀소리의 청각 인상을 다음과 같이 제시하고 있다.

살펴보았다. 그 결과, 음성상징의 전형적인 형태가 모국어 사용자의 음감인지 체계와 유사함을 보인다고 하였다.

(4) **최범훈(1985), 홀소리의 청각 인상**

　　ㅏ - 확대감,　　　　　　ㅜ - 둔탁감
　　ㅓ - 협소감,　　　　　　ㅡ - 유연감
　　ㅗ - 응축감,　　　　　　ㅣ - 장형감

　이는 우리가 말하는 홀소리의 절대 음성상징이라 하겠는데[4] 이들 개별 음소에 대한 청각 인상이 흉내말의 의미 형성에 반영되는지는 의문이다.

　우리에게 보다 확실히 인지되는 것은 양성홀소리와 음성홀소리 군의 대응 사이에서 느껴지는 말맛의 차이이다.

　이에 대한 선구적인 연구는 정인승(1938)이다. 편의상 제1장 5절에서 제시한 표를 다시 보이기로 하겠다.

〈표 8〉 정인승(1938), 모음 상대표

광협상대 ＼ 대소상대	저모음류 (작은 어감)				고모음류 (큰 어감)			
넓은 어감 (전설음류)	ㅏ	ㅐ	ㅑ	ㅘ	ㅙ	ㅗ	ㅚ	ㅛ
좁은 어감 (후설음류)	ㅗ ㅡ ㅣ	ㅔ ㅓ ㅣ	ㅕ	ㅓ	ㅔ	ㅜ	ㅟ	ㅠ

　이러한 말맛의 분화에 대한 정인승(1938)의 관찰은, 일부 용어가 수정된 것을 제외하고는 기본 태도의 변화 없이 지금까지 그대로 받아들여져 왔다. 다음 표는 이를 보다 구체적인 의미 자질로 분류한 것이다.

---

4) '제1장 5절. 앞선 연구'에서 든 『훈민정음』의 상징론도 절대 음성상징의 부류에 속한다.

〈표 18〉 흉내말 홀소리의 말맛

양성의 홀소리 계열	음성의 홀소리 계열
밝음	어두움
가벼움	무거움
작음	큼
예리함	둔함
엷음	두터움
빠름	더딤
강함	약함
맑음	탁함

이러한 대응 인상은 한국어 화자에게는 보편적인 것 같다. 그러나 말맛의 전통적인 해석에 대해 글쓴이는 다소 다른 방안을 제시하고자 한다. 첫 번째 의문은 먼저 양성의 홀소리 계열과 음성의 홀소리 계열의 의미가 앞의 표에서 보이는 것 같이 상대적인가 하는 점이며, 둘째는 이와 관련하여 홀소리의 상대적 말맛을 위와 같이 다양한 의미 자질로 기술할 것이 아니라 이를 포괄할 수 있는 하나의 의미 자질을 설정할 수 있지 않을까 하는 점이다.

먼저 다음의 흉내말을 검토해 보자.

(5) ㄱ. 반짝반짝 / 번쩍번쩍 : 깜깜하다 / 껌껌하다
　　ㄴ. 나울나울 / 너울너울 : 목직하다 / 묵직하다
　　ㄷ. 홀쪽하다 / 훌쭉하다 : 발랑 / 벌렁
　　ㄹ. 뾰족 / 뿌죽 : 몽똑 / 뭉뚝
　　ㅁ. 바짝 / 버쩍 : 도톰 / 두툼
　　ㅂ. 발딱 / 벌떡 : 살금살금 / 슬금슬금

(5ㄱ)의 '반짝반짝 / 번쩍번쩍'은 홀소리의 음양에 관계 없이 모두 밝은 모습을 나타내고 '깜깜하다 / 껌껌하다'는 모두 어두운 모습을 나타낸다. 만약 양성의 홀소리가 '밝음'을 음성의 홀소리가 '어두움'의 의미를 갖는 것이라면 '번쩍번쩍'과 '깜깜하다'는 흉내말의 의미상 빈칸5)으로 나타나

야 하나 그렇지 않다. (5ㄴ)의 '나울나울 / 너울너울'은 모두 가볍게 날리는
모습을 나타내고, '목직하다 / 묵직하다'는 모두 '무거움'의 의미를 갖는데,
양성의 홀소리라 하여 가볍고 음성의 홀소리라 하여 무거운 것을 의미하
지는 않는다. 마찬가지로 홀소리의 음양성에 관계 없이 (5ㄷ)은 모두 작은
모습을, '발랑 / 벌렁'은 모두 '크게' 뒤로 자빠지는 모습을 나타낸다. (5ㄹ)
'뾰죽'은 음성의 홀소리라 하여 둔탁하지 않으며 '몽똑'은 양성의 홀소리
라 하여 '예리함'의 어감을 갖지 않는다. (5ㅁ)의 '바짝 / 버쩍'은 모두 '얇
음'을 '도톰 / 두툼'은 모두 두꺼운 대상을 나타낸다. (5ㅂ)의 '발딱 / 벌떡'
은 음양에 관계 없이 모두 빠른 동작을 나타내며, 반대로 '살금살금 / 슬금
슬금'은 '더딤'을 바탕의미로 한다.

물론 위의 표에 제시된 홀소리의 대응이 갖는 의미 기능은 절대 의미
가 아니라 대응하는 흉내말 사이의 상대적인 말맛의 차이를 나타내는 것
이다. 그러므로 양성의 '반짝반짝'과 '번쩍번쩍'에서 이들은 모두 [밝음]을
바탕의미로 갖지만 '반짝반짝'에 비해 '번쩍번쩍'은 더 반짝이는, 즉 그
불빛도 더 크고 멀리 뻗쳐 간다는 인상을 받으며, 마찬가지로 '깜깜하다'
와 '껌껌하다'는 모두 어두움을 의미하지만 '깜깜하다'에 비해 '껌껌하다'
는 상대적으로 더 어두운 모습을 떠올리게 된다. '발랑 / 벌렁'에서도 '벌
렁'은 '발랑'보다 더 크게 자빠지는 모습이며, '도톰 / 두툼'은 모두 [두꺼
움]을 바탕의미로 하는데 '두툼'은 '도톰'에 비해 더 두꺼운 것을 연상하
게 된다.

이렇게 볼 때, 글쓴이는 홀소리 대응상에 나타나는 말맛의 차이를 여러
가지 의미로 기술하기보다 공통된 의미 자질로 [강조]를 설정할 수 있다고
본다. 즉 양성의 홀소리가 [−강조]인 데 반해 이에 대응하는 음성의 홀소
리는 [+강조]가 되는 것을 말맛 대응의 기본 원리로 본다. 그러므로 홀소
리의 대응쌍을 갖는 흉내말에서 양성의 홀소리를 갖는 흉내말은 [−강조]

---

5) 이에 대해서는 다음 5장 '흉내말의 체계적 특성'에서 자세히 다루기로 하겠다.

로 무표적인 데 반해, 그에 대응하는 음성의 홀소리를 갖는 흉내말은 양성
의 흉내말에 대해 '강조'의 뜻을 더 갖는 것이다. 즉 양성의 '반짝반짝'에
대해 음성의 '번쩍번쩍'은 '매우 반짝이는'의 의미를, 양성의 '깜깜하다'에
대해 음성의 '껌껌하다'는 '매우 깜깜하다'의 의미를 갖는 것으로 해석하는
것이다.

이러한 해석이 타당한지는 다음과 같은 사실에서 알 수 있다.

첫째, 앞의 <표 18>에서 제시된 말맛의 선택이 흉내말에 따라 다르다
는 점이다. 예를 들어 '깜깜하다 / 껌껌하다'에서는 어두움의 정도에 대한
말맛의 차이는 갖지만 '작음 / 큼', '가벼움 / 무거움' 등 그 밖의 자질에 대
해서는 비관여적이다. 둘째, '칼칼하다'와 '컬컬하다' 역시 홀소리 대응에
따른 말맛의 차이를 갖는데, <표 18>에 제시된 말맛에는 이에 해당하는
것이 없다. 실제 우리가 흉내말의 대응하는 말맛을 <표 18>에서처럼 개
개의 자질로 표시하고자 한다면 그 수는 훨씬 많아야 할 것이며 실제 그
수가 얼마가 될지조차 알 수 없다. 그러나 홀소리 대응의 의미 기능을
[강조]의 유무에 둔다면 이를 간단히 기술할 수 있다.

『우리말 큰사전』에는 '칼칼하다'와 '컬컬하다'를 다음과 같이 뜻풀이하
고 있다

> (6) ㄱ. 칼칼하다 – 목이 말라서 물이나 술따위를 마시고 싶은 생각
> 이 간절하다.
> ㄴ. 컬컬하다 – 목이 <u>매우</u> 말라서 물이나 술따위를 마시고 싶은
> 생각이 간절하다.

이러한 뜻풀이는 지금까지 글쓴이가 주장한 것과 맥락을 같이 한다. 이
로써 홀소리 대응의 말맛은 음성의 홀소리를 가진 흉내말이 양성의 홀소
리를 가진 흉내말에 대해 상대적으로 '강조'의 의미를 갖고 있다고 설명
하는 것이 타당함을 알 수 있다.

그러므로 우리는 흉내말의 의미 실현이 일차적으로 흉내말의 바탕의미

에 홀소리 대응에 의한 상대적인 말맛의 결합으로 이루어진다고 할 수
있다. 그러나 이때 흉내말의 의미 구조는 '[흉내말의 바탕의미] + [±홀소
리 말맛(강조)]'과 같이 단선적으로 이루어지는 것이 아니라 '홀소리 말맛'
이 흉내말의 '바탕의미'에 얹혀서 실현된다고 본다.

국어는 흉내말 외에, '-았/었-'이나 '-아/어' 등과 같은 문법 형태
소에서도 홀소리 대응 현상을 볼 수 있다. 그러나 흉내말에서의 홀소리
대응과 달리, 이들은 대응하는 음양의 차이에 따라 다른 문법 기능을 보
이지 않을 뿐 아니라, 흉내말과 같은 말맛의 차이를 갖지도 않는다.6) 이
것은 '-았/었-'이나, '-아/어'는 문법 형태소로서 이에 얹혀서 실현될
만한 어휘적 의미가 없기 때문이라 생각한다. 이는 홀소리 대응에 의한
말맛의 차이가 독자적으로 기능하는 것이 아니라 바탕의미에 얹혀 실현
되는 것임을 뒷받침하는 것이다. 그러므로 우리는 일차적으로 다음과 같
이 흉내말의 의미 구조를 설정할 수 있는데, 이는 비단선적인 의미구조라
할 만하다.

(7) 흉내말의 의미 구조(2)
[흉내말의 바탕의미] [±홀소리 말맛(강조)]

물론 글쓴이는 여기서 <표 18>에서 보인 대응하는 홀소리의 말맛을
완전히 부정하려는 것은 아니다. 다만 이것은 '강조'의 속성으로부터 부차
적으로 도출되는 소리 인상이라 생각된다.

---

6) '-었-'이 결합한 형식이 '-았-'이 결합한 형식보다 더 먼 과거라든가 하는 용
법은 없다.

2.3. 닿소리 대응의 의미 기능

2.3.1. '예사소리-된소리-거센소리' 대응의 의미 기능

닿소리 대응에 의한 말맛의 차이는 크게 두 가지로 나누어 살펴볼 수 있다. 하나는 주로 첫소리에서 체계적으로 갖는 '예사소리-된소리-거센소리'의 대응에 의한 상대적 말맛의 차이이며, 다른 하나는 어말 닿소리 받침의 갈음에 의한 말맛의 분화이다.

정인숭(1938)에서는 '예사소리-된소리-거센소리'의 말맛의 차이를 그의 자음가세표에서 각각 '예사어감, 센어감, 거센어감'으로 구분하였다.[7] 실제 각 음소간의 대응에서 이러한 인상은 한국어 화자라면 공통적으로 느끼는 것 같다. 다만 이러한 말맛이 실제 흉내말의 대응에서도 그대로 반영되는지가 문제이다.

먼저 예사소리와 된소리의 흉내말을 비교해 보도록 하겠다.

> (8) ㄱ. 단단하다 - 딴딴하다
> ㄴ. 반들반들 - 빤들빤들
> ㄷ. 반짝반짝 - 빤짝빤짝
> ㄹ. 고불고불 - 꼬불꼬불
> ㅁ. 동글동글 - 똥글똥글

'예사소리' 대 '된소리'의 비교에서 된소리를 갖는 흉내말은 예사소리를 갖는 흉내말이 갖는 중심 속성을 강조하는 것으로 판단된다. 즉, '딴딴하다'는 '단단하다'에 비해 좀더 굳은 상태를, '빤들빤들'은 '반들반들'에 대해 더 미끄러운 상태를, '빤짝빤짝'은 '반짝반짝'에 대해 더 밝게 빛나는 모습을 나타낸 흉내말로 인식된다. 마찬가지로 '똥글똥글'은 '동글동

---

7) 허웅(1985:591)에서는 약한 /ㄱ, ㄷ, ㅂ, ㅈ, ㅅ/ 따위에 대하여 된 /ㄲ, ㄸ, ㅃ, ㅉ, ㅆ/나, 거센 /ㅋ, ㅌ, ㅍ, ㅊ/ 따위는 센(강한) 느낌을 나타낸다고 보았다.

글'에 대해 '아주 둥근'의 의미를 갖는 것 같다.

정인승(1938)에서 제시한 '센어감'은 개별 음소에 대한 인상으로는 받아들일 수 있지만 흉내말의 '예사소리−된소리' 대응에서 보이는 말맛의 차이를 기술하는 자질로는 다소 부적절해 보인다. 글쓴이는 (8)의 대응 결과를 통해 흉내말에서 예사소리에 대한 된소리의 말맛을 [강조]의 실현으로 파악한다. 그러나 글쓴이는 앞에서 양성의 홀소리에 대해 음성의 홀소리가 갖는 말맛을 '강조'의 실현으로 보았으므로 '된소리'의 의미 실현을 다시 '강조'라고 하는 것은 다소 문제의 여지가 있을지 모른다. 그러나 홀소리 대응에 의해 실현되는 '강조'와 된소리에 의한 '강조'는 그 강조하는 영역이 각각 다른 것 같다.

> (9) ㄱ. 반짝반짝 − 번쩍번쩍
>   빤짝빤짝
>   ㄴ. 고불고불 − 구불구불
>   꼬불꼬불
>   ㄷ. 동글동글 − 둥글둥글
>   똥글똥글

(9ㄱ)의 '반짝반짝'에 대해 '번쩍번쩍'은 더 크게 빛남을, '고불고불'에 대해 '구불구불'은 굽이가 더 크게 진 모습을, '동글동글'에 대해 '둥글둥글'은 더 크게 둥근 모습을 각각 나타내는 것으로 판단된다. 그러므로 여기서 홀소리가 관여하는 것은 '크기'에 대한 강조이다. 이에 반해, '빤짝빤짝'은 '반짝반짝'에 대해 '빛의 세기'가 더함을, '고불고불'에 대해 '꼬불꼬불'은 '굽침의 정도'가 더 조밀함을, '동글동글'에 대해 '똥글똥글'은 '동그란 정도'가 더욱 정밀함을 강조한 것으로 판단된다. 즉 (9)의 보기에서 양성의 홀소리에 대해 음성의 홀소리가 '크기'를 강조했다면, 된소리는 대상의 '밀도'나 '정밀성'을 강조했다고 할 수 있다.

이와 같이 양성의 홀소리에 대한 음성의 홀소리나 예사소리에 대한 된소리 대응이 갖는 말맛의 기능은 모두 '강조'로 볼 수 있는데, 그 강조

영역이 달라서 홀소리는 <표 18>에서 제시된 자질들을 강조하며, 된소리
는 '굳음, 질김, 켕김' 등과 같은 대상의 '정밀성'이나 밀도'를 강조하는
것으로 판단된다. 그러므로 된소리의 주된 의미 기능은 강조(밀도가 높음,
정밀함)이며 정인승(1938)에서 제시한 센어감은 부차적인 소리 인상으로 파
악된다.

정인승(1938)에서는 '거센소리'의 의미를 '거센어감'이라 하였는데 이러
한 자질이 흉내말의 대응에서도 그대로 나타나는가 살펴보도록 하겠다.

(10) ㄱ. 뚱뚱하다 ─ 퉁퉁하다
     ㄴ. 땡땡하다 ─ 탱탱하다
     ㄷ. 꾹   ─ 쿡(찌르다)
     ㄹ. 빡빡   ─ 팍팍
     ㅁ. 빤들빤들 ─ 판들판들

(10ㄱ)에서 거센소리의 '뚱뚱하다'에 대해 '퉁퉁하다'는 살이 쪘음을 나
타내는 중심의미(바탕의미)는 같으나 '뚱뚱하다'에 대해서는 단단하며 가지
런한 느낌을 받는 데 반해 '퉁퉁하다는'에서는 단단하다는 느낌보다는 부
운 모습이 더 쉽게 연상된다.[8] (10ㄴ)의 '땡땡하다'는 단단하고 가지런한
느낌을 받는 데 반해 그 거센소리 대응쌍인 '탱탱하다'는 거친 느낌을 받
는다. 마찬가지로 된소리의 '꾹'과 '뼁글뼁글'이 가지런하게 힘을 주어 찌
르거나 고르게 도는 모습을 나타내는 데 반해, '쿡'은 마구 함부로 찌르
는 모습을 '펑글펑글'은 다소 불규칙하거나 불안정하게 도는 모습을 나타
내는 것으로 판단된다. 이러한 예들을 볼 때, 거센소리는 다소 정밀하지
못하거나 거친 움직임의 인상을 받는다.[9]

다음은 예사소리와 거센소리의 대응을 갖는 흉내말을 비교해 보기로
하겠다.

---

8) 몸이 퉁퉁 /*뚱뚱 붓다.
9) '꾹 찌르다'에 대해 '쿡 찌르다'는 정성 없이 마구 찌르는 인상을 받는다.

(11) ㄱ. 빙빙   – 핑핑(돌다)
    ㄴ. 줄렁줄렁 – 출렁출렁
    ㄷ. 부석부석 – 푸석푸석
    ㄹ. 부슬부슬 – 푸슬푸슬
    ㅁ. 부들부들 – 푸들푸들

(11ㄱ)의 '핑핑'은 예사소리의 '빙빙'이 가지런하게 도는 데 반해 '마구, 정신이 없이'의 의미를 갖는 것 같으며, (11ㄴ)의 '줄렁줄렁'은 물이 가볍게 움직임을 뜻하는 데 반해, '출렁출렁'은 물이 마구 거세게 흔들리는 모습을 뜻하다. (11ㄷ, ㄹ, ㅁ)도 마찬가지로 거센소리를 가진 흉내말은 예사소리를 가진 흉내말에 대해서 상대적으로 가지런하지 못하여 성기거나 거친 인상을 준다.

이 밖에 여러 대응쌍을 검토해 본 결과 '거센 소리'의 말맛은 '거침, 거셈, 가지런하지 않음, 성김' 등을 갖는 것으로 판단된다. 그리고 이 가운데 이들을 포괄할 수 있는 대표 의미를 잡는다면 '거침'을 들 수 있을 것이다.

홀소리 대응의 의미가 바탕의미에 얹혀서 실현되었듯이 닿소리 대응에 의한 말맛의 차이도 단독으로 존재하는 것이 아니므로 바탕의미에 얹혀서 실현된다고 본다. 그리하여 흉내말의 의미 구조는 다음과 같이 수정할 수 있다.

(12) 흉내말의 의미 구조(3)
    [흉내말의 바탕의미] [±홀소리 말맛(강조)] [±된소리 말맛(강조)] [±거센소리 말맛(거침)]

2.3.2. 어말 닿소리 대응의 의미 기능

지금까지 음성상징의 측면에서 하나의 닿소리가 갖는 절대적 상징성은 첫소리보다 끝소리에 주목해 왔다. 이는 흉내말 끝소리의 분포가 일반 낱말과 다른 양상을 보이며, 흉내말의 의미를 결정하는 데 큰 역할을 담당하고 있다고 생각되었기 때문이다.

유재원(1985 : 805)의 『우리말 역순사전』에 실린 현대국어 어말 홀·닿소리의 빈도를 보면 "ㅣ(26.7%) > ㅏ(14.7%) > ㄹ(10.1%), ㄱ(7.9%), ㅇ(5.6%), ㅁ(5.2%)……" 순으로 우리말은 홀소리로 끝나는 경우가 가장 많다. 이에 반해 김홍범(1995 : 23)의 조사에 따르면, 2,456개의 흉내말에서 끝소리는 "ㄱ (1001) > ㅇ(467) > ㄹ(431) > ㄷ(165), Ø(165) > ㄴ(135) > ㅁ(89) > ㅂ(3)"의 빈도수를 차지한다. 여기서 'ㄱ'으로 끝나는 흉내말만도 48%로 전체 흉내말의 약 반정도가 'ㄱ'을 끝소리로 가지며, 'ㄱ, ㅇ, ㄹ'으로 끝나는 흉내말이 전체의 77.3%를 차지한다.

흉내말의 이러한 특징은 자연히 어말 닿소리의 음성상징적 가치에 주목하게 하는 요인이 되었다. 이를 표로 보이면 다음과 같다.

〈표 19〉 흉내말 어말 닿소리의 음성상징

연구자 \ 어말닿소리	－ㄱ	－ㄴ	－ㄹ	－ㅁ	－ㅂ	－ㅅ (/t/)	－ㅇ
양주동 (1942)	强勢			繼續		緊縛	流麗
Martin (1962)	abrupt	light	smooth	spread		fine	round
남풍현 (1965)				含蓄感	吸引感	輕快感＋斷續感	
Fabre (1967)	정지		흐름				울림
최범훈 (1985)	停止感	流麗感	流麗感	繼續感	閉鎖感	緊迫感	彈力感

흉내말의 첫 음절이 매우 다양한 종류를 갖는 데 반해 끝 음절의 종류가 한정된다는 것을 2장에서 살펴보았거니와 끝 음절 끝소리에 있어서도 특정 음소에 대한 기능부담량이 높게 나타난다. 이에 개별 음소에 대한

음상징에 대한 기대도 첫소리 자리에서보다 끝소리 자리에서 더 컸던 것이라 생각된다.

이에 반해, 어말의 닿소리가 첫소리처럼 대응한다는 사실에 대해서는 별로 주목하지 못했다.[10] 우리는 흉내말의 의미가 체계적으로 구성된다고 보고 그것은 첫소리의 '예사소리-된소리-거센소리'의 대응과 음양의 홀소리 대응 외에 어말의 닿소리가 대응한다는 사실에 관심을 갖고자 한다. 김홍범(1995 : 104)에서 어말 닿소리의 대응으로 어감을 분화한다는 사실이 지적되긴 했으나 그 의미 특성을 제시하지는 않았다.

흉내말 끝소리의 대응 양상은 매우 다양한데 여기서는 대표적인 'ㄱ : ㅇ', 'ㄹ : ㅅ'을 살펴보도록 하겠다.[11] 그 목록을 제시하면 다음과 같다.

[1] ㄱ : ㅇ

간닥간닥 / 간당간당	근덕근덕 / 건덩건덩
달그락 / 달그랑	덜그럭 / 덜그렁
달까닥 / 달까당	덜꺼덕 / 덜꺼덩
달깍 / 달깡	덜꺽 / 덜껑
달카닥 / 달카당	덜커덕 / 덜커덩
달칵 / 달캉	덜컥 / 덜컹

---

10) 김홍범(1995)에서는 끝소리의 음절 바꾸기에 의해 어감의 차이가 생긴다는 점에 주목하여 이를 다섯 가지 부류로 나누었다.
① 끝 음절의 첫소리 바꾸기에 의한 어감 차이-고부랑고부랑 / 고부장고부장, 꼼실꼼실 / 꼼질꼼질
② 끝 음절의 끝소리 바꾸기에 의한 어감 차이-가뿐가뿐 / 가뿟가뿟, 고불고불 / 고붓고붓
③ 끝 음절의 첫소리, 가운데 소리 바꾸기에 의한 어감 차이-꺼칠꺼칠 / 꺼슬꺼슬, 나울나울 / 나탈나탈
④ 끝 음절의 가운데 소리, 끝소리 바꾸기에 의한 어감 차이-건둥건둥 / 건들건들, 곰작곰작 / 곰질곰질
⑤ 끝 음절의 첫, 끝소리 바꾸기에 의한 어감 차이-나울나울 / 나푼나푼, 녹실녹실 / 녹진녹진
11) 이 밖에 'ㄱ : ㄹ', 'ㄴ : ㅅ', 'ㄴ : ㄹ', 'ㅁ : ㅅ'의 대응을 볼 수 있다(김홍범, 1995 : 105~106 참조).

딸가닥 / 딸가당
딸각 / 딸강
딸그락 / 딸그랑
딸까닥 / 딸까당
딸깍 / 딸깡
발록발록 / 발롱발롱
보독보독 / 보동보동
볼각볼각 / 볼강볼강
속닥속닥 / 송당송당
쏙닥쏙닥 / 쏭당쏭당
아득아득 / 아등아등
아로록다로록 / 아로롱다로롱
알락알락 / 알랑알랑
알로록알로록 / 알로롱알로롱
올각올각 / 올강올강
왈각 / 왈강
왈칵 / 왈캉
잘가닥 / 잘가당
잘각 / 잘강
잘그락 / 잘그랑
잘까닥 / 잘까당
잘깍 / 잘깡
잘바닥 / 잘바당
잘박 / 잘방
잘카닥 / 잘카당
잘칵 / 잘캉
졸막졸막 / 졸망졸망
짤가닥 / 짤가당
짤각 / 짤강
짤그락 / 짤그랑
짤까닥 / 짤까당
짤깍 / 짤깡
짤카닥 / 짤카당
짤칵 / 짤캉
찰각 / 찰강

떨거덕 / 떨거덩
떨걱 / 떨겅
떨그럭 / 떨그렁
떨꺼덕 / 떨꺼덩
떨꺽 / 떨껑
벌룩벌룩 / 벌룽벌룽
부둑부둑 / 부둥부둥
불걱불걱 / 불겅불겅
숙덕숙덕 / 숭덩숭덩
쑥덕쑥덕 / 쑹덩쑹덩
으득으득 / 으등으등
어루룩더루룩 / 어루룽더루룽
얼럭얼럭 / 얼렁얼렁
얼루룩얼루룩 / 얼루룽얼루룽
울걱울걱 / 울겅울겅
월걱 / 월겅
월컥 / 월컹
절거덕 / 절거덩
절걱 / 절겅
절그럭 / 절그렁
절꺼덕 / 절꺼덩
절꺽 / 절껑
절버덕 / 절버덩
절벅 / 절벙
절커덕 / 절커덩
절컥 / 절컹
줄먹줄먹 / 줄멍줄멍
쩔거덕 / 쩔거덩
쩔겅 / 쩔겅
쩔그럭 / 쩔그렁
쩔꺼덕 / 쩔꺼덩
쩔꺽 / 쩔껑
쩔커덕 / 쩔커덩
쩔컥 / 쩔컹
철걱 / 철겅

찰가닥 / 찰가당	철거덕 / 철거덩
찰카닥 / 찰카당	철커덕 / 철커덩
찰칵 / 찰캉	철컥 / 철컹
찰까닥 / 찰까당	철꺼덕 / 철꺼덩
찰깍 / 찰깡	철꺽 / 철껑
찰바닥 / 찰바당	철버덕 / 철버덩
찰박 / 찰방	철벅 / 철벙
찰카닥 / 찰카당	철커덕 / 철커덩
찰칵 / 찰캉	철컥 / 철컹
탈가닥 / 탈가당	털거덕 / 털거덩
탈각 / 탈강	털걱 / 털겅
탈바닥 / 탈바당	털버덕 / 털버덩
탈박 / 탈방	털벅 / 털벙
탈칵 / 탈캉	털컥 / 털컹
팔라닥 / 팔라당	펄러덕 / 펄러덩
팔락 / 팔랑	펄럭 / 펄렁
포드득 / 포드등	푸드득 / 푸드등
폴락 / 폴랑	풀럭 / 풀렁

가장 높은 빈도를 보이는 것은 어말의 'ㄱ : ㅇ'의 대응으로 모두 '59×2'를 수집했다.[12] 이들의 대응 빈도가 가장 높게 나타나는 것은 흉내말의 끝소리 빈도수에서 'ㄱ'과 'ㅇ'이 가장 높은 것과 무관하지 않을 것이다.

이들 대응쌍은 다음 '5×2'쌍을 제외하고는 모두 소리흉내말이거나 소리/모양흉내말이다. 그러므로 어말 닿소리의 대응은 소리흉내말의 특성으로 볼 수 있다.

(13) 간닥간닥 / 간당간당	근덕근덕 / 근덩근덩
발록발록 / 발롱발롱	벌룩벌룩 / 벌룽벌룽

---

12) 다만, 이 가운데 '보독보독 / 보동보동 ; 부둑부둑 / 부둥부둥, 아득아득 / 아등아등 ; 으득으득 / 으등으등, 알락알락 / 알랑알랑 ; 얼럭얼럭 / 얼렁얼렁, 올각올각 / 올강올 강 ; 울걱울걱 / 울겅울겅'은 지적의미가 다르므로 단순히 말맛을 달리하는 대응쌍 이라고 할 수 없으나 목록에는 넣어 두었다.

볼각볼각 / 볼강볼강   불컥불컥 / 불겅불겅
알로록알로록 / 알로롱알로롱   얼루룩얼루룩 / 얼루룽얼루룽
졸막졸막 / 졸망졸망   줄먹줄먹 / 줄멍줄멍

(13)의 모양흉내말의 비교에서, 'ㄱ'을 끝소리고 갖고 있는 흉내말에 대해 'ㅇ'을 끝소리로 갖고 있는 흉내말은 상대적으로 부드럽고 가벼운 동작을 나타내는 것으로 보인다. 그러므로 모양흉내말에서 어말의 'ㄱ'과 'ㅇ'의 관계는 '움직임의 세기' 면에서 상대적인 차이를 갖는 것으로 판단된다. 여기서는, 'ㄱ'에 대해 'ㅇ' 끝소리를 [여림]이라 하겠다.

(14) 달각 / 달깡   덜컥 / 덜껑
     왈각 / 왈강   월컥 / 월껑
     잘박 / 잘방   절벅 / 절벙
     짤칵 / 짤캉   쩔컥 / 쩔컹
     찰박 / 찰방   철벅 / 철벙
     탈박 / 탈방   털벅 / 털벙

소리흉내말에서 'ㄱ : ㅇ'의 의미 기능 차이는 매우 분명하여, 'ㄱ'을 끝소리로 갖는 소리흉내말은 울림이 없이 순간적으로 끝나는 소리를 모방한 것인 데 반해, 'ㅇ'으로 끝나는 소리흉내말은 소리가 울려 여운이 있을 때 사용한다. 그러므로 소리흉내말에서 'ㄱ'에 대한 'ㅇ'의 기능을 [울림]이라 하겠다.

[2] ㄹ : ㅅ
     가불가불 / 가붓가붓   거불거불 / 거붓거붓
     가칠가칠 / 가칫가칫   거칠거칠 / 거칫거칫
     꼬불꼬불 / 꼬붓꼬붓   꾸불꾸불 / 꾸붓꾸붓
     노글노글 / 노긋노긋   누글누글 / 누긋누긋
     반들반들 / 반듯반듯   번들번들 / 번듯번듯
     방글 / 방긋   벙글 / 벙긋
     뱅글 / 뱅긋   빙글 / 빙긋

빵글 / 빵긋	뻥글 / 뻥긋
빵실 / 빵싯	뻥실 / 뻥싯
뺑글 / 뺑긋	삥글 / 삥긋
뺑실 / 뺑싯	삥실 / 삥싯
생글 / 생긋	씽글 / 씽긋
쌍글 / 쌍긋	썽글 / 썽긋
쌩글 / 쌩긋	씽글 / 씽긋
옴칠 / 옴칫	움칠 / 움칫
자글자글 / 자긋자긋	지글지글 / 지긋지긋

'ㄱ : ㅇ'의 대응쌍이 대부분 소리흉내말이었던 데 반해, 끝소리에서 'ㄹ : ㅅ'의 대응을 보이는 흉내말은 대부분 모양흉내말이다. 이 둘의 의미 차이도 제법 분명한 것 같다. 'ㄹ'을 끝소리로 갖는 흉내말은 그 동작이 완전한 형태를 갖추고 있음을 의미하는 데 반해 대응하는 'ㅅ'으로 끝나는 흉내말은 그러한 동작이나 상태가 완전히 이루어지지 못하고 '-은 듯하게' 정도의 의미를 갖는 것으로 인식된다. 그래서 '까칠까칠'에 대해 '까칫까칫'은 '까칠한 듯하다'나 '조금 까칠까칠하다' 정도의 의미로 받아들여 진다. '노글노글'에 대해 '노긋노긋'도 마찬가지이다.

'ㄹ : ㅅ'의 대응을 보이는 흉내말로는 특히 웃음에 관련된 어휘가 많다. '방긋방긋'과 '생긋생긋'에 대해 '방글방글'과 '생글생글'은 보다 스스럼없이 웃는 모습을 흉내낸 말로 판단된다. 이러한 관계에 따라 'ㄹ'에 대한 'ㅅ'의 의미 기능을 [듯함]이라 하겠다.[13]

---

13) 이 밖에 '덜컹 / 덜커덩'과 같은 내적 확장으로 표현을 다채롭게 하거나, '꼭 / 꼬옥'처럼은 길이 교체에 의한 '강조' 표현도 흉내말의 의미를 구성하는 음운론적 요소이다.

3. 형식에 의한 의미 실현

흉내말은 특정한 낱소리나 음운 대응 등의 음운론적 방법에 의한 의미 실현 외에, 형식적인 방법을 이용하여 의미를 실현하기도 한다. 가장 대표적인 형식적인 방법은 반복 구성에 의한 것인데, 다음과 같이 다섯 가지 정도의 의미를 갖는 것으로 보인다.

[1] 반복

'반복'은 흉내말의 반복구성이 갖는 가장 대표적인 의미 기능이다. 이는 흉내말의 반복형식이 그대로 동작이나 소리의 반복을 표현하는 데 반영되는 것이다.

(15) ㄱ. 토끼가 <u>깡충</u> 뛰었다.
　　 ㄴ. 토끼가 계속 <u>깡충깡충</u> 뛰었다.
(16) ㄱ. 콩쥐가 팥쥐를 <u>톡</u> 쳤다.
　　 ㄴ. 콩쥐가 팥쥐를 자꾸 <u>톡톡</u> 쳤다.
(17) ㄱ. 팥쥐는 고개를 <u>끄덕</u>하였다.
　　 ㄴ. 팥쥐는 고개를 <u>끄덕끄덕</u>하였다.

(15ㄱ)에서 '깡충'은 한 번 펄쩍 힘 있게 뛴 모양을 의미하는데 그 반복형식인 '깡충깡충'은 뛰는 동작을 반복해서 계속하고 있음을 뜻한다. (16ㄱ)의 '톡'은 한 번 가볍게 슬쩍 친 모양을 흉내낸 말인데 (16ㄴ)의 '톡톡'은 반복해서 치는 모습을 나타낸다. (17ㄱ)의 단순형식 '끄덕'은 고개를 한 번 숙였다 든 모습을 나타내며 그 반복형식인 '끄덕끄덕'은 그러한 동작이 반복적으로 이루어지고 있음을 의미한다.

[2] 복수의 동작(동시동작)

움직임의 시작점과 끝나는 점이 다른 모습을 흉내낸 동작성 모양흉내말이 반복구성을 취하면 복수의 동작을 나타내게 된다.

(18) ㄱ. 철수는 <u>벌떡</u> 일어났다.
ㄴ. *철수는 <u>벌떡벌떡</u> 일어났다.
ㄷ. 사람들이 여기저기에서 <u>벌떡벌떡</u> 일어났다.
(19) ㄱ. 그는 뒤로 <u>벌렁</u> 나자빠졌다.
ㄴ. *그는 뒤로 <u>벌렁벌렁</u> 나자빠졌다.
ㄷ. 사람들이 모두 <u>벌렁벌렁</u> 나자빠졌다.

(18ㄱ)의 '벌떡'은 단순형식으로 1회의 동작을 표현한다. 그러나 그 반복형인 '벌떡벌떡'은 반복적인 동작을 의미하지 못하고, 동시 다발적으로 여러 곳에서 그 동작이 일어나는 경우에 쓸 수 있다.

(17)의 '끄덕'은 고개를 세운 상태에서 고개를 숙였다 다시 제자리로 돌아온 상태까지를 흉내낸 말이다. 이런 경우에 그 흉내말의 반복형은 흉내말의 형식과 일치하여, 반복적인 동작을 표현한다. 그러나 (18)의 '벌떡'은 앉거나 누운 상태에서 시작하여 일어난 상태까지의 과정을 흉내낸 것이다. 그러므로 그 흉내말이 표현하는 동작의 시작점과 끝점이 다르다. 반복형식이 반복의 의미를 갖기 위해서는 움직임이 원 위치로 돌아와야 하는데 '벌떡'이나 '벌렁'은 그렇지 못하기 때문에 반복형식의 '벌떡벌떡'과 '벌렁벌렁'은 반복의 의미를 갖지 못하고 동시 다발적인 움직임을 의미하게 된다.14)

[3] 복수의 개체

흉내말이 반복형식을 취하여 대상어가 복수의 개체임을 가리키는 경우

---

14) 이러한 부류에 속하는 흉내말로는 '털썩 / 털썩털썩', '폭삭 / 폭삭폭삭', '불쑥 / 불쑥불쑥' 등을 들 수 있다.

가 있다.

    (20) ㄱ. 사과들이 나무에 <u>주렁주렁</u> 매달려 있다.
        ㄴ. 가시가 <u>삐죽삐죽</u> 튀어나와 있다.

  '주렁주렁'은 여러 개의 열매가 나무에 달려 있음을 의미하고, '삐죽삐죽'은 가시가 여기저기에 돋아난 것을 의미한다.

[4] 상태 지속
상태성([－순간]) 흉내말의 반복형은 상태 지속의 의미를 갖는다.

    (21) ㄱ. 솜이 <u>보들보들</u>하다
        ㄴ. 팥쥐는 <u>투실투실</u> 살이 쪘다.
        ㄷ. 마루가 <u>반들반들</u>하다
        ㄹ. 물이 <u>꽁꽁</u> 얼었다.
        ㅁ. 복남이는 <u>뚱뚱</u>하다

반복형이 상태 지속의 의미를 갖는 흉내말들은 단순형이 자립성을 갖지 못하는 것이 일반적이다.

[5] 강조
흉내형식의 반복형이 강조의 의미를 갖는 경우가 있다.

    (22) ㄱ. 항아리에 물을 <u>가득 / 가득가득</u> 부었다.
        ㄴ. 방이 <u>텅 / 텅텅</u> 비어있다.
        ㄷ. 빨래를 <u>폭 / 폭폭</u> 삶다.

  '가득'에 대해 그 반복형식 '가득가득'은 '아주 가득하게'의 의미를 가지며, '텅'에 대해 그 반복 형식 '텅텅'은 '완전히 빈'의 의미를 갖는다. '폭폭'

은 '매우 심하게 삶다'를 의미한다.

이제 우리는 최종적으로 흉내말의 의미 구조를 다음과 같이 형식화할 수 있다.

(23) 흉내말의 의미 구조(4)
([흉내말의 바탕의미] + [±반복형식의 의미])^{[±홑소리 말맛(강조)][±된소리 말맛(강조)][±거센소리 말맛(거침)]}

4. 흉내말의 의미 체계

이 장에서는 한국어의 흉내말을 울만(S. Ullmann, 1957)의 어휘 의미 체계에 따라 다의어, 동음이의어, 동의어, 유의어로 나누어 살펴보도록 하겠다.

4.1. 다의어 / 동음이의어

다의어란 하나의 명칭에 대해 둘 이상의 의미를 갖고 있는 복합의미어이다. 이에 반해 동음이의어는 형식은 같지만 서로 다른 지적의미를 갖고 있는 별개의 낱말이다. 소쉬르(1916)는 언어가 자의적이란 증거로 동음이의어의 존재를 들었는데, 흉내말에도 동음이의어들이 많이 나타난다.

먼저 『우리말 큰사전』에서 뽑은 동음이의어의 목록을 모두 제시하면 다음과 같다.

(24) 『우리말 큰사전』(1992) - 동음이의어 목록

[1] 2개 대응(206개항)[15]

가들막-가들막¹ / 가들막-가들막² 간들-간들¹ / 간들-간들²
간질-간질¹ / 간질-간질² 갈근-갈근¹ / 갈근-갈근²
걸근-걸근 ¹/ 걸근-걸근² 골: -골: / 골: -골:³
그렁-그렁¹ / 그렁-그렁² 까딱-까딱¹ / 까딱-까딱²
깐질-깐질¹ / 깐질-깐질² 깔작-깔작 ¹/ 깔작-깔작²
깜작-깜작¹ / 깜작-깜작² 깜짝¹ / 깜짝²
깜짝-깜짝¹ / 깜짝-깜짝² 깨작-깨작¹ / 깨작-깨작²
꺼덕-꺼덕¹ / 꺼덕-꺼덕² 꼬박-꼬박 /¹ 꼬박-꼬박²
꼬빡-꼬빡¹ / 꼬빡-꼬빡² 꼭-꼭¹ / 꼭꼭³
꽁-꽁² / 꽁:꽁:³ 노닥-노닥¹ / 노닥-노닥²
느근-느근¹ / 느근-느근² 다듬작-다듬작¹ / 다듬작-다듬작²

다르르¹ / 다르르² 달강-달강¹ / 달강-달강²
달달² / 달:달³ 달랑¹ / 달랑²
달랑-달랑¹ / 달랑-달랑² 댕강¹ / 댕강²
댕-댕¹ / 댕댕² 더듬-더듬¹ / 더듬-더듬²
더듬적-더듬적¹ / 더듬적-더듬적² 동실-동실¹ / 동실-동실²
두르르¹ / 두르르² 둘둘¹ / 둘둘²
둘레-둘레¹ / 둘레-둘레² 둥실¹ / 둥실²
둥실-둥실¹ / 둥실-둥실² 드레-드레¹ / 드레: -드레:²
드르르¹ / 드르르² 드르륵¹ / 드르륵²
드르륵-드르륵¹ / 드르륵-드르륵² 들썩-들썩¹ / 들썩-들썩²
따르르¹ / 따르르² 딱¹ / 딱²
딱-딱¹ / 딱-딱² 똥똥¹ / 뚱뚱²
맴: -맴:¹ / 맴: -맴:² 몰씬-몰씬¹ / 몰씬-몰씬²
물씬-물씬¹ / 물씬-물씬² 바득-바득¹ / 바득-바득²
바싹¹ / 바싹² 바싹-바싹¹ / 바싹-바싹²

---

15) 동음이의어란 표기상의 문제가 아니라 실제 발음의 차이에 따른 것이다. 그러므
로 장단음의 차이를 갖는 낱말은 엄밀한 의미에서 동음의어가 아니라 동형어이
다. 그러나 현대국어에서 장단음의 변별이 약해졌으며 글쓴이도 이에 대한 변별
력을 갖고 있지 못하다. 또한 사전에서도 이들을 동음이의어로 처리하고 있으므
로 이를 따르기로 하겠다.

박박¹ / 박:박²
배슬-배슬¹ / 배슬-배슬²
보슬-보슬¹ / 보슬-보슬²
부들-부들¹ / 부들-부들²
부썩¹ / 부썩²
빙글-빙글¹ / 빙글-빙글²
삑³ / 삑⁴
뻑뻑¹ / 뻑:-뻑:²
뿌르르¹ / 뿌르르²
살살¹ / 살살²
삼빡-삼빡¹ / 삼빡-삼빡²
숭굴-숭굴¹ / 숭굴-숭굴²
시근-시근¹ / 시근-시근²
쌈빡-쌈빡¹ / 쌈빡-쌈빡²
아⁷ / 아:⁸
어⁸ / 어³
어깃-어깃¹ / 어깃-어깃²
오글-오글¹ / 오글-오글²
오물-오물¹ / 오물-오물²
옴쏙-옴쏙¹ / 옴쏙-옴쏙²
와싹¹ / 와싹²
와:와:¹ / 와:-와:²
와짝-와짝¹ / 와짝-와짝²
왝:-왝:¹ / 왝:-왝:²
우글-우글¹ / 우글-우글²
우물-우물¹ / 우물-우물²
우쩍-우쩍¹ / 우쩍-우쩍²
움쑥-움쑥¹ / 움쑥-움쑥²
움찔-움찔¹ / 움찔-움찔²
웽-웽¹ / 웽웽²
으쓱-으쓱 /¹ 으쓱-으쓱²
응응¹ / 응-응²
자굿-자굿¹ / 자굿-자굿²
자분-자분¹ / 자분-자분²
잘근-잘근¹ / 잘근-잘근²

반뜻-반뜻¹ / 반뜻-반뜻²
뱅글-뱅글¹ / 뱅글-뱅글²
부득-부득¹ / 부득-부득²
부슬-부슬¹ / 부슬-부슬²
부썩-부썩¹ / 부썩-부썩²
뻘뻘¹ / 뻘뻘²
뼁글-뼁글¹ / 뼁글-뼁글²
뻘뻘¹ / 뻘뻘²
살랑-살랑¹ / 살랑-살랑²
삼박-삼박¹ / 삼박-삼박²
새근-새근¹ / 새근-새근²
쉬:¹⁰ / 쉬:¹¹
쌈박-쌈박¹ / 쌈박-쌈박²
썩썩¹ / 썩-썩²
앵² / 앵⁴
어기적-어기적¹ / 어기적-어기적²
어슬-어슬 ¹/ 어슬-어슬²
오르르¹ / 오르르²
옴쏙¹ / 옴쏙²
와:² / 와:⁴
와싹-와싹¹ / 와싹-와싹²
와작-와작¹ / 와작-와작²
왈:왈:¹ / 왈:왈:²
욍-욍¹ / 욍:욍:²
우르르¹ / 우르르²
우적-우적¹ / 우적-우적²
움쑥¹ / 움쑥²
움질-움질¹ / 움질-움질²
웩:¹ / 웩²
으쓱¹ / 으쓱²
으악¹ / 으악²
자금-자금¹ / 자금-자금²
자끈-자끈¹ / 자끈-자끈²
잘강-잘강¹ / 잘강-잘강²
잘똑-잘똑¹ / 잘똑-잘똑²

잘록–잘록[1] / 잘록–잘록[2]　　잘름–잘름[1] / 잘름–잘름[2]

잘박–잘박[1] / 잘박–잘박[2]　　잘쏙–잘쏙[1] / 잘쏙–잘쏙[2]

잘카닥–잘카닥[1] / 잘카닥–잘카닥[2]　　잘칵–잘칵[1] / 잘칵–잘칵[2]

잘파닥–잘파닥[1] / 잘파닥–잘파닥[2]　　재까닥[1] / 재까닥[2]

재까닥–재까닥[1] / 재까닥–재까닥[2]　　재깍[1] / 재깍[2]

재깍–재깍[1] / 재깍–재깍[2]　　쟁쟁[1] / 쟁쟁[2]

제꺼덕[1] / 제꺼덕[2]　　제꺼덕–제꺼덕[1] / 제꺼덕–제꺼덕[2]

제꺽[1] / 제꺽[2]　　제꺽–제꺽[1] / 제꺽–제꺽[2]

조랑–조랑[1] / 조랑–조랑[2]　　조잘–조잘[1] / 조잘–조잘[2]

종종[2] / 종종[3]　　주절–주절[1] / 주절–주절[2]

지근–지근[1] / 지근–지근[2]　　지긋–지긋[1] / 지긋–지긋[2]

지끈–지끈[1] / 지끈–지끈[2]　　지르르[1] / 지르르[2]

지척–지척[1] / 지척–지척[2]　　직:[5] / 직:[6]

직:–직:[1] / 직:직:[2]　　질근–질근[1] / 질근–질근[2]

질뚝–질뚝[1] / 질뚝–질뚝[2]　　질:질[1] / 질:질[2]

짜글–짜글[1] / 짜글–짜글[2]　　짤똑–짤똑[1] / 짤똑–짤똑[2]

짤록–짤록[1] / 짤록–짤록[2]　　짤름–짤름[1] / 짤름–짤름[2]

짤쏙–짤쏙[1] / 짤쏙–짤쏙[2]　　째깍[1] / 째깍[2]

째깍–째깍[1] / 째깍–째깍[2]　　쩨꺽[1] / 쩨꺽[2]

쩨꺽–쩨꺽[1] / 쩨꺽–쩨꺽[2]　　쫄쫄[1] / 쫄:쫄[2]

찌글–찌글[1] / 찌글–찌글[2]　　찔끔[1] / 찔끔[2]

찔뚝–찔뚝[1] / 찔뚝–찔뚝[2]　　찔:찔[1] / 찔:찔[2]

차랑–차랑[1] / 차랑–차랑[2]　　착[5] / 착:[6]

착착[1] / 착:착[2]　　찰랑[1] / 찰랑[2]

찰랑–찰랑[1] / 찰랑–찰랑[2]　　척[10] / 척:[11]

척척[1] / 척:척:[2]　　철렁[1] / 철렁[2]

철렁–철렁[1] / 철렁–철렁[2]　　충충[1] / 충충[2]

충충[1] / 충충[2]　　콜콜[1] / 콜:콜[2]

콩–콩[1] / 콩:–콩:[2]　　쿨쿨[1] / 쿨:쿨[2]

탁[12] / 탁[13]　　턱[7] / 턱[8]

통통[1] / 통–통[2]　　투덕–투덕[1] / 투덕–투덕[2]

툭탁[1] / 툭탁[2]　　퉁퉁[1] / 퉁퉁[2]

팡팡[1] / 팡–팡[2]　　펑–펑[1] / 펑–펑[2]

하[11]: / 하[12]　　하하[1] / 하–하[2]

해[14] / 해[16]　　해뜩–해뜩[1] / 해뜩–해뜩[2]

해작-해작¹ / 해작-해작　　　　해죽-해죽¹ / 해죽-해죽²
허⁵ / 허:⁶　　　　　　　　　　　　허허¹ / ·허허²
헤:⁴ / 헤⁵　　　　　　　　　　　　헤적-헤적¹ / 헤적-헤적²
후:⁸ / 후:⁹　　　　　　　　　　　혹² / 혹³
훅-훅¹ / 훅-훅²　　　　　　　　　휘-휘¹ / 휘-휘²
흘흘¹ / 흘흘²　　　　　　　　　　흥⁷ / 흥⁸
흥-흥¹ / 흥-흥²　　　　　　　　　희끗-희끗¹ / 희끗-희끗²

[2] 3개 대응(16개항)

가랑-가랑¹ / 가랑-가랑² / 가랑-가랑³　　까닥-까닥¹ / 까닥-까닥² / 까닥-까닥³
동동¹ / 동동³ / 동동⁴　　　　　　　　　　둥-둥¹ / 둥둥² / 둥둥⁴
발발² / 발발³ / 발발⁴　　　　　　　　　　삐득-삐득¹ / 삐득-삐득² / 삐득-삐득³
웩:-웩¹ / 웩:-웩² / 웩-웩³　　　　　　　절절³ / 절:절:⁴ / 절:절:⁵
찍² / 찍³ / 찍⁴　　　　　　　　　　　　　짝짝¹ / 짝짝² / 짝:짝³
쨍쨍¹ / 쨍쨍² / 쨍쨍³　　　　　　　　　　절쩔¹ / 쩔:쩔:² / 쩔:쩔:³
찍:³ / 찍⁴ / 찍:⁵　　　　　　　　　　　　팽팽¹ / 팽팽² / 팽팽³
핑-핑¹ / 핑핑² / 핑핑³　　　　　　　　　　호-호³ / 호-호⁴ / 호-호⁵

[3] 4개 대응(3개항)

잘잘¹ / 잘:잘:² / 잘:잘:³ / 잘:잘:⁴16)　　　짤쩔¹ / 짤:짤:² / 짤:짤:³ / 짤:짤:⁴
찍:찍¹ / 찍:-찍² / 찍:찍³ / 찍:찍⁴

　동음이의어의 처리는 사전에 따라 다소 차이를 보이기도 한다. 실제 흉
내말에서 동음이의어와 다의어를 구분하는 것은 그리 쉬운 일이 아니다.
동음이의어의 발생 원인 가운데 하나가, 다의어에서 그 의미 관계가 멀어
짐에 따라 언어 대중이 본래 하나의 의미라는 것을 깨닫지 못할 정도로
멀어졌을 때 생기는 것인데, 이러한 경우에 언중에 따라 그 의미 관계에
대한 유연성 여부를 판단하는 것이 다를 수 있다. 그러므로 다의어와 동

---

16) 『우리말 큰사전』에 따르면 이는 다음과 같은 네 가지 서로 다른 의미를 갖는다.
　① 잘잘¹ - 가볍게 잘래잘래 흔드는 꼴.
　② 잘:잘:² - 따끈따끈하게 높은 열로 끓는 꼴.
　③ 잘:잘:³ - 적은 물이 끊임없이 흐르는 소리, 또는 그 꼴.
　④ 잘:잘:⁴ - 물이나 기름 따위가 좀 자르르 흐르는 꼴.

음이의어의 한계를 긋는다는 것은 좀처럼 쉬운 일이 아니다. 이러한 문제는 흉내말에서 특히 두드러지게 나타난다.

그러나 이를 구분할 수 있는 형식적 기준이 전혀 없는 것은 아니다.[17]

첫째, 흉내말 가운데에는 '－하는 꼴, 또는 그 소리'라고 되어 소리흉내말과 모양흉내말을 겸하는 흉내말들이 다수 있는데 이들은 하나의 흉내말로 본다.

> (25) '털썩' : 큰 몸집이 급자기 주저 앉는 꼴. 또는 그 소리.
> '찰칵' : 작고 탄탄한 물체가 매우 끈기 있게 달라붙을 때 나는 소리, 또는 그 꼴.
> '꿀꺽' : 물 따위가 목구멍에나 좁은 구멍으로 단번에 물리어 넘어가는 소리, 또는 그 꼴.

(25)의 흉내말들은 소리와 모양을 겸하는 말들이다. 소리흉내말과 모양흉내말이 흉내말 하위 분류에서 첫 번째 기준이란 점을 고려한다면 이들은 각각 소리흉내말과 모양흉내말인 동음이의어로 보아야 할 것이다. 그러나 일반 언중에게 이 둘이 서로 별개의 낱말로 인식되지 않는다.

> (26) ㄱ. <u>털썩</u> 주저 앉았다.
> ㄴ. 유리창에 <u>찰칵</u> 붙었다.
> ㄷ. 침을 <u>꿀꺽</u> 삼켰다.

위와 같은 월에서 이들이 소리를 나타내는 것인지 혹은 그 모양을 나타내는 것인지는 발화 상황을 고려하지 않으면 알 수 없다. 즉 소리／모양을 겸하는 흉내말은 그 유연성 관계가 분리될 수 없을 만큼 밀접하므로 하나의 낱말로 본다.

둘째, 동일한 흉내말이 서로 다른 홀·닿소리 대응쌍을 가지면 동음이의어이다.

---

17) 김홍범(1995 : 108~117)에서는 동형어와 다의어를 구분하는 방법으로 '홀·닿소리 바꾸기 형태'와 '서술어 선택제한'을 기준으로 삼았다.

(27) ㄱ. 부들부들₁ : [떠는 모습]   — 바들바들 / 푸들푸들
     ㄴ. 부들부들₂ : [부드러운 느낌]   — 보들보들 / *푸들푸들
(28) ㄱ. 잘록잘록₁ : [조금씩 절다]   — 절룩절룩
     ㄴ. 잘록잘록₂ : [홀쭉하여 가늘다] — 질룩질룩

(27)에서 떠는 모습을 나타내는 '부들부들₁'은 그 홀소리 대응형으로 '바들바들'을 갖는 데 반해 부드러운 느낌을 뜻하는 '부들부들₂'는 홀소리 대응형으로 '보들보들'을 갖는다. 또, '부들부들₁'은 거센소리 쌍으로 '푸들푸들'을 갖는 데 반해, '부들부들₂'는 거센소리 대응쌍이 없다.

이들은 서로 다른 계통에서 출발했거나, 혹 같은 계통에서 출발했더라도 다른 내적 파생의 모습을 보이며 기본의미도 다르므로 모두 동음이의어로 처리해야 한다.

셋째, 동일한 흉내말이 서로 다른 파생형을 갖는다면 이들은 동음이의어로 처리해야 한다.

(29) ㄱ. 부슬부슬₁ : [눈이나 비가 조용히 내림] – 부슬부슬하다(움직씨),
      부슬거리다
     ㄴ. 부슬부슬₂ : [잘게 부스러지다] – 부슬부슬하다(그림씨), *부슬거
      리다

'부슬부슬₁'과 '부슬부슬₂'는 모두 '–하다'와 결합할 수 있지만 '부슬부슬₁'은 움직씨가 되는 데 반해 '부슬부슬₂'는 그림씨가 되며, '부슬부슬₁'만 '–거리다'와 결합할 수 있다. '부슬부슬₁'과 '부슬부슬₂'는 의미상 어느 정도 유연 관계가 인정되나 현대국어에서 서로 다른 파생규칙을 보이므로 각각 동음이의어로 파악한다.

이러한 기준에 따라 사전의 흉내말 처리를 검토해 보자. 『우리말 큰사전』에는 '덤벙'이 다의어로 다음과 같은 두 가지 뜻을 갖는 것으로 풀이되어 있다.

(30) '덤벙' - ① 큰 물건이 물에 떨어져 잠길 때 나는 소리.
    예문) 물에 <u>덤벙</u> 떨어지다.
    ② 들뜬 행동으로 아무 일에나 뛰어드는 꼴.
    예문) 대수롭지 않게 <u>덤벙</u> 뛰어들었다가 이렇게 낭
        패를 당했습니다.

'덤벙'의 쓰임새를 비교해 보면 ②의 의미가 ①에서부터 도출되었다고
생각된다. 또 이들은 모두 '-거리다' 파생형을 가질 수 있고, 대응하는
홀소리 쌍으로 '담방'을 갖는다는 점에서 다의어로 볼 만하다. 그러나 닿
소리 대응에 있어서, ①의 의미로 쓰일 때는 '텀벙'을 갖는 데 반해 ②의
의미로 사용될 때는 대응쌍으로 '*텀벙'을 갖지 못한다.

(31) ㄱ. 심청은 임당수에 <u>텀벙</u> 뛰어 들었다.
    ㄴ. *놀부는 아무 일에나 곧잘 <u>텀벙</u> 뛰어든다.

즉 '무턱대고 함부로 뛰어드는 모습'을 나타낼 '덤벙'의 거센소리 쌍으
로 '텀벙'을 쓰지 못한다. 그러므로 (30)에서 '덤벙'은 의미에 따라 그 대
응쌍에 차이를 보이므로 각각 '덤벙₁'과 '덤벙₂'로 구분하여 동음이의어로
처리하는 것이 좋을 듯 싶다.

4.2. 동의어 / 유의어

두 개 이상의 형식이 하나의 의미를 가질 때 이를 동의어 혹은 유의어
라 하는데, 기본(중심)의미와 연상 의미가 모두 일치할 때 동의어라 하고
중심의미만 일치하고 연상의미가 다를 때 유의어라 한다.
흉내말에는 규칙적인 파생 관계에 의한 동의어군이 있다.

(32) ㄱ. 흔들흔들하다 = 흔들거리다 = 흔들대다
    ㄴ. 바들바들하다 = 바들거리다 = 바들대다
    ㄷ. 부글부글하다 = 부글거리다 = 부글대다

'흔들흔들', '바들바들', '부글부글'은 모두 반복형식을 취하여 반복의 의미를 갖는데 여기에 '-하다'가 결합하여 움직씨가 된다. '-하다' 자체는 반복의 의미가 없는 데 반해 뒷가지 '-거리다'는 자체가 반복의 의미를 갖고 있으므로 '흔들흔들', '바들바들', '부글부글' 등과 결합할 때 흉내말은 단순형식을 취하고 '-거리다'가 결합한 전체 흉내말은 반복의 의미를 갖게 된다. 이렇게 파생된 움직씨 흉내말은 반복형식의 흉내말에 '-하다'가 결합한 흉내말과 같은 의미를 갖는다. '-대다'와 '-거리다'는 화용상의 차이를 보이기는 하나, 같은 자리에서 대치될 수 있다는 점에서 동의어로 파악된다.

이와 같이 뒷가지 파생에 의한 동의어 외에 흉내말의 중심의미와 연상의미가 완전히 일치하는 동의어가 존재하는지는 의심스럽다.

(33) ㄱ. 상자에 구슬을 <u>가득</u> 담았다.
    ㄴ. 상자에 구슬을 <u>꽉</u> 담았다.
(34) ㄱ. 입술이 <u>톡</u> 튀어 나왔다.
    ㄴ. 입술이 <u>쏙</u> 튀어 나왔다.
(35) ㄱ. 개가 <u>멍멍</u> 짖었다.
    ㄴ. 개가 <u>컹컹</u> 짖었다.

(33ㄱ)의 '가득'과 '꽉'이 동일한 문맥에서 대치 가능하므로 동의어를 판단하는 '대치 검증법'을 만족하는 듯 싶지만, 이 둘의 의미는 다소 다른 듯하다. 즉 '가득'이 단순히 어떤 범위 안에 빈 데 없이 들어 차 있음을 의미하는 데 반해, '꽉'은 매우 빽빽하게 들어 차 있는 모양을 나타낸다.

(34) 역시 동일한 문맥에서 대치 가능한 것처럼 보이지만 다음과 같이 '톡'이 튀어 나온 모습만을 나타낼 수 있는 데 반해, '쏙'은 들어가거나 나

온 모습을 모두 나타낼 수 있으므로 표현할 수 있는 의미 영역이 다르다.

(34)′ ㄱ. *입술이 톡 들어 갔다.
ㄴ. 입술이 쑥 들어 갔다.

(35)의 '멍멍'과 '컹컹'은 동일한 대상어('개')와 풀이말('짖다')을 선택하지만, 서로 다른 개의 울음 소리를 모방했다는 점에서 역시 동음이의어가 아니다.

흉내말에서는 완전한 동의어를 기대하기 어려운 데 반해, 다양한 유형의 유의어들이 있다.

첫째, 가장 전형적인 것으로 홀·닿소리 대응쌍을 갖는 흉내말들은 유의어 관계에 있다. 국어의 홀·닿소리 대응은 기본적으로 말맛의 대응을 보일 뿐, 원칙적으로 지적인 의미에는 차이가 없으므로 이들은 유의어라 할 수 있다.

둘째, 다음과 같이 흉내말의 어말 닿소리 대응을 보이는 흉내말들도 유의어 관계로 볼 수 있다.

(35) 잘각 / 잘캉, 덜컥 / 덜컹, 탈박 / 탈방, 잘박 / 잘방, 뻥긋 / 뻥글

셋째, 같은 의미부를 갖고 있는 흉내말들은 유의어 관계에 있는 흉내말이다.

(36) ㄱ. 둥둥 / 둥실둥실, 반반 / 반들반들, 빙빙 / 빙글빙글, 끈끈하다 / 끈적끈적하다
ㄴ. 덜컹 / 덜커덩, 찰각 / 찰카닥, 빙글 / 빙그르르, 부들부들 / 부르르

5. 화용론적 특성

여기서, 흉내말의 화용론적 특성이란 흉내말이 갖는 사전적 의미와 달

리, 실제 대화의 장면에서 쓰이는 의미와, 대응쌍의 사용 빈도, 대상어와 풀이말 선택 등의 담화적 특성을 말한다.18)

많은 흉내말은 뭇뜻을 갖는다. 이들이 월에서 어떤 의미로 해석되는가는 발화 상황에 따라 달라지는데, 흉내말에 따라 그 화용상의 차이를 보인다. 특히 홀소리 대응쌍에서 이런 화용상의 차이를 쉽게 볼 수 있다

(37) ㄱ. 오늘은 날씨가 무척 쓸쓸/쌀쌀 - 하다
ㄴ. 오늘은 웬지 외롭고 쓸쓸/*쌀쌀 - 하다
ㄷ. 팥쥐는 콩쥐에게 늘 쌀쌀/*쓸쓸 - 하게 대한다.

(37)의 '쓸쓸하다'와 '쌀쌀하다'의 중심의미는 모두 '날씨가 춥다'이며 이들은 홀소리 대응에 의한 말맛의 차이를 갖는다. 그러나 문맥에 따라 '쓸쓸하다'는 [외롭고 적적함]의 의미로(37ㄴ), '쌀쌀하다'는 [냉정함](37ㄷ)의 의미로 해석되며, 분포적인 제약의 차이를 보이기도 한다.

(38) ㄱ. 콩쥐는 입을 꼭/꾹 다물었다.
ㄴ. 콩쥐는 배를 꼭/꾹 눌러 보았다.
ㄷ. 콩쥐는 줄을 꼭(꾹) 잡았다.
ㄹ. 콩쥐는 아픔을 꾹(꼭) 참았다.

'꼭'이나 '꾹'의 중심의미는 '힘을 주어 당기거나 잡거나 누르는 모양'이다. 이들이 실제 월에서 사용될 때, '다물다'나 '누르다'를 수식할 경우에는 '꼭'이나 '꾹'이 비슷한 비율로 선택되나 풀이말이 '잡다'일 때는 주로 '꼭'이, '참다'일 때에는 주로 '꾹'이 선택되는 화용상의 차이를 보인다.

(39) ㄱ. 책상 위에 공책을 살짝/슬쩍 놓았다.
ㄴ. 콩쥐는 꽃을 살짝 만졌다.
ㄷ. 팥쥐는 지갑을 슬쩍 훔쳤다.

18) 흉내말의 화용론적 연구는 김인화(1995 : 112~138)를 들 수 있다.

'살짝'과 '슬쩍'의 공통 의미는 [힘 안들이고 가볍게]이며 (39ㄱ)과 같은 상황에서는 단지 말맛을 달리하는 정도이다. 그러나 담화상 '슬쩍'은 '살짝'에 대해 다소 부도덕하거나, [몰래 행동함]의 의미를 갖는다. 그래서 그 '슬쩍'의 파생형인 '슬쩍하다'는 '훔치다'라는 의미를 갖기도 한다. 이에 반해 '*살짝하다'라는 파생형은 존재하지 않는다.

이 밖에 화용론적인 양상의 하나로 관용적(상투적) 표현을 들 수 있다.

(40) ㄱ. 콩쥐는 가슴이 <u>철렁</u>/ *찰랑 내려앉았다.
　　 ㄴ. 성적이 <u>껑충</u>/ *깡충 뛰어 올랐다.
　　 ㄷ. 콩쥐는 선생님이 자기를 부르는 줄 알고 <u>뜨끔</u>/ *따끔 – 하였다.
　　 ㄹ. 놀부는 손 하나 하나 <u>꿈쩍</u>/ *꼼짝하지 않았다.

'철렁'이나 '찰랑'은 쇠붙이 등이 세게 부딪히는 소리나 모양을 모방한 흉내말의 대응쌍인데, 음성의 '철렁'은 '가슴이 철렁 내려앉다'의 형식으로 [깜짝 놀라다]의 의미를 갖는다. '깡충'과 '껑충'은 모두 '세게 솟구쳐 뛰는 모습'을 흉내낸 말인데, 성적이 갑자기 많이 오른 것을 의미할 때는 '껑충 뛰다'의 표현만 가능하다. 이와 같이 흉내말이 관용 표현의 일부로 쓰일 때 대응쌍 가운데 어느 하나만 선택하는 경향이 있다.

6. 정리

이 장에서는 흉내말의 의미 실현 요소를 층위별로 구분하여, 자질에 의한 말맛의 실현으로 홀·닿소리 대응과 어말 끝닿소리 대응이 갖는 상대적 말맛을 고찰하였다. 홀소리 대응에서 보이는 말맛은 기존에 '밝음-어두움, 작음-큼, 좁음-넓음'과 같은 자질의 대응으로 본 것을 통합하여 [강조]의 실현으로 보고 된소리의 말맛 역시 [강조]의 실현으로 보았는

데, 홀소리의 강조 영역과 된소리의 강조 대상이 서로 다름을 검토하였다. 거센소리의 말맛 자질로는 [거침]을 설정하였다. 어말 끝닿소리 대응으로 'ㄱ : ㅇ'과 'ㅅ : ㄹ'을 비교하여 그 의미 자질로, 소리흉내말에서 'ㅇ'은 'ㄱ'에 대해 [울림]을, 'ㅅ'은 'ㄹ'에 대해 [듯함]의 상대적 의미를 갖는 것으로 설명하였다.

또한 흉내말의 반복 구성에 의한 의미 기능으로 [반복], [복수의 동작], [복수성 개체], [상태지속], [강조]가 있음을 들었다. 이들 요소의 복합에 의해 전체 흉내말의 의미가 비단선적으로 구성된다고 보았다.

흉내말의 어휘 체계를 다의어 / 동음이의어, 동의어 / 유의어로 나누어 전체 목록을 들고 그 양상을 살펴보았다. 또 다의어와 동음이의어를 구분하는 형식적 기준으로 홀·닿소리 대응의 차이와 파생 규칙의 차이를 제시하였다. 마지막으로 화용론적 특성을 살펴, 흉내말의 대응쌍들이 발화 상황에 따라 다르게 선택된다는 것을 밝히고, 흉내말의 의미가 문맥에 의존하여 해석됨을 살펴보았다.

흉내말의 의미 양상이 일반 낱말과 다른 점은, 이들의 의미가 독자적으로 파악되기 보다는 형식적으로 관련을 맺고 있는 쌍들과 상대적인 가치를 갖는다는 점이다. 이러한 점에서 흉내말의 의미를 기술하는 데는 전통적인 '낱말밭'이나 '성분 분석'의 방법이 모두 유용하다고 판단된다. 앞으로 흉내말 전체에 대해, 낱말밭을 구획하고 이들을 변별하기 위한 최소의 의미 자질을 설정하는 작업 필요하다고 생각된다. 이러한 작업의 결과는 '흉내말 사전'을 편찬하는 데 매우 유용한 기초 자료가 될 수 있을 것이다.

▌제5장▐ 흉내말의 체계적 특성

1. 들어가기

한국어의 흉내말은 형태 내적으로는 홀소리 어울림을 갖는 한편 형태 외적으로는 양성과 음성의 홀소리 대응과, 예사소리, 된소리, 거센소리의 닿소리 대응에 의해 말맛의 차이를 갖는 한 떼의 흉내말들이 서로 밀접한 관계를 맺으면서 하나의 조직체를 이루고 있다.[1] 그러나 이러한 대응 관계는 절대적인 것이 아니어서 현대국어 흉내말의 대응 체계에는 많은 빈칸들이 나타난다. 예를 들어 '어두움'의 의미를 갖는 모양흉내말인 '감감-'은 그와 대응하는 흉내말로 된소리와 거센소리의 갈음에 의해 말맛의 차이를 갖는 '깜깜-', '캄캄-'이 있는 데 반해, '물체가 물위에 가볍게 떠 움직임'을 표현한 '둥실둥실'에 대해서는 기대되는 '*뚱실뚱실'이나 '*퉁실퉁실'이 존재하지 않는다.[2] 마찬가지로 양성의 홀소리 '깜깜-'에

---

1) 흉내말의 특성을 한마디로 말한다면 '체계성'이라 할 수 있다. 흉내말은 홀/닿소리의 체계적인 대응에 의해 말맛의 차이를 갖는 어휘군이 하나의 조직체를 이루고 있다. 또 규칙적인 '-하다, -대다, -거리다, -이다'의 파생형들이 다시 하나의 어휘군을 이루며, 단순형식에 대한 체계적인 반복형 형성은 한국어에서 흉내말을 풍부하게 하는 요소가 된다. 한편 이들 관계는 매우 정연하여 일정한 규칙에 의해 유지되고 있다.

2) 전통적으로 '*'는 '비적격형'이나 '재구형'을 나타내는 표시로 구별 없이 사용되어 왔다. 이 글에서는 비적격형의 경우는 해당 항목의 앞에, 그리고 재구형을 나타내기 위해서는 해당 항목의 뒤에 표시하여 이 둘을 구분하기로 하겠다.

대해서는 그에 대응하는 음성의 홀소리의 '껌껌-'이 나타나는 데 반해, '단단-'은 대응쌍으로 기대되는 '*던던-'을 갖지 않는다.

언어학에서 '빈칸3)'은 주로 어휘 의미론과 관련하여 "체계의 단계에서는 개념으로 존재하고 있으나 규범의 단계에서는 낱말로 실현되어 있지 않는 것"(임지룡, 1985)이라는 개념으로, 초기의 낱말밭 이론으로부터 현대 의미론 연구의 중요한 연구대상 및 연구방법으로 다루어져 왔다. 한편, 언어학에서 빈칸은 단지 어휘 의미론의 분야에서뿐만 아니라 다양한 영역에 적용할 수 있는 것으로, 빈칸을 이용한 연구는 언어 요소들 사이의 관계를 도식화함으로써 언어 현상을 보다 쉽게 파악할 수 있다는 이점을 갖고 있다.

이 글은 이러한 점에 주목하여, 현대국어의 흉내말(흉내형식)4) 체계에서 '홀소리 대응'과 '닿소리 대응'의 보편적인 규칙에 의해 기대되는 흉내말의 대응쌍이 실제 현대국어에 나타나지 않을 때, 이를 '흉내말 체계의 빈칸'으로 규정하고, 이들 빈칸이 나타나는 이유를 밝히고 그것이 갖는 언어학적 의의를 논하는 것이 목적이다.

2. 빈칸의 갈래

초기의 낱말밭 이론에서 언어 그 자체는 내부가 완전하게 밀착되어 있어서 그 체계 어디로든 빈틈이 없다(J. Trier)는 입장은 밭의 이론이 정립되면서 캔들러(E. Kandler)나 코세리우(E. Coseriu) 등의 비판을 받는 등, 오히려 현대의 의미론 연구에서 '빈칸'은 중요한 연구 방법 및 대상이 되었다(허

---

3) '빈칸'은 'case vide', 'gap'의 번역으로, 그 외에 '빈자리, 공백, 틈, 간격, 구멍' 등으로 옮기기도 한다.
4) 이 장에서는 편의상 '흉내말'과 '흉내형식'을 구분하지 않기로 하겠다.

발, 1979).

빈칸은 먼저 그 실현 층위에 따라 몇 갈래로 나눌 수 있다.[5]

(1) 빈칸의 갈래 [1] : 층위에 따라
　ㄱ. 음운론적 층위의 빈칸
　ㄴ. 문법론적 층위의 빈칸
　ㄷ. 의미론적 층위의 빈칸

다양한 층위에서 나타나는 빈칸은 다시 나타나는 조건에 따라 '필연적인 빈칸'과 '수의적인 빈칸'[6]으로 나누어 볼 수 있다. 필연적인 빈칸은 빈칸이 채워질 수 있는 각 층위에서의 기본적인 조건을 갖추고 있지 않아 절대로 채워질 수 없는 것이고, 수의적인 빈칸은 기본 조건은 갖추고 있으나 그 외 다른 조건에 의해 제약을 받아 빈칸으로 나타나는 경우들이다.

수의적인 빈칸은 다시 빈칸이 나타나는 원인에 따라 '이유 있음'과 '이유 없음'으로 나누어 볼 수 있다. 수의적인 빈칸이 나타나는 것은 대부분 통시적이거나 공시적인 혹은 언어 외적인 이유를 갖는 것이 일반적이다.

(2) 빈칸의 갈래 [2] : 발생 조건에 따라
　ㄱ. 필연적인 빈칸
　ㄴ. 수의적인 빈칸 – 이유 있음 / 이유 없음

빈칸은 다시 구성 방식에 따라, '결합상의 빈칸'과 '체계상의 빈칸'으로

---

5) 다양한 층위에서 실현되는 빈칸에 대해서는 박동근(1995) 참조.
6) 종래에는 '수의적인 빈칸'보다는 '우연적인 빈칸'(accidental gap)이라는 용어를 썼다. 그러나 '필연적'에 대한 상대 개념으로 '우연적'이라는 용어는 적당하지 않다. 빈칸이 나타나는 이유를 설명할 수 있는 경우가 많기 때문이다. 또한 필연적인 빈칸이 아닌 한 언젠가는 채워질 수 있기 때문에 '우연적인 빈칸'이라는 용어보다는 '수의적인 빈칸'이라는 용어를 사용하였다.

나눌 수 있다.[7] 결합상의 빈칸은 구성 요소간의 결합이나 통합의 제약에 의해 나타나는 빈칸이고 체계상의 빈칸은 요소들이 상관관계나 계층관계, 서열관계, 연합관계를 이루고 있을 때 나타나는 빈칸이다. 체계상의 빈칸은 대체로 도표화할 수 있기 때문에 '결합상의 빈칸'보다 요소와의 관계를 잘 드러낸다.

(3) 빈칸의 갈래 [3] : 구성 방식에 따라
　　ㄱ. 결합상의 빈칸
　　ㄴ. 체계상의 빈칸

이제 앞으로 다루게 될 흉내말 체계의 빈칸은 층위로는 음운론적 층위의 빈칸이며, 빈칸의 조건상 필연적인 빈칸과 수의적인 빈칸이 모두 나타나나 이 글의 관심은 수의적인 빈칸에 있다. 우리는 앞으로 현대국어에서 흉내말의 수의적인 빈칸이 나타나는 이유에 대해 집중적으로 논의할 것이다.

3. 흉내말 체계의 빈칸

3.1. 흉내말 체계에서 빈칸의 유형

흉내말(흉내형식)은 홀소리 대응과 닿소리 대응에 의해 말맛의 차이를

---

7) 임지룡(1985)에서는 어휘체계의 빈칸을 다음과 같이 구분하고 있다.

어휘구성상의 빈자리 ┌ 파생범주
　　　　　　　　　　└ 합성범주

어휘밭의 빈자리 ┌ 계층관계
　　　　　　　　├ 서열관계
　　　　　　　　└ 상관관계

갖는 6개의 흉내말이 하나의 체계를 구성한다. 예를 들어 모양흉내말 '반들반들'은 홀·닿소리 대응 규칙에 따라 다음과 같은 흉내말의 체계를 이룬다.

양성의 홀소리			음성의 홀소리		
예사소리	된소리	거센소리	예사소리	된소리	거센소리
반들반들	빤들빤들	판들판들	번들번들	뻔들뻔들	펀들펀들

지금까지 흉내말에 대한 연구는 이러한 대응 관계를 흉내말의 전형적인 모습으로 생각하여 왔다. 그러나 실제 위의 표와 같이 6개의 칸을 빈틈없이 채우는 흉내말은 오히려 드물다.

    (4) 빈칸이 없는 흉내말
        ㄱ. 소리흉내말 : 달가닥 / 딸가닥 / 탈카닥 / 덜거덕 / 떨거덕 / 털커덕
           보드득 / 뽀드득 / 포드득 / 부드득 / 뿌드득 / 푸드득
           / 잘그랑 / 짤그랑 / 찰그랑 / 절그렁 / 쩔그렁 / 철그렁/잘가닥 / 짤가닥 / 찰가닥 / 절거덕 / 쩔거덕 / 철거덕
        ㄴ. 모양흉내말 : 반둥반둥 / 빤둥빤둥 / 판둥판둥 / 번둥번둥 / 뻔둥뻔둥 / 펀둥펀둥, 반들반들 / 빤들빤들 / 판들판들 / 번들번들 / 뻔들뻔들 / 펀들펀들, 발딱 / 빨딱 / 팔딱 / 벌떡 / 뻘떡 / 펄떡, 종종 / 쫑쫑 / 총총 / 중중 / 쭝쭝 / 충충

위의 (4)의 흉내말들은 홀·닿소리의 대응쌍을 모두 갖고 있는, 빈칸이 없는 보기들이다. 그러나 이렇게 완전히 체계적인 대응을 보이는 흉내말은 우리가 기대하는 만큼 많지 않다.

흉내말들은 오히려 다음과 같이 다양한 빈칸의 모습을 보여준다. [살찐 모습]을 나타내는 모양흉내말 '똥똥'의 경우 홀소리 대응과 닿소리 대응

에 의해 칸이 채워져 있는 모습을 보면 다음과 같다.

*동동	똥똥	통통	*둥둥	뚱뚱	퉁퉁

> (5) ㄱ. 복남이는 <u>똥똥 / 뚱뚱</u> – 하다.
> ㄴ. 복남이는 <u>통통 / 퉁퉁</u> – 하다
> ㄷ. 복남이는 <u>*동동 / *둥둥</u> – 하다

[가볍게 떠있는 모습]을 나타내는 '동동'은 된소리와 거센소리의 흉내
말 자리가 빈칸이 된다.

동동	*똥똥	*통통	둥둥	*뚱뚱	*퉁퉁

> (6) ㄱ. 배가 <u>동동 / 둥둥</u> 떠 간다.
> ㄴ. 배가 <u>*똥똥 / *뚱뚱</u> 떠 간다.
> ㄷ. 배가 <u>*통통 / *퉁퉁</u> 떠 간다.

또 [물결이 일지 않아 고요한 모습]을 나타내는 '잔잔–'과 같은 흉내
말은 대응되는 흉내말을 하나도 갖지 않는다.

잔잔	*짠짠	*찬찬	*전전	*쩐쩐	*천천

> (7) ㄱ. 호수가 <u>잔잔 / *전전</u> – 하다.
> ㄴ. 호수가 <u>*짠짠 / *쩐쩐</u> – 하다.
> ㄷ. 호수가 <u>*찬찬 / *천천</u> – 하다.

이러한 몇 가지 예만 보더라도 현대국어의 흉내말에서 홀소리 대응규
칙과 닿소리 대응규칙에 의해서 기대되는 흉내말이 실제 존재하지 않는

경우가 있으며, 그 양상 또한 다양하다. 앞에서 이를 흉내말 체계의 빈칸으로 규정했는데, 이들 빈칸이 나타나는 유형을 몇 가지로 구분할 수 있다. 이들을 유형별로 살펴보기에 앞서 몇 가지 전제해야 할 사항이 있다.

첫째는 홀소리의 대응 양상이다. 현대국어에서 홀소리 대응은 반드시 일 대 일의 관계를 보이는 것은 아니다. 이러한 대응 관계는 정인승(1938)에서 제시되었다.

(8) 정인승(1938) : '모음상대 법칙'

ㅏ : ㅓ,	ㅛ : ㅠ
ㅐ : ㅔ,	ㅑ : ㅡ
ㅑ : ㅕ,	ㅒ : ㅓ
ㅙ : ㅖ,	ㅑ : ㅣ
ㅘ : ㅝ,	ㅏ : ㅣ
ㅗ : ㅜ,	ㅒ : ㅣ
ㅚ : ㅟ	

위의 대응 관계를 보면, 양성의 홀소리 'ㅏ'는 'ㅓ'뿐만 아니라 'ㅡ', 'ㅣ'와도 대응하고, 'ㅐ'는 'ㅔ', 'ㅓ', 'ㅣ'와 대응한다. 즉 현대국어에서 양성홀소리 대 음성홀소리의 대응 관계가 일 대 일로 이루어지는 것이 아니다. 그러나 글쓴이는 여기에서 'ㅏ : ㅓ'와 'ㅗ : ㅜ'만을 흉내말의 전형적인 홀소리 대응으로 인정한다. 그러므로 양성의 홀소리 'ㅏ'를 갖는 흉내말에 대해 기대되는 음성의 홀소리 'ㅓ'를 갖는 흉내말이 없을 때, 비록 이에 대응을 보이는 'ㅡ'나 'ㅣ'를 갖는 흉내말이 있더라도, 이는 전형적인 홀소리 대응으로 인정하지 않고 빈칸으로 처리하기로 하겠다.

또, 현대국어의 홀소리 어울림을 흔히 높은홀소리 대 낮은홀소리의 대립으로 파악하여 'ㅐ : ㅣ'의 대립도 양성홀소리 대 음성홀소리의 대응으로 보기도 하는데, 이들 대응은 'ㅏ : ㅓ' 혹은 'ㅗ : ㅜ'와 같은 전형적인 홀소리 대응과는 다른 특성을 보인다.

즉, '샐룩샐룩'에 대해 '실룩실룩'의 대응쌍이 존재하지만 '실룩'과 '샐

룩'이 결합하여 한 낱말로 '실룩샐룩'이 자연스럽게 쓰이는데, 'ㅐ'와 'ㅣ'
를 대응하는 양성의 홀소리 대 음성의 홀소리의 관계로 본다면 이것은
한 낱말 안에 양성의 홀소리와 음성의 홀소리가 모두 쓰이는 것이므로
홀소리 어울림 규칙에 어긋나는 것으로 보아야 한다. 또 'ㅐ'와 'ㅣ'의 대
응이 전통적으로, 양성의 홀소리와 음성의 홀소리 차이에서 갖는 '밝음 :
어두움'의 말맛을 갖는 것 같지도 않다.8) 글쓴이는 'ㅐ'와 'ㅣ'의 대응은
'우물쭈물', '아둥바둥', '우락부락' 등이 닿소리의 한 음소를 교체함으로
써 보다 다채로운 모습을 나타내는 것처럼, 홀소리를 교체하여 그와 같은
효과를 얻는 경우라고 생각한다.9)

둘째는 흉내말의 홀소리 대응규칙과 닿소리 대응규칙에 의해 만들어
질 수 있는 칸의 수는 6개 이상이라는 점이다. 이는 흉내말의 첫 음절에
대해 둘째 혹은 셋째 음절에서 닿소리의 선택이 어느 정도 임의적이기
때문이다. 즉 '잘가닥'에 대해서는 '짤가닥 / 찰가닥 / 절거덕 / 쩔거덕 / 철거
덕'뿐만 아니라 '잘까닥 / 찰카닥 / 절꺼덕 / 절커덕'이 더 나타난다. 그러나
이러한 다양성을 모두 고려하면 흉내말 체계의 기술이 매우 복잡하게 되
어 걷잡을 수 없으며, 실제 이러한 예는 흉내말 대응의 전형적인 양상이
아니므로 여기에서는 주로 흉내말의 첫 음절을 기준으로 하여 빈칸의 양
상을 살펴보고자 한다.

3.2. 홀소리 대응규칙에서 나타나는 빈칸

실제 6개의 자리에 빈칸이 나타날 수 있는 '경우의 수'는 상당히 많으
나 여기서는 그 가운데 대표적인 모습을 살펴보기로 하겠다. 우선 홀소리

---

8) 이 글에서는 양성의 홀소리에 대해 음성의 홀소리가 [강조]의 의미를 갖는 것으로
파악했는데, 'ㅐ'와 'ㅣ'의 대응을 보이는 흉내말에서는 이런 차이를 보이지 않는다.
9) [i] : [æ]의 대응은 영어의 흉내말에서도 찾아볼 수 있다.
  보기) *flip – flap, zig – zag, snip – snap, riff – raff, fiddle – faddle.*

대응규칙에 의해 양성의 홀소리에 대해 기대되는 음성홀소리의 흉내말이
나타나지 않는 경우에 대해 몇 가지 예를 들어 살펴보기로 하겠다.

[1] 음성홀소리의 자리가 빈칸인 흉내말

    (9) 소리흉내말 : 야옹, 냠냠, 따옥, 딱, 땅, 아드득, 꼬끼오, 까옥, 빵
              빵, 뽀뽀
      모양흉내말 : 가득, 간질간질, 갈쌍갈쌍, 강동강동, 골골, 까딱, 까물
             까물, 깐작깐작, 다독다독, 다문다문, 단단, 따끈, 따
             끔, 딱딱, 말랑말랑, 말캉말캉, 바들바들, 바싹, 사들사
             들, 살금살금, 살살, 쌀쌀, 자글자글, 잘강잘강, 잘끈,
             잘끔잘끔, 잘록, 잠잠, 조마조마, 차랑차랑, 하늘하늘

위의 보기에서 소리흉내말 '야옹', '냠냠', '꼬끼오' 등은 대응하는 '*여
옹', '*넘넘', '*꾸끼우' 등이 존재하지 않는다. 마찬가지로 모양흉내말인
'가득', '간질간질', '살금살금' 등은 기대되는 '*거득', '*건질건질', '*설금
설금'이 존재하지 않는다. 비록 '살살'은 '슬슬'과 '잘끈'은 '질끈'과 또
'말랑말랑'은 '물렁물렁'과 대응쌍을 이루고 있지만, 앞에서 전제했듯이
이들은 홀소리 대응 규칙에 의해 예측이 가능하지 않으므로 일단 빈칸으
로 처리한다. 이는 현대 한국어 화자는 양성의 홀소리 'ㅏ'에 대한 상대
적인 음성의 홀소리로 'ㅓ'를 인식하지만 'ㅡ, ㅣ, ㅜ' 등을 인식하지 않
는다고 보기 때문이다. 그러나 이러한 대응 관계는 앞으로 이 글의 중요
한 논점이 될 것이다.

[2] 양성홀소리의 자리가 빈칸인 흉내말

    (10) 소리흉내말 : 꿀꿀, 멍멍, 구구, 어훙
      모양흉내말 : 우루루, 죽, 굽실굽실, 텅(비다), 허우적허우적, 서성,
             뿌듯, 허우적

음성의 홀소리에 대해 대응하는 양성의 홀소리 자리가 비어 있는 경우
는 양성 홀소리에 대해 음성의 홀소리 자리가 비어 있는 흉내말에 비해
상대적으로 드물다. 이 유형에 해당하는 것으로는 동물의 소리를 모방한
소리흉내말이 많다.

3.3. 닿소리 대응규칙에서 나타나는 빈칸

닿소리는 예사소리, 된소리, 거센소리의 삼지적 대응을 가지므로 이분
적 대응을 보이는 홀소리 대응규칙의 빈칸보다 다양한 양상을 갖는다.[10)

[1] 된소리 자리와 거센소리 자리가 빈칸인 흉내말

○	×	×	○	×	×

(11) 소리흉내말 : 갈갈, 골골, 동동 / 둥둥, 봉 / 붕
모양흉내말 : 동동 / 둥둥, 동실 / 둥실, 바동바동 / 버둥버둥, 달랑달랑
/ 덜렁덜렁, 달달 / 덜덜, 보슬보슬 / 부슬부슬[11), 살살 /
슬슬, 소들소들 / 수들수들, 소복 / 수북, 솔솔 / 술술, 자
란자란 / 저런저런, 자분자분 / 저분저분, 자축자축 / 저
축저축, 자춤자춤 / 저춤저춤, 조랑조랑 / 주렁주렁, 조
작조작 / 주적주적, 발발 / 벌벌, 졸망졸망 / 줄멍줄멍, 살
래살래 / 설레설레, 송송 / 숭숭, 조물락 / 주물럭

[2] 거센소리 자리가 빈칸인 흉내말

---

10) '○, ㄴ, ㅁ, ㄹ'을 첫소리로 가지는 흉내말은 이 소리들이 국어의 닿소리 조직에
서 된소리나 거센소리를 가지지 않기 때문에, 흉내말의 된소리나 거센소리 자리
는 필연적인 빈칸이 되므로 이는 따로 기술하지 않기로 한다.
11) 사전에는 '포슬포슬 / 푸슬푸슬'이 올라 있으나 실제 잘 쓰이지는 않는 것 같다.
사전에 수록된 흉내말의 상당수가 기계적인 처리 결과로 보이기 때문에 이 연구
에서는 사전의 올림말 처리를 전적으로 따르지 않았다.

○	○	× ‖	○	○	×

(12) 소리흉내말 : 도글 / 또글 / 두글 / 뚜글, 바각 / 빠각 / 버걱 / 뻐걱, 보
글 / 뽀글 / 부글 / 뿌글, 보 / 뽀 / 부 / 뿌, 자글 / 짜글, 조
록 / 쪼록 / 주룩 / 쭈룩, 졸졸 / 쫄쫄 / 줄줄 / 쭐쭐

모양흉내말 : 가닥 / 까닥 / 거덕 / 꺼덕, 간닥간닥 / 깐닥깐닥, 간동 /
깐동 / 건둥 / 껀둥, 간실간실 / 깐실깐실, 바글바글 / 빠
글빠글 / 버글버글 / 뻐글뻐글, 박박 / 빡빡, 반짝반짝 /
빤짝빤짝 / 번쩍번쩍 / 뻔쩍뻔쩍, 상글 / 쌍글, 돌돌 / 똘
똘 / 둘둘 / 뚤뚤, 자그락 / 짜그락, 잘금잘금 / 짤금짤금,
잘름 / 짤름

[3] 예사소리 자리가 빈칸인 흉내말

×	○	○ ‖	×	○	○

(13) 소리흉내말 : 꼴꼴 / 콜콜 / 꿀꿀 / 쿨쿨, 꼴랑 / 콜랑 / 꿀렁 / 쿨렁, 꽐
꽐 / 콸콸 / 꿜꿜 / 퀄퀄, 짝짝 / 착착 / 쩍쩍 / 척척

모양흉내말 : 딱 / 탁 / 떡 / 턱, 똥똥 / 통통 / 뚱뚱 / 퉁퉁, 꼭 / 콕 / 꾹 /
쿡, 짝 / 착 / 쩍 / 척

[4] 예사소리 자리와 거센소리 자리가 빈칸인 흉내말

×	○	× ‖	×	○	×

(14) 소리흉내말 : 까르르, 까옥, 깍, 깔깔 / 껄껄, 꼬꼬, 꽁꽁 / 꿍꿍, 따
옥, 딱, 똑, 짝짝, 짤랑, 짱, 쪽, 꼬르륵 / 꾸르륵

모양흉내말 : 따끔, 똑 / 뚝, 빠근 / 뻐근, 빠끔 / 뻐끔, 싹 / 썩, 쏙 /
쑥, 쌀쌀, 쓸쓸, 까둑, 따뜻, 따끔, 뜨끔, 쭈글쭈글 /
쪼글쪼글, 깜박 / 껌벅, 꿈틀 / 꼼틀, 꾸벅꾸벅, 꽁꽁

[5] 예사소리 자리와 된소리 자리가 빈칸인 흉내말

×	×	○	×	×	○

(15) 소리흉내말 : 찰딱 / 철떡, 찰락 / 철럭, 찰랑 / 철렁, 찰싹 / 철썩, 카 /
커, 칼락 / 컬럭, 콜록 / 쿨룩, 콩 / 쿵, 콜콜 / 쿨쿨, 탁 /
턱, 탈싹 / 털썩, 탈탈 / 털털, 톡 / 툭, 통 / 퉁, 팍 / 퍽,
팍삭 / 퍽석, 팔락 / 펄럭, 퐁당 / 풍덩, 하하 / 허허
　　모양흉내말 : 팔락 / 펄럭, 팔짝 / 펄쩍, 팔팔 / 펄펄, 포근 / 푸근, 폭
신 / 푹신, 홀랑 / 홀렁, 토실토실 / 투실투실

[6] 예사소리 자리와 된소리 자리가 빈칸인 흉내말

×	×	○	×	×	○

(16) 소리흉내말 : 팔락팔락 / 펄럭펄럭, 퐁당 / 풍덩, 픽픽 / 팩팩, 콜랑콜
랑 / 쿨렁쿨렁
　　모양흉내말 : 초롱초롱, 촐싹촐싹 / 출썩출썩, 치렁치렁, 카랑카랑,
포근 / 푸근, 폭폭 / 푹푹, 타박타박 / 터벅터벅, 토실토
실 / 투실투실, 피둥피둥, 팔짝 / 펄쩍

3.4. 빈칸이 나타나는 이유

글쓴이는 제5장 1절에서 빈칸을 발생 조건에 따라 필연적인 빈칸과 수의
적인 빈칸으로 나누었다. 흉내말 체계에서의 빈칸은 이 두 가지 모습이 모두
나타난다.

'ㅅ'은 그 된소리로 'ㅆ'만 있을 뿐, 다른 닿소리와 달리 거센소리 자리
를 가지지 않으므로 'ㅅ'을 첫소리로 갖는 흉내말의 경우 그에 대응하는
거센소리의 흉내말 자리는 필연적으로 빈칸이 된다.

한편 빈칸에서 보다 중요한 가치를 갖는 것은 수의적인 빈칸이다. 이것
은 음운론적으로는 대응하는 흉내말이 기대되지만 실제 현대국어에서는
대응하는 흉내말이 나타나지 않는 경우이다. 그 이유는 크게 두 가지가

관여하는 것으로 본다. 첫째는 역사적인 음운체계의 변천과 관련되는 것이며, 둘째는 홀·닿소리가 대응할 때 갖는 의미(말맛) 특성 때문이다.

3.4.1. 음운체계의 변천 결과

[1] 홀소리체계 변천의 결과

현대국어의 정연한 홀소리 대응은 홀소리 어울림과 더불어 많이 무너졌으나 흉내말은 아직도 그 모습을 뚜렷이 가지고 있는 대표적인 어휘 범주이다. 그러나 현대국어의 흉내말도 양성홀소리 대 음성홀소리가 정연한 대립을 갖고 있지 못하다는 점은 앞에서 언급한 바 있다. 즉 양성의 홀소리 'ㅏ'에 대해서는 음성의 홀소리 'ㅓ'가 기대되나 실제 'ㅓ' 외에 'ㅣ, ㅡ, ㅜ'의 다양한 홀소리가 대응한다.

> (17) ㄱ. /ㅏ/ : /ㅡ/ – 간닥간닥 / 근덕근덕, 간들간들 / 근들근들, 갈쌍 /
> 글썽, 아슬아슬 / 으슬으슬, 가득 / 그득, 따끈 / 뜨
> 끈, 살살 / 슬슬, 쌀쌀 / 쓸쓸, 살금살금 / 슬금슬금,
> 까딱 / ㄲ떡, 단단 / 든든, 탄탄 / 튼튼, 따끔 / 뜨끔,
> 달막 / 들먹, 하늘하늘 / 흐늘흐늘
> ㄴ. /ㅏ/ : /ㅣ/ – 자글자글 / 지글지글, 잘강잘강 / 질겅질겅, 잘끈 /
> 질끈, 잘금 / 질금, 짤끔 / 찔끔, 잘록 / 질록, 잘잘 /
> 질질, 자그락 / 짜르락 / 지그럭 / 찌그럭, 작신작신 /
> 직신직신, 잘름 / 질름, 차랑차랑 / 치렁치렁, 삼삼 /
> 심심
> ㄷ. /ㅏ/ : /ㅜ/ – 바들바들 / 부들부들, 말랑말랑 / 물렁물렁, 말캉말
> 캉 / 물컹물컹

이렇게 양성의 홀소리 'ㅏ'가 음성의 홀소리 'ㅓ'뿐 아니라 다양한 홀소리와 대응하는 것은 홀소리체계의 변천과 관련된 것으로 보인다.

잘 알려진 바와 같이 15세기 국어에서는 양성홀소리 대 음성홀소리의 대응이 다음과 같이 정연하였다.

(18) ㅏ : ㅓ
　　 ㆍ : ㅡ
　　 ㅗ : ㅜ

　그런데 'ㆍ'가 소멸하면서 첫 음절에서는 주로 'ㅏ'로 둘째 음절 이하에서는 'ㅡ'로 변화하였다. 그래서 'ㅏ'와 'ㅡ'가 한 낱말 안에서 나타나기도 하고, 결과적으로 'ㅡ'는 그 상대되는 양성홀소리의 소실로 현대국어에서 'ㅣ'와 더불어 중성모음으로 취급되곤 한다. 이러한 홀소리체계의 변천을 고려할 때, 현대국어에서 양성의 홀소리 'ㅏ'를 갖는 흉내말들이 일차적으로 그에 대응하는 흉내말로 음성의 홀소리 'ㅓ'를 갖는 흉내말이 기대되나 이 자리가 빈칸으로 나타나고, 대신 홀소리 'ㅡ'를 갖는 흉내말을 대응쌍으로 가질 때, 여기에서 'ㅏ'는 본래 'ㆍ'였음을 쉽게 짐작할 수 있다.
　이러한 과정을 보이면 다음과 같다.

(19) ㄱ. ㅏ : ㅓ　　　　ㄴ. ㅏ : ㅓ
　　　　　　　　　　　　　　　↖
　　 ㆍ : ㅡ　➡　　 × : ㅡ

　　 ㅗ : ㅜ　　　　　　ㅗ : ㅜ

　이러한 모습은 실제 문헌을 통해 확인할 수 있다. 현대국어의 모양흉내말 '단단'에 대해 일차적으로 '*던던'이 기대되나 실제 '던던'은 나타나지 않고 '든든'이 나타나는데, 이는 역사적인 'ㆍ'의 변천을 고려하면, '단단'의 'ㅏ'는 본래 'ㆍ'였음을 추측할 수 있고 실제 문헌에서도 이를 확인할 수 있다.

(20) ㄱ. 둗둗 미여<求要 4>
　　 ㄴ. 둗둗이 닐러 겨시니<新語五 8>
　　 ㄷ. 눈 우히 둗둗이 어다<漢 15a>

마찬가지로 '가득'에 대해 '*거득'이 기대되나 실제 '그득'이 대응하는
것은 '가득'의 'ㅏ' 역시 이전에는 'ㆍ'였음을 추측할 수 있고 실제 문헌
에서 확인된다.

    (21) ㄱ. 雜 더러운 거시 <u>ㄱ득</u>거늘<法화二 104>
        ㄴ. 오직 흔집에 <u>ㄱ득</u>ᄒᄂ니(唯滿一室ᄒᄂ니)<능二 40>

이러한 예를 통해 볼 때, 일일이 문헌을 통해 확인을 할 수는 없을지라
도 현대국어에서 양성의 홀소리 'ㅏ'를 갖는 흉내말에 대해 음성의 홀소
리 'ㅓ'를 갖는 흉내말이 기대되나 'ㅓ'를 갖는 흉내말이 나타나지 않고
'ㅡ'를 갖는 흉내말이 나타나는 경우, 이때의 'ㅏ'는 역사적으로 'ㆍ'였음
을 현대국어의 대응 양상을 통해 짐작할 수 있다.
    그런데 현대국어 흉내말에서 'ㅏ'는 'ㅓ'나 'ㅡ'뿐만 아니라 'ㅣ', 'ㅜ'와
도 대응을 보인다. 그러나 이때 'ㅏ'가 'ㅣ'와 대응하는 경우에는 거의 예
외 없이 앞서는 닿소리로 'ㅈ, ㅉ, ㅊ'을 가진다. 그러므로 이때 'ㅣ'는 'ㅡ'
가 앞홀소리 된 것임을 알 수 있고 여기에서의 'ㅏ'도 이전에는 'ㆍ'였었음
을 추측할 수 있다. 마찬가지로 'ㅏ'에 대해 'ㅜ'가 대응하는 경우도 'ㅜ'
앞이 'ㅁ, ㅂ, ㅃ, ㅍ'로 나타나 'ㅡ'가 입술소리로 바뀐 것임을 알 수 있다.
그러므로 현대국어에서 첫소리로 'ㅈ, ㅉ, ㅊ'을 가지며 'ㅏ'와 'ㅣ'의 대응
을 보이거나 'ㅁ, ㅂ, ㅃ, ㅍ'을 가지면서 'ㅏ'와 'ㅜ'의 대응을 보이는 것은
역사적으로 'ㆍ'와 'ㅡ'의 대응에서 온 것임을 알 수 있다.
    현대국어에서 'ㅏ'와 'ㅣ'의 대응을 보이는 것은 첫소리가 'ㅈ'계의 경
우뿐만 아니라 '삼삼 / 심심'과 같이 'ㅅ'계일 경우에도 발견되는데, 이는
다음과 같은 흉내말의 변천과정을 보여주는 좋은 예이다.

    (22) ㄱ. ᄉᆞᆷᄉᆞᆷᄒᆞᆫ 술의(淡酒)<痘下 29>
        ㄴ. 슴슴ᄒᆞᆫ 쳥쥬나(淡酒)<痘下 29>

(23) ㄱ. 슴슴 > 삼삼
     ㄴ. 슴슴 > 심심

현대국어에서 '삼삼'과 '심심'은 모두 '묽음'을 뜻하는 말인데 중세국어에서 같은 의미로 '슴슴'과 '슴슴'이 쓰였다. 현대국어에서 '삼삼'은 그에 기대되는 '*섬섬'이 없고 '심심'이 있는 것으로 보아 '삼삼'에서의 'ㅏ'는 'ㆍ'에서, '심심'에서의 'ㅣ'는 'ㅡ'에서 앞홀소리 된 것임을 짐작할 수 있는데 이는 문헌을 통해서도 확인할 수 있는 것이다.[12]

[2] 닿소리 체계의 변천 결과

현대 국어의 흉내말 체계에서 된소리 자리 또는 된소리 자리와 거센소

---

[12] 홀소리 대응의 불규칙성에 대한 설명은 일찍이 정인승(1938)에서 제기된 바 있다. "조선어 모음에 ㅏㅓ, ㅑㅕ, ㅗㅜ, ㅛㅠ 따위는 각각 서로 짝이 있음에 반하여 ㅡㅣ ㆍ(도 마찬가지나 순조선말로는 모두 ㅡ나 ㅣ로 됨)만은 같은 음성모음으로 짝을 가지지 아니하였으므로, …… 곧 ㅡ, ㅣ는 발음 기관의 부위로 볼 때 모든 모음 중에 혀의 가장 높은 음(고모음)인데, 이에 상대될 혀의 가장 낮은 음(저모음)은 'ㅏ, ㅑ'이니, 조선 음운적 음양 상대의 짝을 가지지 아니한 최고모음이 인류 성음(聲音)의 천연적 상대인 최저모음을 짝으로 함은 가장 자연적이오 가장 합리적이다. 그리하여 ㅡ는 ㅏ에, ㅢ는 ㅐ에, ㅣ는 ㅑ에 각각 상대되는 것이니 '가득하다 : 그득하다', '해ㄲ므레하다 : 희ㄲ므레하다', '갈쭉하다 : 길쭉하다' 따위가 다 그것이다"
그러나 이러한 설명은 글쓴이가 위에서 설명한 풀이와는 다르다. 정인승(1956), 『표준 고등말본』에서는 이를 다음과 같이 일부 수정하였다.
① '으'가 '아'에 짝된 일 : '으'의 짝은 본디 'ㆍ'였던 것이, 'ㆍ'가 '아'로 변함에 따라 그리 된 것.
② '의'가 '애'에 짝된 일 : '의'의 짝은 본디 '익'였던 것이 '익'가 '애'로 변함에 따라 그리 된 것.
③ '이'가 '야'에 짝된 일 : '이'의 짝은 본디 'ㆍ'의 겹소리였을 것이나, 그것이 표준말 '야'로 됨에 따라 '이'가 '야'에 짝된 것.
④ '이'가 '아'에 짝된 일 : 이것은 '시, 지, 치'의 짝이었던 '샤, 쟈, 챠'의 '야'가 '아'로 됨에 따른 부분적 현상
⑤ '이'가 또 '애'에 짝된 일 : 이 경우의 '이'는 현대에 '의'에서 변화된 '이'.
①의 '아 : 으' 대응에 대해서는 글쓴이의 설명과 같은 입장으로 수정되었다. 이는 흉내말 대응의 불규칙성에 대한 최초의 언급이라는 점에서 의의를 갖는다.

리 자리의 흉내말은 있는 데 반해 예사소리 자리가 빈칸으로 나타나는
경우가 있다.

    (24) 소리흉내말 : 까르르, 까옥, 깍, 깔깔 / 껄껄, 꼬꼬, 꽁꽁 / 꿍꿍, 따
                 옥, 딱, 똑, 꿀떡, 짝짝, 짤랑, 짱, 쪽, 꼴꼴 / 콸콸 / 꿀
                 꿀 / 쿨쿨, 꼴랑 / 콜랑 / 꿀렁 / 쿨렁, 꽐꽐 / 콸콸 / 꿜꿜 /
                 퀄퀄, 짝짝 / 착착 / 쩍쩍 / 척척
     모양흉내말 : 끈끈, 따끔 / 뜨끔, 똑 / 뚝, 삐근 / 뻐근, 빼끔 / 뻐끔, 빤
                 빤, 뻔뻔, 빵빵 / 뻥뻥, 싹 / 썩, 쏙 / 쑥, 쌀쌀, 쓸쓸, 딱 /
                 탁 / 떡 / 턱, 똥똥 / 통통 / 뚱뚱 / 퉁퉁, 꼭 / 꾹, 빡빡 / 팍
                 팍 / 뻑뻑 / 퍽퍽, 꼭 / 콕 / 꾹 / 쿡, 까뜩, 따뜻, 뜨뜻, 꾸
                 벅, 꿈틀 / 꼼틀, 깜박 / 껌벅, 빳빳 / 뻣뻣

    흉내말의 닿소리 대응규칙은 예사소리에 된소리 자질과 거센소리 자질
이 더하여져 된소리 자리와 거센소리 자리의 흉내말이 나타난다고 볼 때,
'끈끈-'에 대해서는 예사소리의 '*근근-'이 '꿀떡'에 대해서는 예사소리
의 '*굴덕'이 기대되나 이러한 말은 쓰이지 않는다. 이렇게 된소리 자리에
대해 예사소리 자리의 흉내말이 나타나지 않아 빈칸이 되는 것은 닿소리
체계의 변천과 관련된다고 본다.

    현대국어에서 된소리 조직은 예사소리, 된소리, 거센소리의 대응을 보
인다. 그러나 15세기의 닿소리 조직에서 된소리가 완전한 음소로 자리잡
지 못했었다는 것은 잘 알려진 사실이다. 그러므로 15세기의 흉내말에서
지금과 같은 닿소리 대응 양상을 기대하기란 힘들다. 15세기의 흉내말 자
료가 아직 충분히 조사되지 못한 상태이지만 남풍현(1993)에 의하면 예사
소리와 거센소리의 대립을 보이는 것은 '직직(溺)'에 대해 '칙칙～킥킥'과
'뾺-'에 대한 '뾺-'이 있을 뿐이며 예사소리와 된소리의 대응을 보이는
것은 한 예도 발견되지 않는다. 이것으로 보아 현재와 같이 닿소리 대응
이 발달한 것은 적어도 합용병서들이 된소리로 정착된 16세기 이후가 될
것으로 추정된다.

이러한 점에 주목한다면 현대국어에서 된소리 흉내말에 대해 대응하는
예사소리의 흉내말이 나타나지 않을 때, 이 된소리의 흉내말은 예사소리
의 흉내말에 된소리 자질이 더하여진 것이 아니라 본래 중세국어에서는
어두 자음군(합용병서)을 갖는 흉내말이었던 것이 현대로 오면서 된소리가
된 것이며, 때문에 기대되는 자리가 빈칸으로 남아 있는 것이라 가정할
수 있다. 실제로 문헌을 통해 '끈끈'의 옛 모습은 'ᄭᅳᆫᄭᅳᆫ'이었고 '꿀떡'은
옛모습은 'ᄭᅮᆯᄯᅥᆨ'이었음을 알 수 있다.

> (25) ᄭᅳᆫᄭᅳᆫ : 물크러져 ᄭᅳᆫᄭᅳᆫᄒᆞᆫ 밥<物譜 飮食> .... *근근 / 끈끈
> ᄭᅮᆯᄯᅥᆨ : ᄭᅮᆯᄯᅥᆨ 숨끼다<法華二 178> .... *굴덕 / 꿀떡
> ᄲᅢᆺᄲᅢᆺ : ᄲᅢᆺᄲᅢᆺ서다(直站着)<한 198> .... *벗벗 / 뺏뺏
> ᄭᅡᆯᄭᅡᆯᄒᆞ다 : 이사기 ᄭᅡᆯᄭᅡᆯ한 거시니<구급방 46> .... *갈갈 / 깔깔
> ᄭᅥᆯᄭᅥᆯᄒᆞ다 : ᄭᅥᆯᄭᅥᆯᄒᆞ야 아프고 (澁痛)<등상 59> .... *걸걸 / 껄껄
> ᄯᅡᆼᄯᅡᆼ : 두 나릐 ᄯᅡᆼᄯᅡᆼ 치며 슬퍼울고 가ᄂᆞᆫ<靑大 152> ...... *당당 / 땅땅
> ᄲᅩᆺ론ᄒᆞ다 : 뫼히 ᄲᅩᆺ론ᄒᆞ도다(山尖)<두초삼 42> .... *보족 / 뾰족[13]

즉 현대국어의 '끈끈'이나 '꿀떡'은 예사소리에 된소리 자질이 더하여
져 만들어진 것이 아니라 본래 합용병서에서 온 말들이므로 닿소리 대응
규칙에 의해 기대되는 예사소리는 나타나지 않고 이 자리는 현대국어에
서 빈칸으로 나타나게 된 것이라고 추정할 수 있다.

3.4.2. 의미 특성에 의한 빈칸

흉내말은 종래 대응하는 홀소리의 교체에 의해 음성의 홀소리는 '어두
움, 무거움, 큼, 굵음, 많음, 강함' 등의 말맛을 가지며 양성의 홀소리는
'밝음, 가벼움, 작음, 얇음, 적음, 약함'의 말맛을 갖는다고 보았고, 이러한
해석에 대한 의심은 거의 제기되지 않았다. 그러나 글쓴이는 4장에서 이

---

13) 다만 이들 문헌이 모두 15세기의 것은 아니므로 이 가운데는 본래부터 된소리의
표기로 쓰인 것이 있을 수도 있겠다.

를 다른 각도에서 해석하였다. '깜깜'이나 '껌껌'은 양성홀소리·음성홀소리에 관계 없이 '어두움'의 의미를 갖는 것이지, 결코 양성홀소리의 '깜깜'이라 해서 '밝음'의 의미를 갖는 것은 아니다. 마찬가지로 양성의 '반짝반짝'이나 음성의 '번쩍번쩍'은 모두 '밝게 빛남'을 의미를 하는 것이지 음성의 '번쩍번쩍'이라 해서 '어두움'의 의미를 갖는 것은 아니다. 물론 '번쩍번쩍'이 '반짝반짝'보다 빛이 더 크게 반짝인다는 의미를 갖는 것으로 받아들여지므로 음성의 홀소리의 표현 효과 가운데 '큼'의 의미를 선택적으로 갖는다고 할 수 있을는지 모른다. 그러나 글쓴이는 여기에서 양성의 홀소리에 대응하는 음성의 홀소리가 대응하는 다양한 의미를 갖는다기보다는 기본적으로 양성홀소리의 말맛은 무표적인 데 반해 음성홀소리는 양성홀소리의 흉내말이 갖는 바탕의미를 '강조'하는 데 있다고 보았다.14) 즉 양성의 '깜깜'에 대해 음성의 '껌껌'은 [매우(더욱) 깜깜한]의 의미를 양성의 '반짝반짝'에 대해 음성의 '번쩍번쩍'은 [매우(더욱) 반짝이는]의 의미를 갖는 것으로 파악하였다.

즉 양성홀소리의 흉내말은 무표적인 [−홀소리말맛]이므로 바탕의미로만 해석되고, 음성홀소리의 흉내말일 경우에는 [＋홀소리말맛]으로 바탕의미를 강조하게 된다. 대부분의 흉내말에서는 앞에 언급한 홀소리 체계의 변천에 의한 빈칸을 제외하고는 원칙적으로 양성홀소리 대 음성홀소리의 관계에서 의미에 의한 빈칸은 나타나지 않는다. 이는 대부분의 흉내말은 홀소리의 교체에 의해 그 흉내말의 바탕의미를 강조하는 데 특별한 의미상의 제약이 없기 때문이다. 다만 소리흉내말은 경우는 외계의 소리를 음성상 가장 유사하게 모방하려는 직접모방의 결과물이므로 그 묘사 대상과 최대한 비슷하게 표현하려는 경향이 있고 또한 말맛의 대응이 별 의미를 갖지 못하는 경우도 있다. 이는

---

14) 'ㅗ'와 'ㅜ'의 대응에서 'ㅗ'는 '작음'을 'ㅜ'는 '큼'의 느낌을 갖는다. 그러나 이러한 어감의 차이는 홀소리 대응에서 오는 것이라기보다 'ㅗ' 자체가 '작음'의 느낌을 갖기 때문이고 본다. 허웅(1985 : 591)에서는 이를 '얕잡음말'이라 하였다.
    보기) 거기 / 고기, 저기 / 조기, 이리 / 요리

소리흉내말의 모방 대상이 구체적일수록, 즉 특정한 동물의 울음소리를 흉내낸 소리흉내말일 경우 두드러지게 나타나서, 동물의 울음소리를 모방한 흉내말은 양성홀소리나 음성홀소리의 어느 한 쪽만을 갖는 경우가 많다.

> (26) 동물의 울음을 모방한 소리흉내말
> ㄱ. 양성의 홀소리 : 야옹, 따옥, 꼬끼오, 까옥, 깍깍
> ㄴ. 음성의 홀소리 : 멍멍, 구구, 어흥, 부엉, 꿀꿀

빈칸의 의미적 해석에 보다 분명한 근거가 되는 것은 예사소리에 대응하는 된소리와 거센소리 자리가 없는 흉내말들이다. 우선 예사소리 자리만 나타나고 된소리 자리나 거센소리 자리가 빈칸으로 나타나는 흉내말을 다시 들어보기로 한다.

> (27) 동동 / 둥둥, 동실 / 둥실, 바동바동 / 버둥버둥, 보송보송 / 부숭부숭, 보슬보슬 / 부슬부슬, 살살 / 슬슬, 살금살금, 살짝살짝, 소들소들 / 수들수들, 소복 / 수북, 솔솔 / 술술, 자란자란 / 저런저런, 자분자분 / 저분저분, 자축자축 / 저축저축, 자춤자춤 / 저춤저춤, 조랑조랑 / 주렁주렁, 조작조작 / 주적주적, 졸망졸망 / 줄멍줄멍, 잠잠, 복실복실 / 북실북실

위의 모양흉내말들의 공통점은 모두 '약함, 여림, 가벼움'의 의미를 갖는다. 즉, '동동'은 '물위에 가볍게 떠있는 모습'을 '살금살금'은 살며시 걷는 모습'을 나타낸다.

이것은 음성홀소리가 양성홀소리에 대해 흉내말의 바탕의미를 어느 방향으로든 강조하는 데 반해─즉 약한 것은 약하게 강한 것은 강하게─닿소리의 된소리와 거센소리가 갖는 의미 특성은 '됨' 혹은 '거침'의 말맛을 가지고 있기 때문에, 흉내말의 바탕의미가 '약함, 여림, 가벼움' 등을 그 특성으로 할 때에는, 이러한 흉내말에 얹혀서 실현되지 못하는 것으로 보인다. 그러므로 위와 같이 [─됨, ─거침]의 의미를 갖는 흉내말들은 된소리 자리나 거센소리 자리가 빈칸으로 나타나는 것이다.

3.5. 빈칸의 가치

3.5.1. 공시언어의 통시적 정보

소쉬르에 의한 공시태와 통시태의 엄격한 구분은 이 양자에 대한 타협이 용납되지 않는 것으로 보았으며 이는 구조주의 언어학의 한 원칙이었다. 그러나 실제 공시와 통시 양자는 불가분의 관계에 있고(Wartburg), 공시와 통시의 엄밀한 구분은 기술에 속하는 것이지 실제 대상에 속하는 것이 아니다(Coseriu).[15]

공시적인 현대국어 흉내말 체계의 빈칸 연구를 통해서도 여러 통시적 정보를 확인할 수 있었다.

첫째, 현대국어 흉내말에서 볼 수 있는 'ㅏ'에 대한 'ㅡ, ㅜ, ㅣ'의 대응이 역사적으로 'ㆍ'의 소실과 관계됨을 알 수 있었다. 둘째, 된소리에 대해 예사소리를 가진 흉내말의 자리가 빈칸으로 나타날 경우, 이 흉내말은 원래 어두자음군이었을 가능성을 갖는다. 이러한 원리에 의해 많은 흉내말들의 재구가 가능해졌다고 본다. 즉 현대국어에서 '살살'에 대해 '슬슬'이 대응을 보이므로, 실제 문헌에서 발견할 수 없을지라도 '슬슬*'을 재구할 수 있을 것이다. 마찬가지로 '똥똥 / 뚱뚱'에 대해서도 '쏭쏭 / 쑹쑹*'을 재구할 수 있을 것이다.

> (28) ㄱ. ᄎ랑ᄎ랑* > ᄎ랑ᄎ랑* > 차랑차랑
> 　　　츠렁츠렁* > 치렁치렁* > 치렁치렁
> 　　ㄴ. ᄇ들ᄇ들* > ᄇ들ᄇ들* > 바들바들
> 　　　브들브들* > 브들브들* > 부들부들

현대국어에서 '차랑차랑'과 '치렁치렁'의 대응관계는, '삼삼' 대 '심심'과 마찬가지로, 역사적으로 'ᄎ랑ᄎ랑*', '츠렁츠렁*'에서 온 것임을 추측할

---

15) 김방한(1988 : 17~23) 참조.

수 있으므로, 위의 (28ㄱ)과 같은 재구 과정을 가정할 수 있다. 현대국어
의 '바들바들'과 '부들부들'에 대해서도 마찬가지이다. 이는 공시언어를
통해 통시적인 변천 과정을 알 수 있는 것이다.16)

　다음 표는 『우리말 큰사전』(1992)에 수록된 모양흉내말 가운데 'ㅈ-ㅏ
-(C) : ㅈ-ㅓ-(C) : ㅈ-ㅣ-(C)'의 대응형을 모두 옮긴 것이다.

〈표 20〉 'ㅈ' 첫소리를 갖는 흉내말의 대응 양상

ㅈ-ㅏ-(C)	ㅈ-ㅓ-(C)	ㅈ-ㅣ-(C)	ㅈ-ㅐ-(C)
자그락자그락		지그럭지그럭	
자근자근₁		지근지근₁	
자근자근₂		지근지근₂	
자긋		지긋	
자끈동		지끈둥	
자늑자늑			
자드락자드락		지드럭지드럭	
		지딱지딱	
자란자란		지런지런	
자르르		지르르₁	
바득바득₂		지르르₂	
자릿자릿	저릿저릿		
		지망지망	
		지벅지벅	
		지범지범	
자분덕자분덕		지분덕지분덕	

---

16) 현대국어의 홀소리어울림은 음운론의 비단선적인 특성을 보여 주는 좋은 예이다.
　그러나 현대국어에서 흉내말의 대응 양상은 공시적이라기보다 역사적이다. 그러
　므로 이미 존재 해 온 흉내말의 대응 현상을 공시적인 음운규칙으로 설명하려는
　것은 다소 위험한 일이라 생각된다. 현대국어 홀소리 어울림에 대한 연구가 역사
　적인 홀소리 체계의 변천을 고려하지 않는다면 그 한계와 오류에서 벗어날 수는
　없을 것 같다.

자분자분₁		지분지분	
자분자분₂	저분저분		
자작자작₁	저적저적		
자작자작₂		지적지적	
자오록하다			
자질자질			
자축자축	저축저축		
자춤자춤	저춤저춤		
		지절지절	재잘재잘
		지지지지	재재재재
		지질지질	보삭
		지질펀펀	
		지짐지짐	
		지척지척1	
		지척지척2	
자칫자칫		지칫지칫	
작신작신		직신직신	
		직직	
잔드근-하다		진드근-하다	
잔득잔득		진득진득	
잔물잔물		진물진물	
잔잔-하다			
잘강잘강		질겅질겅	
잘근		질근	
잘금		질금	
잘깃잘깃		질깃질깃	
잘뚝잘뚝	절뚝절뚝		
잘래잘래	절래절래		

잘록잘록₁	절룩절룩		
잘록잘록₂		질룩질룩	
잘름잘름₁	절름절름		
잘름잘름₂		질름질름	
	절벅		
잘박잘박		질벅질벅	
		질번질번-하다	
잘쏙잘쏙₁	절쑥절쑥		
잘쏙잘쏙₂		질쑥질쑥	
		질질₁	잴잴
잘잘₁	절절₁		
잘잘₂	절절₂		
잘잘₄		질질₂	
잘착잘착		질척질척	
잘카닥잘카닥		질커덕질커덕	
잘칵잘칵		질컥질컥	
잘파닥잘파닥		질퍼덕질퍼덕	
잘판잘판		질펀질펀	
잘판-하다		질펀-하다	
잠잠-하다			
잣바듬-하다	젓버듬-하다		
		짐짐-하다	
		징	
		징글징글	쟁글쟁글
		징징	쟁쟁

앞에 제시된 흉내말은 모두 120개로 각각 '자-(C)'형이 50개, '저-(C)' 형이 14개, '지-(C)'형이 51개, '재-(C)'형이 5개이다. 이들의 대응 빈도를 유형별로 보면 다음과 같다.

①	자-(C) : 저-(C)	13개
②	자-(C) : 지-(C)	32개
③	지-(C) : 재-(C)	5개
④	저-(C) : ×	14개
⑤	지-(C) : ×	15개

'자-(C)'형 흉내말의 빈도가 가장 높게 나타나는 것은 이것이 '저-(C)' 형과 '지-(C)'형에 모두 높은 빈도로 대응하기 때문이다. 여기서 유형 ② 의 흉내말 대응은 역사적으로 'ᄌ-(C) : ᅐ-(C)'의 대응을 보이던 흉내말 이었음을 추측할 수 있다.

이러한 음운 변천을 고려하여, 현대국어에서 동음이의어로 나타나는 흉 내말에 대해 그 공시적인 대응쌍을 검토해보면 이들이 이전에는 서로 다 른 소리로 실현되었던 낱말이었음을 추측할 수 있다.

(29) ㄱ. 잘록잘록₁ : 절룩절룩
　　　ㄴ. 잘록잘록₂ : 질룩질룩
(30) ㄱ. 잘쏙잘쏙₁ : 절쑥절쑥
　　　ㄴ. 잘쏙잘쏙₂ : 질쑥질쑥
(31) ㄱ. 잘잘₁ : 절절
　　　ㄴ. 잘잘₄ : 질질

(29)의 '잘록잘록₁'은 걸을 때 저는 동작을 흉내낸 것이고 '잘록잘록₂'는 길게 생긴 물건의 한 부분이 홀쭉하게 가는 모양을 흉내낸 것이다. 이들 은 현대국어에서 동음이의어지만 대응하는 흉내말은 서로 달라 같은 문 맥에 쓸 수 없다.

(32) ㄱ. 다리에 쥐가 나서 <u>잘록잘록₁ / 절룩절룩</u> 걷는다.
　　　ㄴ. 미지는 허리가 <u>잘록잘록₂ / 질룩질룩</u>한 것이 매우 예쁘다.

대응하는 흉내말로 보아 현대국어에서는 동음이의어로 나타나는 '잘록잘록'이 이전에는 '줄록줄록*'의 형태였음을 추측할 수 있다. 실제 '잘록잘록₂'에 대한 고형으로 보이는 'ᄌᆞ록ᄌᆞ록'이 있다.

(33) 드립더 ᄇᄃᄋᆞᆨ 안흐니 細허리가 <u>ᄌᆞ록ᄌᆞ록</u> <歌曲, 100>

이러한 양상은 흉내말에만 나타나는 것은 아니다. 국어의 일반어휘 가운데에도 홀소리의 차이에 의해 최소대립쌍을 이루면서 의미상으로 밀접한 관련을 맺는 낱말들이 있는데, 이러한 낱말들도 앞에서 흉내말에 적용한 방법을 통해 이전의 모습을 재구할 수 있을 것이다. 한 가지 의심이 가는 것은 만약 이것이 사실이라면 현대국어에서 '자-(C) : 지-(C)'의 대응을 보이는 흉내말은 'ᆞ'가 'ᅡ'로 합류하기 이전부터 존재하였으며, 'ㅡ'의 'ㅣ' 앞홀소리되기 이전에 지금과 같이 대응쌍을 이루고 있었다는 말이 되는데 충분한 중세국어 자료를 갖지 못한 현재로서는 자신있게 이야기할 수 있는 단계가 못된다.[17]

(34) 노랗다 : 누렇다
    밝다 : 붉다
    맑다 : 묽다
    파릇파릇 : 푸릇푸릇

김종택(1992 : 30)에서는 어휘 변천과정을 추적하다 보면 같은 뿌리에서 나온 '낱말떼'들을 만나게 되며 그것은 다른 말로 단어족(word family)이라고 부르는데, 같은 단어족에 속하는 말들은 형태나 기능의 이질화에도 불구하고 심층적으로 내재하는 의미적 연관성이 있음을 알게 된다고 하였다. 위의 (34)의 낱말들은 형태는 다르지만 의미상 밀접한 관계가 있음을

---

17) 이러한 의문은 15세기에 문헌에 보이는 'ᄀᆞ득'이나 '든든'에 대해 당시에, 대응하는 '그득'이나 '든든'이 있을만한데 이들이 보이지 않는 데도 있다.

인식할 수 있다. 그리고 그 차이가 흉내말과 같이 대응하는 홀소리에 있다는 것을 알 수 있다. 그러므로 역사적으로 '밝다 : 붉다'는 '볽다 : 븕다', '맑다 : 묽다'는 '묽다 : 믉다'의 대응관계를 가지고 있었음을 알 수 있다. 이들은 실제 문헌을 통해서도 확인할 수 있는 것들이다.

다음은 『우리말 큰사전』에서 'ㅂ'계 첫소리를 가진 흉내형식의 대응 관계를 표로 보인 것이다.

〈표 21〉 'ㅂ' 첫소리를 갖는 흉내말의 대응 양상

ㅂ-ㅏ-(C)	ㅂ-ㅓ-(C)	ㅂ-ㅜ-(C)	ㅂ-ㅗ-(C)
		부걱	보각$_3$
바글바글	버글버글	부글부글	보글보글
		부덕부덕-하다	
바동바동	버둥버둥		
		부두둑	보도독
바드득		부드득	보드득
바드등		보드등	부드등
		부둑부둑	보독보독
		부둥부둥	보동보동
바득바득$_1$		부득부득$_1$	
바득바득$_2$		부득부득$_2$	보득보득
바들바들	버들버들	부들부들$_1$	
		부들부들$_2$	보들보들
바듬-하다	버듬-하다		
바듯-하다		부듯-하다	
		부라부라	
바락	버럭		
		부루퉁-하다	보로통-하다
바르르	버르르	부르르	보르르

		부르릉	
		부릉	
바르작바르작	버르적버르적		
바룻바룻	버룻버룻		
바사삭	버서석	부서석	보사삭
바삭	버석		
		부석	보삭
바스락	버스럭	부스럭	보스락
		부수수-하다	
		부숭부숭	보송보송
바스스		부스스	
		부슬부슬₁	보슬보슬
바슬바슬	버슬버슬	부슬부슬	보슬보슬
바싹₁	버썩₁	부썩₁	보싹
바싹₂	버썩₂		
		부썩₂	
		부얼부얼	
		부엉	
바작바작	버적버적		
	버젓-하다		
바장-거리다	버정-거리다		
바지런		부지런	
바지지		부지지	
바지직		부지직	
바직		부직	
바질바질		부질부질	
바짝	버쩍	부쩍	
바투			

바특바특			
		부풀부풀	보풀보풀
		부풋부풋	
		북	복
박	벅		
박박	벅벅		
박신박신	벅신벅신		
박실박실	벅실벅실		
		북슬북슬	복슬복슬
		북신북신	
박작박작	벅적벅적		
		북적	복작
반둥반둥	번둥번둥		
반드레	번드레		
반드르르	번드르르		
반득반득	번득번득		
반들반들	번들번들		
반듯반듯	번듯번듯		
반뜩반뜩	번뜩번뜩		
반뜻	번뜻		
반뜻반뜻	번뜻번뜻		
반반-하다	번번-하다		
반작	번적		
반지레	번지레		
반지르르	번지르르		
반죽반죽	번죽번죽		
반질반질	번질번질		
반짝	번쩍		

반-하다	번-하다		
		불꺽불꺽	볼깍볼깍
		불껑불껑	볼깡볼깡
		불끈불끈	볼끈볼끈
발까닥	벌꺼덕		
발깍	벌꺽		
발끈	벌끈	불끈	볼끈
발딱	벌떡		
발딱발딱	벌떡벌떡		
		불뚝	볼똑
		불뚱불뚱	볼똥볼똥
발라당	벌러덩		
발랑	벌렁		
발록발록	벌룩벌룩		
		불룩	볼록
발롱발롱	벌룽벌룽		
발름발름	벌름벌름		
발맘발맘			
발발₂	벌벌₁		
발발₃			
발발₄	벌벌₂		
		불쑥	볼쏙
발씬	벌씬		
발짝발짝	벌쩍벌쩍		
발쪽	벌쭉		
		불찐	
발칵	벌컥		
		불컥	볼칵

		불퉁불퉁	볼통볼통
	범벅		
		붐빠붐빠	
	법석		
		붕	봉
방그레	벙그레		
방글	벙글		
방긋	벙긋2		
			봉곳
		붕긋	봉긋
방끗	벙끗		
	벙벙-하다		
방시레	벙시레		
방실	벙실		봉실
방싯	벙싯		봉싯

3.5.2. 기본형 설정 및 파생 문제

홀소리 대응규칙과 닿소리 대응규칙으로 관계를 맺고 있는 흉내말들은 전혀 별개의 낱말이 아니라 의미와 형태상 관련을 맺는 '낱말떼'를 이루고 있다. 이들은 서로 일종의 파생 관계에 있다. 그러나 이들은 가지를 부가하는 일반적인 파생법과는 달리 닿소리와 홀소리의 교체에 의한 내적 파생 관계에 있으므로 형식적인 기준으로 기본형을 설정하기란 쉽지 않다. 형식적인 기준으로 기본형을 설정하기 어려울 때 다음에 선택할 수 있는 방법은 흉내말 가운데 의미상 무표적인 것을 선택하는 것이다. 이는 또한 다른 낱말의 파생을 설명하는 데 용이한 것이 되어야 한다.

앞에서도 언급했듯이 지금까지 앞선 연구에서는 양성홀소리 대 음성홀소리를 몇몇의 대립적인 의미관계로 파악하였다. 그러나 글쓴이는 양성홀소리는 무표적인 것으로 음성홀소리는 흉내말의 기본 의미에 '강조'의 의미를 덧실현시키는 것으로 파악하였다. 그러므로 흉내말에서는 양성홀소리 대 음성홀소리의 대응을 가질 경우 의미적으로 무표적인 양성소리의 흉내말을 기본형으로 삼는다.[18] 닿소리의 경우에도 예사소리, 된소리, 거센소리의 대응을 가질 경우 의미상 무표적인 예사소리를 기본형으로 삼는다. 예사소리가 빈칸이고 된소리와 거센소리만이 있을 경우에는 된소리가 국어의 음소 조직에 확실한 자리를 차지한 것이 거센소리보다 뒤이므로 거센소리 쪽을 대표로 삼을 만하다.[19]

최근의 연구에서는 흉내말의 기본형(대표형) 설정에 있어 주로 음성홀소리를 택하는 경향이 있다. 이는 빈도나 분포상 음성홀소리 쪽이 우세하며, 현대국어의 'ㅏ : ㅓ', 'ㅏ : ㅡ', 'ㅏ : ㅣ'의 대응을 볼 때 양성홀소리 쪽을 기본형으로 삼는다면 대응하는 흉내말을 예측할 수 있는 규칙을 설정하기란 거의 불가능하기 때문이다. 그러나 이것은 언어사실보다는 다분히 이론적인 처리이다. 흉내말의 홀소리 대응은 공시적이라기보다는 역사적이다. 실제 단순히 말맛만의 차이를 갖는 것으로 별 의심없이 다루어져 온 흉내말들이 실제로는 말맛 이상의 차이를 보이며 분포상의 차이를 보이기도 한다.

---

18) 송철의(1989)는 양성과 음성의 대응을 보이는 말이 현대국어로 오면서 주로 양성모음 쪽이 없어졌는데 이는 대개 유표항이 무표항보다 일반적이며 더욱더 한정된 환경에만 쓰일 수 있기 때문이라고 보고, 양성모음쪽을 유표항으로 보았다. 이는 그린버그(Greenberg, 1966)의 견해로, 양성모음을 유표적인 지소칭으로 보고 음성모음 쪽을 평칭으로 본다는 해석을 따랐기 때문이다. 그러나 글쓴이는 오히려 어감상 양성모음 쪽이 무표적이라고 본다. 어감상 유표적인 음성모음 쪽이 남는 것은 화용상의 특성으로 본다. 또 'ㆍ'의 소멸이 양성홀소리 쪽의 약화를 가져온 것은 당연한 결과이다.

19) 역사성만을 고려하여 거센소리를 대표형으로 삼는 것은 그리 타당한 방법은 아니다. 이는 다음에서 설명하게 될 빈칸 채우기의 결과도 고려해야 하기 때문이다.

(35) 쌀쌀 : 쓸쓸 - 중심의미[추움].
　　ㄱ. 그는 나에게 쌀쌀하게 군다[냉정함].
　　ㄴ. 혼자 있으면 쓸쓸하다[외로움].

위의 두 대응하는 흉내말의 중심의미는 같을지라도 연상의미에서는 분명히 차이를 보인다. '끄떡이다'와 '까딱이다'는 대응하는 흉내말이지만 이들이 가질 수 있는 대상어는 다르다.

(36) ㄱ. 철수는 고개를 까딱/끄떡 - 하였다.
　　ㄴ. 철수는 손가락을 까딱/*끄떡 - 하였다.

'까딱'은 대상어로 '고개'와 '손가락'을 갖지만 '끄떡'은 '고개'만을 대상어로 갖는다. 대응하는 흉내말이 단순한 말맛의 차이가 아닌 지적의미의 차이를 갖는 것은 빈도가 높은 흉내말에서는 흔히 볼 수 있는 현상이다. (35)의 사실로 보아 '단단/딴딴/탄탄'이나 '든든/튼튼' 등도 단순히 말맛의 차이만을 갖는다고 할 수 없으며, 이들이 보이는 지적의미의 차이는 홀·닿소리 대응 규칙으로는 예측할 수 없다. 그러므로 이들의 대응 관계는 공시적인 현상으로 보기는 힘들다. 즉 현대국어의 흉내말에 나타나는 대응 양상은 많은 부분에 있어 공시적이기보다는 역사적으로 화석화된 모습의 반영이다. 그러므로 음성홀소리 쪽을 기저형으로 삼고 대응하는 홀소리가 규칙에 의해 공시적으로 도출된다는 것은 사실과 다르다.[20] '반짝반짝'과

---

20) '촘스키(1970), Remarks on nomininalization'에서 통사적 변형규칙에 대한 특이 정보는 어휘부에 들어 있어야 한다는 제안 이후에 문법론의 많은 부분이 어휘부의 영역으로 넘어가면서 어휘부의 구조와 낱말형성규칙에 관한 관심이 대두되었다. 그런데 어휘부의 연구가 깊어지는 과정에서 통시적으로 형성된 낱말조차 낱말형성규칙을 세워 공시적으로 도출되는 것처럼 설명하려는 경향이 없지 않았다. 그러나 국어의 굴곡이나 생산성이 높은 몇몇 파생의 가지에 의한 낱말형성을 제외하고는 현재 존재하는 많은 합성어(특히 비통사적 합성어)나 파생어 등은 그 분석 가능성을 떠나서, 어휘부에서 낱말형성규칙에 의해 공시적으로 도출되었다고 보기는 어렵다. 이것은 낱말형성규칙의 특이 정보는 어휘목록에 이미 기재되어 있는 것이지 도출될 수 있는 것이 아니기 때문이다. 그러므로 현대국어의 흉내말

'번쩍번쩍'에서, 또 '깡충깡충'과 '껑충껑충' 등에서 음성홀소리 쪽이 기본
형이라는 것은 우리의 직관으로는 잘 받아들여지지 않는다.

기본형을 설정하는 기준 가운데 하나는 새말을 만드는데 대응쌍 가운
데 어느 쪽이 더 적극적인 모습을 보이는가이다.

> (37) ㄱ. 산들바람 > 선들바람, 보슬비 > 부슬비, 복슬강아지 > 북슬
>   강아지
>   ㄴ. 볼록반사경 /*불룩반사경, 얼룩소 /*알룩소
>   ㄷ. 감감소식 / 깜깜소식 /*캄캄소식

(37)의 보기들은 모두 흉내뿌리를 갖는 낱말들이다. (37ㄱ)은 두 계열의
흉내말이 모두 가능하지만 양성홀소리의 흉내말과 결합한 것이 일반적으
로 사용된다. (37ㄴ)은 두 계열 가운데 하나만 나타나는 것으로 양성홀소
리의 흉내뿌리를 선택한 것과 음성홀소리의 흉내뿌리를 선택한 것이 모
두 나타난다. 비록 정도의 차이는 있지만 두 계열의 흉내말이 새말을 만
드는 데 모두 참여하므로 파생의 정도로 기본형을 설정하기란 어려울 것
같다. 이런 공시적인 기본형의 설정이 대응하는 다른 흉내말을 공시적으
로 파생한다는 것을 의미하지는 않는다. 이는 현대국어의 홀소리 대응규
칙은 어떤 음운론적인 자질에 의해 설명되어질 수 있는 것이 아니라 통
시적인 변화의 흔적이기 때문이다. 즉 양성홀소리 'ㅏ'가 언제 'ㅓ'하고
대응하고 언제 'ㅡ, ㅜ, ㅣ'와 대응하느냐 하는 것은 공시적으로 예측할
수 없는 통시적인 결과이며, 닿소리 대응규칙이니 홀소리 대응규칙이니
하는 것도 어디까지나 공시적 기술의 결과이지 생산성을 갖는 파생규칙
은 아니다.[21] 그러므로 현대국어에서 각각의 흉내말은 '낱말 형성 규칙'

에서 어두운 홀소리 쪽을 기저형으로 보고 그 대응형이 공시적(발화시에)으로 규
칙에 의해 도출된다고 하는 것은 현실적이지 못하다.

21) 혹 표면에서 'ㅓ'에 대응하는 'ㅏ'는 기저형을 'ㅏ'로, 'ㅣ, ㅡ, ㅜ'에 대응하는
'ㅏ'는 기저형을 '·'로 설정함으로써 표면의 불규칙성을 규칙적인 것으로 파악할
수도 있겠다. 그러나 표면에 존재하지 않는 추상적인 기저형의 존재(설정) 여부는

으로 생성되는 것이 아니라 일일이 습득되어 어휘부에 등재된다고 보아
야 한다.

3.6. 빈칸 채우기

구조의 빈칸이 생겼을 때 불균형을 안정시키기 위해서 변동이 생긴다.
즉 그 자체가 소멸해 버리든지 또는 원래 없던 것이 생기어 구멍을 메우
게 되어 체계에 변동이 생긴다(Martinet, 1961). 이러한 원리에 의하면, 흉내
말 체계에서의 빈칸도 항상 변화의 가능성을 간직하고 있다고 할 수 있
다. 그러나 현대국어에서 홀소리 대응 현상이 점차 소멸해가고 있다고 할
때 오히려 그 반대로 빈칸을 채우리라고 기대하기는 쉽지 않다. 그러나
현대국어의 홀소리 대응 양상이 단지 소멸하는 것이 아니라 재개편되는
것이라면 빈칸을 메울 가능성이 없지만도 않다. 특히 현대국어 화자는 아
직도 'ㅏ'에 대해서는 'ㅓ'를 'ㅗ'에 대해서는 'ㅜ'를 가장 확실한 대응쌍
으로 인식하고 있으므로 음운체계의 변화에 의해 빈칸이 생겼을 때에는
이를 채우려는 경향이 나타난다.

모양흉내말 '살살'에 대응하는 흉내말로 '슬슬'이 있는 반면에 제한적
이나마 '설설'이 쓰기도 한다.

아직 논란의 여지가 많은 부분이다.
현대국어에서 '가득'에 대해 대응하는 '그득'이 있다. 이는 '가득'의 고형이 'ㄱ득'
이었던 점으로 미루어 현대국어에서 이런 대응을 보이는 것은 역사적으로 타당한
듯하다. 그러나 중세국어에서 그 대응쌍이었을 것으로 보이는 '그득'의 출현은 예
상과는 달리 'ㆍ'의 음가가 소실된 개화기의 문헌(1880년 이후)에서 처음 나타난
다. 이는 결국 'ㆍ'가 'ㅏ'로 바뀐 후에도 이전 형인 'ㆍ'에 대해서 대응을 보였다
는 것인데 이것이 가능한 것인지 의문이다.
현대국어의 흉내말들에 대해 대응하는 역사적인 자료를 찾는 일은 쉽지 않다 또
한 우리가 기대하는 것만큼 홀·닿소리 대응을 보이는 옛말 자료도 많지 않다.

(38) 그는 강자 앞에서는 <u>설설</u> 기었다.

현대국어에서 '말랑말랑'은 그에 대응되는 흉내말로 '물렁물렁'을 가지
므로, 이는 앞에서의 원리대로라면, 역사적으로 '말랑말랑'이 '믈랑믈랑*'에
서, '물렁물렁'이 '믈렁믈렁*'에서 온 것임을 알 수 있다. 그 결과 '물렁물
렁'에 대한 양성홀소리의 자리는 빈칸이 되었으므로 여기에 새로 '몰랑몰
랑'이 나타나게 된 것으로 보인다.[22]

몰랑몰랑*	믈렁믈렁*	>	말랑말랑	
				물렁물렁

>	말랑말랑	
	몰랑몰랑	물렁물렁

빈칸 채우기의 결과로 보이는 흉내말을 '( )'에 들면 다음과 같다.

(39) 바그르르 / (버그르르) / 부그르르 / (보그르르)
　　 바글바글 / (버글버글) / 부글부글 / (보글보글)
　　 바드득 / *버드득 / 부드득 / (보드득)
　　 바들바들 / (버들버들) / 부들부들 / *보들보들
　　 바사삭 / (버서석) / 부서석 / (보사삭)
　　 바슬바슬 / (버슬버슬) / 부슬부슬 / (보슬보슬)
　　 바싹 / (버썩) / 부썩 / (보싹)
　　 바짝 / (버쩍) / *보짝 / 부쩍
　　 발끈 / (벌끈) / 불끈 / (볼끈)
　　 말랑말랑 / *멀렁멀렁 / 물렁물렁 / (몰랑몰랑)
　　 말씬말씬 / *멀씬멀씬 / 물씬물씬 / (몰씬몰씬)
　　 말캉말캉 / *멀컹멀컹 / 물컹물컹 / (몰캉몰캉)

---

22) 송철의(1989 : 231)에서는 색채어의 내적파생에 의한 일반적인 경향에 따른다면
　 '파릇파릇'에 대해 '퍼릇퍼릇'이 되어야 하겠지만 직관적으로 '푸릇푸릇'이 더욱
　 자연스러우며, 한편 '포릇포릇'은 '파릇파릇'의 방언으로 처리되어 있고 '퍼릇퍼
　 릇'은 '푸릇푸릇'의 비표준어로 처리되어 있는데 이것은 색채어들이 '아 : 어'의 대
　 립과 '오 : 우'의 대립을 가장 자연스러운 대립유형으로 인식했기 때문에 생긴 대
　 립쌍이 아닌가 추측하였다.

역사적으로 첫소리가 합용병서로 이루어진 흉내말이 된소리로 바뀌어, 현대국어에서 된소리를 첫소리로 하는 흉내말이 된 것이라면, 이는 본래 예사소리를 대응쌍으로 하는 흉내말이 아니므로, 현대국어에서도 예사소리의 흉내말 자리는 빈칸이 되는 것이 원칙이라고 생각된다. 마찬가지로, 예사소리 자리가 비어 있기 때문에 그에 대응하는 거센소리 자리도 자연히 빈칸으로 나타나는 것으로 보인다.

(40) 따끔 / *타금, 빳빳 / *팟팟, 꿈틀 / *쿰틀, 끈끈 / *큰큰, 꿈적 / *쿰적

그러나 다음과 같은 흉내말들은 예사소리 자리가 빈칸인데도 불구하고 된소리와 거센소리 자리의 흉내말들이 모두 나타나는데, 이것은 이들이 예사소리 흉내말에 비해 유표적이라는 공통성을 가지고 있으므로, 의미상의 제약이 없는 한, 빈칸을 채우려는 경향에 의해 메꾸어진 것으로 보인다.

(41) 딱 / 탁, 똥똥 / 통통, 꼭 / 콕, 빡빡 / 팍팍, 짝 / 착

또 현대국어로 오면서 어두의 된소리 경향이 두드러지면서, 제한적이긴 하지만 [-됨, -거침]의 의미를 갖는 '보송보송'과 같은 흉내말에서도 된소리 '뽀송뽀송'이 나타난다. 이는 현대국어의 전반적인 된소리화 경향에 의해 채워진 빈칸으로 생각되는데, 앞으로도 빈칸들은 필연적인 빈칸을 제외하고는 항시 채워질 수 있다는 점에서 변화의 동기를 가지고 있다고 하겠다.

(42) ㄱ. 누늘 ᄌ조 ᄀᆞᆸ자기며 <월인, 13>
ㄴ. 누늘 ᄀᆞᆷ족도 아니ᄒᆞ얫더니 <석11 : 16>
ㄷ. 눈 ᄌᆞᆷ쟈길 瞬(瞬) <倭상 30>

다만 닿소리 자리의 빈칸은 좀더 다양한 변수를 갖고 있는 것 같다. 지

금까지의 가정대로라만 현대국어에서 '깜짝'은 대응하는 예사소리의 '감
작'이 없으므로 이는 역사적으로 어두자음군을 갖는 흉내말 '씸족*'에서
온 것이기 때문이라고 추정할 수 있다. 그러나 (42)와 같이 이 흉내말의
기본형으로 15세기에 '금족'이 있는 것으로 보아 이 원리가 절대적인 것
은 아니라고 본다.

4. 정리

글쓴이는 지금까지 현대국어의 흉내말 체계에서 나타나는 빈칸들을 유형
별로 분석하여 빈칸이 나타나는 이유를 크게 역사적인 '음운체계의 변천'과
'의미 자질'로 설명하였다. 이에 앞서 빈칸의 유형을 체계화하였다. 또 흉내
말 체계의 빈칸에 대한 논의에서는 빈칸의 공시적 가치를 논하였다.

정리하면, 현대국어에서 흉내말의 홀소리 대응쌍에 빈칸이 나타나는 것
을 역사적인 'ㆍ' 음가의 소실로 설명하였다. 즉 15세기에 'ㆍ : ㅡ', 'ㅏ :
ㅓ', 'ㅗ : ㅜ'의 정연한 홀소리 대응을 보이던 것이 'ㆍ'가 'ㅏ'로 합류함
으로써 현대국어에서 홀소리 대응에서 'ㅏ : ㅓ' 외에 'ㅏ : ㅡ'의 대응을
갖게 된 것이다. 이는 다시, 'ㅡ'에 앞서는 닿소리가 'ㅁ, ㅂ, ㅍ, ㅃ' 등
일 때 그 소리를 닮아 'ㅜ'로 바뀌고, 'ㅈ, ㅉ, ㅊ, (ㅅ)'일 때는 'ㅣ'로 바
뀌어 현대국어에서 공시적으로 'ㅏ'가 'ㅓ'뿐만 아니라 'ㅡ, ㅣ, ㅜ'의 흉
내말과 대응하게 되었다.

닿소리 대응에 나타나는 빈칸은 현대국어의 된소리 흉내말이 어두자음
군을 기원으로 할 경우 예사소리 자리가 빈칸으로 나타나며 또 의미상
흉내말의 바탕의미가 [−된, −거침]의 특성을 가질 때, 된소리와 거센소
리의 흉내말 자리가 빈칸으로 나타난다고 보았다. 이 밖에 홀소리 대응의

의미기능을 대립되는 다양한 의미 자질로 설명하지 않고 양성 홀소리의 흉내말이 무표적인 데 반해 음성의 홀소리의 의미는 흉내말의 바탕의미에 얹혀 그 의미를 '강조'하는 것으로 파악하였다.[23] 또 현대국어의 흉내말의 홀소리 대응은 역사적인 결과이지 공시적인 현상이 아니라는 점을 대응하는 흉내말의 의미 차이를 들어 설명하였다.

그러나 지금까지의 논의가 흉내말 체계에서의 빈칸을 모두 설명해 줄 수 있는 것은 아니다. 그것은 무엇보다도, 소리와 의미 사이에 유연성을 갖는다고 생각되어 온 흉내말조차 언어의 '자의성'에 대해 완전히 자유롭지 못하기 때문이다. 어말 홀소리의 고모음화나 전반적인 발음의 된소리화 등도 현대국어 흉내말의 체계적인 대응성을 무너뜨리는 요소가 될 것이다. 또한 가정을 증명할 수 있는 문헌 자료가 아직 충분히 확보되지 못했다는 점에서 한계를 갖는다.

이 글은 많은 설명의 부족에도 불구하고, 빈칸 연구가 언어의 여러 현상을 체계적이고 명시적으로 규명할 수 있다는 것을 확인하고, 앞으로의 흉내말 연구 및 그 밖의 언어 연구에 상당히 유용하다는 것을 증명할 수 있었다는 데에 의의가 있다.

---

23) 단, 이는 발생학적인 측면에서 그렇다는 것이지 현대 국어에서 양성쪽이 일방적으로 무표적으로 인식된다는 것은 아니다.

|제6장| 맺음말

이 연구는 현대국어 흉내말의 종합적인 연구로 흉내말의 형태적 특성, 통어적 특성, 의미적 특성, 체계적 특성에 대한 연구였다.

먼저, 흉내말은 '소리흉내말'과 '모양흉내말'을 포괄하는 용어로 다음과 같이 정의내렸다. 이때, 현대국어의 흉내말이 발생학적인 측면에서 모두 음성상징에 기초하는 것이 아니라 일반어휘에서 파생된 낱말이 다수 있다는 점을 분명히 하였다.

(1) 흉내말의 정의
흉내말은 자연계의 소리를 그와 유사한 음성으로 모방하여 관습화된 '소리흉내말'과, 소리 이외의 모양이나 상태를 특정한 음운으로 모방했거나, 모방했다고 인식되는 '모양흉내말'을 두루 일컫는 국어의 특수한 낱말군이다.

한편, 흉내말 설정의 기준으로 제시된 기존의 안을 검토한 후, 흉내말이 형식 범주가 아니라 심리 범주이기 때문에 객관적인 흉내말의 설정 기준을 세우기가 어렵다는 사실을 지적했다. 다만, 일반 낱말과 비교하여 흉내말에 두드러지게 나타나는 특성을 '정도'에 따라 다음과 같이 단계적으로 적용함으로써 흉내말을 판단하는 기본 조건으로 삼을 수 있다고 보았다.

(2) **흉내말 판단의 기본 조건**
① '—거리다 / 대다'가 결합할 수 있는가.
② 홀·닿소리의 갈음에 의해 말맛을 달리하는 대응 낱말을 갖는가.
③ 반복형식을 갖는가.

그러나 흉내말을 설정하는 데는 여전히 개인의 판단에 따를 수밖에 없는 영역이 남는다는 한계를 인정하였다.

흉내말의 영역에 대해서는, 먼저, 흉내말이 낱말 층위의 범주임을 분명히 하고, 흉내말에서 흉내요소에 해당하는 부분을 '흉내형식'이라 하여 낱말 층위의 흉내말과 구별하였다. 또 흉내말을 어찌씨 흉내말에 해당하는 좁은 의미의 흉내말과, 흉내형식을 갖고 있는 넓은 의미의 흉내말로 구분하고, 이 연구에서는 넓은 의미의 흉내말을 대상으로 하였다.

(3) **'흉내형식'과 '흉내말의 영역'**
① 흉내형식—흉내 요소로만 이루어진 형태론적 단위.
② 좁은 의미의 흉내말—흉내형식으로만 이루어진 어찌씨(일반적인
   개념의 흉내말).
③ 넓은 의미의 흉내말—흉내형식을 갖고 있는 낱말.

이러한 기준에 따라, 『우리말 큰사전』에서 전체 흉내말 목록을 작성하고, 90년대 이후의 문헌 자료를 대상으로 한 실질 조사에서 흉내말을 갖고 있는 6,485개의 월을 수집하였다. 이를 '기초 자료의 통계적 검토'라는 차원에서, 음절 수에 따른 자립도, 출현 빈도수 등을 조사하고, 각 장에서는 그 장의 주제와 관련하여 통계 결과를 활용하였다. 통계의 기본 단위는 흉내뿌리(흉내말 뿌리)로 하였다.

각 장의 연구를 정리하면 다음과 같다.

[1] 흉내말의 형태적 특성

흉내말의 형태론적 연구는 '분석'의 측면과 '낱말만들기' 측면에서 검토하였다.

분석의 측면에서 흉내말의 반복형식은 '구조의 일관성'이라는 측면에서 모두 형태소로 분석하는 것이 타당하다고 보고 그 형태론적인 근거를 제시하였다. 또 흉내말을 구성하는 최소의 형태론적 단위로 '상징소'를 설정할 것을 제안하였다. '상징소'는 '빙글', '끈쩍', '둥실'에서 '-글', '-쩍', '-실'과 같은 형태로, 한국어의 흉내말(주로 의태어)의 끝 음절 가운데에 보편적인 형태소의 개념으로는 분석하기 어려우나, 일련의 형태와 의미를 가지고 있어 흉내말을 구성하는 형태론적 요소로 파악되는 것이다. 상징소를 설정함으로써 얻는 이점으로, 흉내말을 보다 작은 형태의 구성체로 파악하여 흉내말의 본질적인 구조를 파악할 수 있고, 흉내말의 형성 과정을 연구하는 데 유용할 뿐 아니라, 흉내말의 의미론적 특성을 이해하는 데 기여할 수 있다는 점을 들었다.

다음은 낱말만들기의 측면에서, 흉내말의 낱말만들기 유형을 파생 범주에 따라 '어찌씨 만들기', '풀이씨 만들기', '이름씨 만들기'로 나누어 실제 용례를 제시하고, 낱말만들기 규칙을 형식화하려 하였다.

풀이씨 만들기에서는, 흉내말 풀이씨를 만들 때 가장 적극적인 '-하다, -대다, -거리다, -이다'의 파생 조건을 별도로 살펴보았다. 결과표를 옮기면 다음과 같다.

〈'하다, -대다, -거리다, -이다'의 파생 규칙〉

특성 형식	형태론적 자립성	분리성	선행 형태	'X'의 형식	파생 범주	생산성	'X'의 의미
-하다	○	○	XX X(X)	a, ab	움직씨 그림씨	높음	[동작] [상태]
-대다	○	○	X(X)	a, ab	움직씨	높음	[동작]
-거리다	×	○	X(X)	a, ab	움직씨	높음	[동작] [상태, -지속]
-이다	×	×	X	ab	움직씨	낮음	[동작] [상태]

[2] 흉내말의 통어적 특성

흉내말의 통어적 특성에 대해서는 먼저 흉내말이 어찌말 외에 매김말, 느낌말, 풀이말 등으로 기능함을 보이고, 각 기능에 따른 특성을 개관하였다. 흉내말의 통어적 제약으로 대상어와 피수식어 선택 양상과 흉내말의 위치 제약을 살펴보았다. 흉내말에 따라 다양한 대상어와 피수식어를 선택할 수 있는 개방적인 흉내말과 이들에 대한 선택이 매우 제한적인 흉내말이 있음을 알았다. 또 어찌씨 흉내말의 위치는 풀이말과의 선택 폭과 관련이 있음을 밝혔다. 즉 제한된 피수식어와만 어울릴 수 있는 흉내말은 수식하는 풀이말 바로 앞에 오는 것이 일반적이다.

다음은 실제 문헌 조사를 통해 수집한 흉내말 가운데 일부를 선택하여 개별 흉내말의 실제 쓰임새를 구체적으로 살펴보았다. 특히 홀·닿소리 대응쌍에 대해서도 같은 기준으로 비교함으로써 이들의 통어적·화용적 쓰임새가 다름을 알았다. 한편, 개별 흉내말에 대한 연구가 흉내말 사전 편찬을 위한 기초적 연구가 됨을 강조하였다.

[3] 흉내말의 의미적 특성

흉내말의 의미적 특성에 대해서는, 흉내말의 의미 실현 요소를 층위별로 구분하여 고찰하였다. 먼저 자질에 의한 말맛의 실현으로 홀·닿소리 대응과 어말 끝닿소리 대응이 갖는 상대적 말맛을 고찰하였다. 홀소리 대응에서 보이는 말맛은, 기존에 '밝음-어두움, 작음-큼, 좁음-넓음'과 같은 의미 자질의 대응으로 본 것을 통합하여, 양성의 홀소리에 대해 음성의 홀소리를 [강조]의 실현으로 보았다. 된소리 역시 [강조]의 실현으로 보았는데, 홀소리의 강조 대상과 된소리의 강조 대상이 서로 다름을 지적하였다. 거센소리의 말맛으로는 [거침]을 설정하였다. 어말 끝닿소리 대응으로 'ㄱ : ㅇ'과 'ㅅ : ㄹ'을 비교하여 그 의미 자질로, 소리흉내말에서 'ㅇ'은 'ㄱ'에 대해 [울림]을 'ㅅ'은 'ㄹ'에 대해 [듯함]의 상대적 가치를 갖는 것으로 설명하였다.

또한 흉내말의 반복 구성에 의한 의미 기능으로, [반복], [복수의 동작], [복수의 개체], [상태 지속], [강조]가 있음을 들었다. 이들 요소의 복합에 의해 전체 흉내말의 의미가 다음과 같이 비단선적으로 구성된다고 보았다.

〈흉내말의 의미 구조〉
([흉내말의 바탕의미] + [±반복형식의 의미])$^{[±홀소리\ 말맛(강조)][±된소리\ 말맛(강조)][±거센소리\ 말맛(거침)]}$

다음으로, 흉내말의 어휘 체계를 다의어 / 동음이의어, 동의어 / 유의어로 나누어 전체 목록을 들고 그 양상을 살펴보았다. 또 다의어와 동음이의어를 구분하는 형식적 기준으로 홀·닿소리 대응의 차이와 파생 규칙의 차이를 제안하였다. 마지막으로 화용론적 특성을 살펴, 흉내말의 대응쌍들이 발화 상황에 따라 다르게 선택된다는 것을 밝히고, 흉내말의 의미가 문맥에 의존하여 해석된다는 것을 살펴보았다.

[4] 흉내말의 체계적 특성

현대국어의 흉내말 체계에서 나타나는 빈칸들을 유형별로 분석하여 빈칸이 나타나는 이유를 크게 '음운체계의 변천'과 '의미 문제'와 관련하여 설명하였다.

현대국어의 홀소리 대응쌍에 빈칸이 나타나는 것은, 15세기에 '·:一', 'ㅏ:ㅓ', 'ㅗ:ㅜ'의 대응을 보이던 것이 '·'가 'ㅏ'로 합류함으로써 현대국어에서 'ㅏ:一'의 대응을 갖게 된 결과로 보았다. 이때, '一'에 앞서는 닿소리가 'ㅁ, ㅂ, ㅍ, ㅃ' 등일 때 '一'는 그 소리를 닮아 'ㅜ'로 바뀌고, 'ㅈ, ㅉ, ㅊ, (ㅅ)'일 때는 'ㅣ'로 바뀌어, 현대국어에서 'ㅏ'가 'ㅓ'뿐만 아니라 '一, ㅣ, ㅜ'의 흉내말과 대응을 보이는 것을 설명하였다. 닿소리 대응에 나타나는 빈칸은 현대국어의 된소리 흉내말이 어두자음군을 기원으로 할 경우, 예사소리 자리가 빈칸으로 나타나는 경향이 있으며, 또 의미상 흉내말의 바탕의미가 [-센, -거침]의 특성을 가질 때, 된소리와 거센소리의 흉내말 자리가 빈칸으로 나타난다고 보았다.

또한 현대국어 흉내말 체계에 나타나는 빈칸은 공시적 언어가 보여주는 통시적 정보라는 점에서 의의가 있으며, 흉내말 체계의 구조적 빈칸은 체계의 안정성을 위해 메워 지기도 한다는 것을 보았다.

이 연구는, 흉내말에 대한 앞선 연구가 기술적 측면에 집중하였던 데 반하여, 보다 정밀한 기술은 물론이려니와 흉내말이 보이는 다양한 현상에 대한 설명을 모색하였다. 기본적으로는 기능주의의 계량언어학적 접근 방법을 취했으나, 형식주의 언어학이 갖는 기술 상의 이점을 완전히 배제하지 않았다. 또 전통적인 어휘 분석 방법인 '빈칸' 이론을 흉내말 연구에 새롭게 적용하는 등, 적절한 방법론을 모색하였다. 그 결과, 기존 연구에서 놓쳤던 몇몇 사실을 보다 구체적으로 깁고 더할 수 있었고, 때에 따라서는 기존의 연구와 시각을 달리하는 해석을 내렸다.

이 연구는 흉내말의 종합적인 연구라는 목표로 시작하였다. 그러나 다루지 못한 부분들이 더 많은 듯하다. 특히 흉내말의 역사적 연구를 비중 있게 다루지 못한 것은 이 연구가 갖는 가장 큰 구멍('빈칸')이라 하겠다. 또 흉내말이 결코 한국어만의 언어 유산이 아니라는 점에서, 주변 언어의 흉내말과 대조·비교하는 작업이 필수적으로 이루어져야 할 것이다. 이들은 모두 앞으로의 과제로 미뤄 두겠다.

참고문헌

1. 흉내말·음성상징 관계 논저

강덕구(1988), 일본어 상징어에 대한 일고찰 : 의음어의 음과 의미의 상관관계를 중심으로, 계명대학교 석사학위 논문.

강은국(1993), 『조선어 접미사의 통시적 연구』, <우리말 밝히기> 5, 서광학술자료사.

강인선(1993), 일본어의 의성 의태어, 『새국어생활』 3-2, 국립국어연구원.

강헌규(1968ㄱ), 음성 상징과 어휘확장 연구, 서울대학교 교육대학원 석사학위 논문.

강헌규(1968ㄴ), 음성상징과 sense 및 meaning 분화에 의한 어휘확장 연구, 『국어교육』 11, 한국국어교육연구회.

국립국어연구원(1993), 『새국어생활 ─ 특집 / 한국어의 의성어 · 의태어』, 3-2.

김계곤(1970), 현대 국어 꾸밈씨의 합성법, 『한글』 146호, 한글학회.

김계곤(1993), 현대 국어의 조어법 연구 ─ "하다" 따위 풀이씨의 됨됨이 ─ , 『한글』 221, 한글학회.

김광해(1982), 자음교차에 의한 어휘분화 현상에 대하여, 『국어교육』 42-43, 한국국어교육연구회.

김길중(1970), A Comprative Saperimental Study in Phonetic Symbolism, 서울대학교 대학원 석사학위 논문.

김동찬(1987), 『조선어리론문법 ─ 단어조성론』, 고등교육도서출판사.

김동휘(1968), 국어 첩용 및 첩어 연구, 경북대학교 대학원 석사학위 논문.

김명희(1969), 한국시에 나타난 의성어의 음성상징체계, 『한국어문학연구』 9, 이화여자대학교.

김석득(1994), 국어의 상징어 연구, 『제2회 학술 연구 논문집』, 재단법인 양영회.

김석득(1995), 우리말의 상징성 연구 ─ 음소 상징어와 음소 상징을 가진 말 / 말맛 / 파생, 합성 문제, 『한글』 229, 한글학회.

김송원(1985), 한국어 모음의 음양성에 대한 재조명 ─ 음양성에 의한 어감분화의 현상을 중심으로, 『건국어문학 ─ 김일근박사회갑 기념호』 9·10 합호, 건국대학교 국어국문학연구회.

김영희(1975), 한국어의 거듭상, 『한글』 156, 한글학회.

김인화(1994), 음성상징어의 한일양국어 대조연구, 『이화어문논집』 13, 이화여자대학교 학국어문학연구소.

김인화(1995), 현대 한국어의 음성상징어 연구, 이화여자대학교 대학원 박사학위 논문.

김종택(1968), 상징어의 연구,『논문집』 3, 대구교육대학.

김중섭(1993), '칼칼, 컬컬' 어원고,『고황논집』 12, 경희대학교 대학원.

김중섭(1994ㄱ), 한일어 의태부사 어원 비교연구,『알타이 연구소 논문집』 2, 경희대학교 알타이어 연구소.

김중섭(1994ㄴ), 한일어 의태부사연구(하체어를 중심으로),『경희어문학』 14, 경희대학교 국어국문학과.

김중섭(1995), 한국어 의태어 어원 연구, 경희대학교 박사학위 논문.

김지홍(1986), 몇 어형성 접미사에 대하여―특히 '―이다―, ―대다, ―거리다, ―하다, ―ø'의 관련을 중심으로―,『백록어문』 창간호, 제주대학교 사범대학 국어교육과 국어교육연구회.

김태자(1963), 춘향전에 나타난 의성어 의태어에 대한 소고,『청성문학』 3, 숙명여자대학교 국어국문학과.

김혜란(1989), 한국 현대소설에 나타난 상징어 연구 : 의태 상징어를 중심으로, 이화여자대학교 교육대학원.

김홍범(1993ㄱ), 상징어의 형태와 의미구조 분석,『연세어문학』 25, 연세대학교 국어국문학과.

김홍범(1993ㄴ), 한국어 상징어 전문사전의 대조분석,『연세대 원우론집』 20, 연세대학교 대학원.

김홍범(1994ㄱ), 한국어 상징어의 기존 연구에 대한 비판적 고찰,『논문집』 1, 서남대학교.

김홍범(1994ㄴ), 한국어 상징어의 문법적 특성,『우리말 연구』 1, 우리말학회.

김홍범(1995ㄱ), 한국어의 상징어 연구, 연세대학교 박사학위 논문.

김홍범(1995ㄴ), 한국어 상징어의 통사·의미론적 연구,『애산학보』 17, 애산학회.

김홍범(1995ㄷ), 한국어의 상징어 연구―형태론적 특성을 중심으로,『한글』 228, 한글학회.

남성현(1965), 15세기 국어의 음성상징 연구,『국어연구』 13, 국어연구회.

남풍현(1969), 모음의 음성상징과 어사발달에 대한 고찰,『한양대학교 창립 30주년 기념논문집』, 한양대학교.

남풍현(1993), 중세국어의 의성의태어,『새국어생활』 3-2, 국립국어연구원.

노동선(1979), 중국어의 의성·의태어 연구『논문집』 5, 외국어대학교.

리의도(1981), 한국 의성어의 음운 통계 시론 (I),『국제어문』 2, 국제어문연구회.

민성홍(1991), 현대 한·일어의 관용적 비유표현 비교 연구 : 상징어의 비유성을 인정하는 관점에서, 경희대학교 박사학위 논문.

박기완(1983), 흉내말에 있어서의 홀·닿소리 어울림, 연세대학교 대학원 국어국문학과 석사학위 논문.

박동규(1983), 유음첩어의 형태구조 연구,『논문집』 1, 전주대학교 교육학부.

박동근(1992ㄱ), 한국어 상징어의 형태·의미 구조 연구, 건국대학교 대학원 석사학위 논문.

박동근(1992ㄴ), '상징소'에 대하여,『한국어의 토씨와 씨끝』, 서광학술자료사.

박동근(1993), 상징어 체계의 '빈칸'에 대하여, 제596돌 세종날 기념 연구발표대회, 한글
　　학회.
박동근(1994ㄱ), '－하다, －대다, －거리다, －이다' 연구 (1) － 흉내말과의 형태·통어론
　　적 특성에 따른 결합 규칙, 『대학원 학술논문집』 38, 건국대학교 대학원.
박동근(1994ㄴ), '－하다, －대다, －거리다, －이다' 연구 (2) － 흉내말과의 의미 특성에
　　따른 결합 규칙, 『대학원 학술논문집』 39, 건국대학교 대학원.
박동근(1995), 흉내말 체계의 '빈칸' 연구, 『한말연구』 1, 한말연구모임.
박동근(1996ㄱ), 흉내말의 풀이씨 만들기, 『우리말 형태 연구』, <우리말 연구 2>, 한말연
　　구모임.
박동근(1996ㄴ), 현대국어 흉내말의 통사·의미 특성 연구, 『대학원 학술 논문집』 43, 건국
　　대학교 대학원.
박동근(1996ㄷ), 흉내말 연구의 흐름, 『한국어 토씨와 씨끝의 연구사』, 박이정출판사.
박미엽(1988), 국어 의성, 의태어의 음운론적 연구, 전북대학교 대학원 석사학위 논문.
박은용(1959), Altai 어족에 나타난 모음상징에 대하여, 『어문학』 4, 어문학회.
박영덕(1989), 현대국어 상징어의 연구, 동국대학교 대학원 석사학위 논문.
박창원(1993), 현대 국어 의성 의태어의 형태와 음운, 『새국어생활』 3-2, 국립국어연구원.
박철선(1995), 국어 소리시늉말의 특성 연구, 동아대학교 교육대학원 석사학위 논문.
박항식(1973), 의태어와 의성법고, 『논문집』 7, 원광대학교.
백승영(1991), 첩형의태부사의 형성과정 연구, 경희대학교 대학원 석사학위 논문.
변찬수(1994), 한·일 양국어의 상징어 의미비교 : 소리내지 않는 웃음을 중심으로, 한국외
　　국어대학교 교육대학원 석사학위 논문.
서상규(1993), 현대 한국어의 시늉말의 문법적 기능에 대한 연구 － 풀이말과의 결합관계를
　　중심으로 －, 『朝鮮學報』 149, 朝鮮學會.
서정욱(1994), 국어 시늉말(의성·의태어) 사전 편찬의 한 방안, 『계명어문학』 8, 계명어문
　　학회.
성기옥(1993), 의성어·의태어의 시적 위상과 기능, 『새국어생활』 3-2, 국립국어연구원.
송규흠(1991), 보현십원가의 상징어와 상징구조, 영남대학교 교육대학원 석사학위 논문.
송문준(1988), 소리흉내말의 씨가름에 대하여, 『한글』 200, 한글학회.
송철의(1990), 국어의 파생어형성 연구, 서울대학교 대학원 박사학위 논문.
시정곤(1994), 국어의 단어형성 원리, 고려대학교 대학원 박사학위 논문.
신현숙(1986), 흉내표현 형식의 의미분석, 『의미분석의 방법과 실제』, 한신문화사.
안자산(1922), 조선어원론 『조선문학사』, <역대문법대계> 1-25 수록.
양해석(1973), 현대 국어의 상징어 연구, 서울대학교 대학원 석사학위 논문.
우인혜(1990), 시늉 부사의 구문론적 제약, 『한국학 논집』 17, 한양대학교 한국학연구소.
유창돈(1975), 『어휘사 연구』, 삼우사.
윤영기(1985), 일·한 양국어 상징어 대조 연구－형태와 의미를 중심으로, 계명대학교 대

학원 일어일문학과 석사학위 논문.

윤영기(1987), 日韓兩國の擬音語·擬態語對照硏究, 『일어교육』 3, 대한일어교육연구회.

윤평현(1974), 음성상징의 시적기능에 관한 소고, 『문리대학보』 1, 조선대학교.

윤희경(1994), 현대 국어 음성상징어의 중첩에 대한 연구, 계명대학교 대학원 석사학위 논문.

윤희원(1993), 의성어·의태어의 개념과 정의, 『새국어생활』 3-2, 국립국어연구원.

이건식(1988), 현대국어의 반복복합어 연구, 단국대학교 대학원 석사학위 논문.

이계옥(1980), 兩國の國語敎科書して表ねれた擬聲語·擬態語の對照比較, 한국외국어대학교 대학원 석사학위 논문.

이극로(1938), 사전주해난, 『한글』 6-7, 한글학회.

이문규(1996ㄱ), 음운교체와 상징어의 어감분화, 『어문학』 57, 한국어문학회.

이문규(1996ㄴ), 현대국어 상징어의 음운·형태론적 연구, 경북대학교 대학원 박사학위 논문.

이상규(1994), 국어의 의성 의태어 연구, 한양대학교 대학원 석사학위 논문.

이숭녕(1954), 음성상징론, 『서울대 문리대학보』, 2-2, 서울대학교 문리과대학학생회.

이숭녕(1958), 음성상징재론, 『서울대 문리대학보』, 7-1, 서울대학교 문리과대학학생회.

이숭녕(1960), 국어에 있어서 모음의 음성상징과 음운론적 대립과의 관계에 대하여 : 『이숭녕국어학선집』 3, 민음사 재수록.

이숭녕(1978), 국어 음성상징론에 대하여, 『언어』 3-3, 한국언어학회.

이영석(1994), 한국어 상징음의 모음조화 : 비단선적 음운론적 분석, 『언어학』 16, 한국언어학회.

이영석(1995), A Non-Linear Phonological Analysis of the Ideophone System in Korean, 서울대학교 대학원 박사학위 논문.

이영희(1982), 제주도방언의 상징어 연구, 제주대학교 교육대학원 석사학위 논문.

이용구(1992), 현대 국어의 상징어 연구 : 의태어를 중심으로, 경희대학교 교육대학원 석사학위 논문.

이원직(1970), 중기 국어의 상징어 연구, 고려대학교 대학원 석사학위 논문.

이익섭(1982), 현대국어의 반복복합어의 구조, 『백영 정병욱선생 회갑기념 논총』, 신구문화사.

이정선(1985), 첩어의 형태·구조 연구, 상명여자대학교 대학원 석사학위 논문.

이종미(1990), 한·일 양국어의 의성어·의태어의 대조 연구 : 초등국어 교과서를 중심으로, 중앙대 교육대학원 석사학위 논문.

이하자(1986), 한·일 양국어의 의음어 의태어 대조비교-국민학교·소학교의 교과서를 중심으로, 경상대학교 교육대학원 석사학위 논문.

이하자(1987), 韓日兩國の國民學校(小學校) 敎科書에 나타난 擬音語·擬態語 對照比較, 『일어교육』 3, 대한일어교육연구회.

장 효(1965), 우리말의 상징어론, 『한양』 4, 한양대학교.

장성균(1938), 조선말의 풍부성,『한글』6-9, 한글학회.

전범중(1991), 의태어에 관한 일고찰,『대신대학논문집』, 11, 대신대학교.

전정례(1973), 한국현대시의 감각어연구-상징어,색채어를 중심으로-,『선청어문』4, 서울
    사대 국어교육과.

정대하(1967), 국어 상징어에 대하여,『국어국문학 연구 논문집』9, 영남대학교.

정순기ㆍ리기원(1984),『사전 편찬리론 연구』사회과학 출판사.

정승호(1994), 일ㆍ한 양국어의 상징어 대조 고찰, 계명대학교 교육대학원 석사학위 논문.

정영염(1962), 흥부전에 나타난 의성, 의태어에 대하여,『국어국문학 연구』4, 이화여자대
    학교.

정원용(1980), 한국어 음성 상징어의 영역에 대한 연구, 동아대학교 대학원 석사학위 논문.

정인승(1938), 어감 표현상 조선어의 특징인 모음 상태 법칙과 자음 가세법칙,『한글』6-9,
    한글학회.

정철주(1986), 국어의 첩어의 분석-의성ㆍ의태어를 중심으로-, 계명어문학 2, 계명어문학회.

조규설(1958ㄱ), 첩용부사의 고찰,『어문학』3. 어문학회.

조규설(1958ㄴ), 첩용부사의 음상징,『국어국문학 연구』2, 청주대학교.

조남호(1988), 현대국어의 파생접미사 연구-생산력이 높은 접미사를 중심으로,『국어연구』
    85, 국어연구회.

조남호(1993), 국어 사전에서의 의성 의태어 처리,『새국어생활』3-2, 국립국어연구원.

주왕산(1948),『말의소리』, <역대문법대계> 1-71 수록.

차건호(1990), 한ㆍ일 양국어의 의성어ㆍ의태어의 비교 연구-초등국어 교과서의 교육내용
    을 중심으로, 건국대학교 교육대학원 석사학위 논문.

채 완(1986),『국어 어순의 연구』<국어학 총서> 10, 국어학회.

채 완(1987), 국어 음성상징론의 몇 문제,『국어학』16, 국어학회.

채 완(1990), 음성상징,『국어연구 어디까지 왔나』, 동아출판사.

채 완(1993), 의성어ㆍ의태어의 통사와 의미,『새국어생활』3-2, 국립국어연구원.

최범훈(1985), 언어의 기원과 상징성,『건국어문학』9ㆍ10합호, 건국대학교 국어국문학연
    구회.

최상진(1982), 상징어의 시적기능에 관한 고찰, 경희대학교 대학원 석사학위 논문.

최세화(1972), 언어와 상징,『동국』8, 동국대학교.

최학근(1977), 국어 어휘 파생에 있어서의 모음 대립 법칙,『국어방언연구』, 형설출판사.

최현배(1971),『우리말본』, 정음문화사.

최호철(1984), 현대 국어의 상징어 연구, 고려대학교 대학원 석사학위 논문.

하치근(1987), 국어 파생접미사의 연구, 부산대학교 대학원 박사학위 논문.

허 웅(1986),『국어 음운학-우리말 소리의 오늘ㆍ어제』, 샘문화사.

허향희(1989), 日ㆍ韓兩國語における音聲語の比較對照研究,『日本語敎育』68, 日本語敎育
    學會.

홍승우(1982), 언어는 단순히 자의적 체계인가?『논문집』15, 한국외국어대학교.

菅野裕臣(1986), オノマトペの 響き <豊かな語彙と音>,『言語』15-11, 大修館書店, 東京.
野間秀樹(1990), 朝鮮語のオノマトペー擬聲語擬態語の境界畫定, 音と形式 音と意味につい
  てー,『學習院大學言語共同研究所紀要』13, 學習院大學言語共同研究所, 東京.
野間秀樹(1991), 朝鮮語のオノマトペー擬聲語擬態語の派生・單語結合・シンタックス・テ
  クストについてー,『學習院大學言語共同研究所紀要』14, 學習院大學言語共同研究
  所, 東京.
大坪俿(1982), 象徵語彙の 歴史, 講座,『日本語學』7-5, 明治書院, 東京.
筧壽雄(1986), 英語の 擬音語 擬態語,『日本語學』7-5, 明治書院, 東京.
石野博史(1982), 擬音語 擬態語,『言語』11-7, 大修館書店, 東京.
石黑廣昭(1993), オノマトペの 發生,『言語』22-6, 大修館書店, 東京.
小林英夫(1935), 象徵語の 研究へ,『言語學方法論考』, 三省堂.
松本昭(1986), 中國語の 擬音語 擬態語,『日本語學』7-5, 明治書院, 東京.
松本治彌 加藤宏明(1990), 動物の鳴き聲とその各言語でのオイマトペの音響的分析, 『こと
  ばの饗宴』, くろしお出版.
青山秀夫(1972), 現代朝鮮語の擬聲語『朝鮮學報』65, 朝鮮學會.
青山秀夫(1975), 현대 한국어의 상징어 연구, 경희대학교 대학원 석사학위 논문.
青山秀夫(1974), 朝鮮語の派生擬態語試考,『朝鮮學報』72, 朝鮮學會.
青山秀夫(1977), 朝鮮語の音聲象徵,『言語』6-10, 大修館書店, 東京
青山秀夫(1986), 朝鮮語の擬音語 擬態語,『日本語學』, 7-5, 明治書阮, 東京.
青山秀夫(1992), 象徵語の 一部の 派生接尾辭について,『朝鮮學報』145, 朝鮮學會.

Bloomfield, L. 1933, *Language*, Holt-Rinehart-Winston, New York.

Bolinger, D. 1949, The Sign is not Arbitrary, *Boletin del Instituto caro y Cuervo*, Vol 5 :
  52~62.

Brown, R. 1963, *Word and Thing*, New York Free Press, New York.

Brown, R., A. Black and A. Horowitz, 1955, Phonetic Symbolism in Natural Languages,
  Journal of Abnoram and Social Psychology, Vol 49 : 388~393.

Chao, Yen Ren. 1968 / 1980, Language and Symbolism System, MA : Cambridge University
  Press.

Crystal, D. 1987, *The Cambridge Encyclopedia of Language*, Cambridge University Press.

Edmond, L. W. 1976, Arbitrariness and Motivation : A New Theory, *Foundation of Language*,
  Volume 14, D. Deidel Publishins Company.

Fabre, A. 1967, 의성어・의태어의 연구,『문리대 학보』, 13-1・2, 서울대학교 문리과

대학 학생회.

Fordyce, J. F, 1988, Studies in Sound Sumbolism with Special Reference to English. Ph.D. dissertation, University of California at Los Angeles.

French, P. L. 1976, Toward an Explanation of Phonetic Symbolism, Word 28・3.

Hinze, F. 1990, Some Examples of Onomatopoeic Bird Normaintation in Pomoranian and Other Slavic Language, 『ことばの饗宴』, くろしお出版.

Fündling, D, 1985, 『한국어의 의성, 의태어 연구-음성상징에 관한 구조 및 의미론적 고찰』, 탑출판사.

Ikuhior Tamori, 1990, Expressiveness of Janpaness and English Onomatopoeic Expressions, 『ことばの饗宴』, くろしお出版.

Jespersen, O. 1922, Language : Its Nature, Development, and Orgin, Allen and University, London.

Johson, R. C. 1967, Magnitude Symbolism of English Words, Journal of Verbal Leaning and Verbal Behavior 6.

Kim, Kong-On 1977, Sound symbolism in Korean, Journal of Linguistics 13.

Laurence L. S. 1993, 日英 オノマトの 對照研究, 『言語』22-6, 大修館書店, 東京.

Lee, Jin-Seong 1992, Phonology and Sound Symbolism of Korean Ideo-phones, Doctoral dissertation, Univ. of Indiana.

Maltzman, I., L. Monisett, L. Brooks. 1955, An Investigation of Phonetic Symbolism, Journal of Abnormal and Social Psychology, vol 49 : 249~251.

Marchand, H. 1959, Phonetic Symbolism in English Word-Formation, Indogermanishe Forschungen, vol.64 : 146~168.

Martin, S. E. 1962, Phonetic Symbolism in Korea, American Studies in Altaic Lingustics, Bloomington.

Newman, S. 1933, Further Experiments in Phonetic Symbolism, American Journal of Psychology, vol.45 : 53~75.

Nishihara, T. 1979, Sound and Sense, Shohaku Publishers, Tokyo.

Reinelt, R. 1990, New Developments in German Onomatopics, 『ことばの饗宴』, くろしお出版.

Sapir, E. 1929, A Study in Phonetic Symbolism, Journal of Experimental Psychology, vol.12 : 225~239.

Tadado Murata 1990, AB Type Onomatatopes and Reduplicatives in English and Japaness, 『ことばの饗宴』, くろしお出版.

Taylor, I. K. and Taylor, M. M. 1962, Phonetic symbolism in for unrelated language, Canadian Journal of Psychology 16 : 344~356.

Ullman, S. 1957, The Principles of Semantics, Oxford, Basil Blackwell.

Ullman, S. 1963, Semantic Universals, J.H. Greenberg ed., *Universals of Language*, The MIT Press.

Ultans, R. 1978, Size-Sound Symbolism, J.H. Greenberg ed., *Universals of Human Language*, The MIT Press.

Willam J. H. 1990, Translating the Myth : Promblems with English and Japaness Imitative Word, 『ことばの饗宴』, くろしお出版.

2. 사전류

박용수(1989), 『우리말 갈래 사전』, 한길사.

손낙범(1978), 『한일・관용어 사전』, 국제대학 인문과학 연구소.

연변언어연구소(1982), 『조선말 의성 의태어 분류 사전』, 연변인민출판사.

유재원(1985), 『우리말 역순 사전』, 정음사.

유창돈(1964 / 1987), 『이조어 사전』, 연세대학교 출판부.

조선어연구회(1971), 『조선말 의성어 의태어 사전』, 學友書房, 東京.

한글학회(1992), 『우리말 큰사전』, 어문각.

青山秀夫(1990), 『朝鮮語象徵語辭典』, 大學書林, 東京.

3. 일반 논저

권재일(1988), 문법 기술에서의 '정도성'에 대하여, 『국어국문학』 100, 국어국문학회.

권재일(1985), 『국어의 복합문 구성 연구』, 집문당.

권재일(1992), 『한국어 통사론』, <대우학술총서・인문사회과학> 67, 민음사.

김방한(1988), 『역사-비교 언어학』, 민음사.

김승곤(1989), 『우리말 토씨 연구』, 건국대학교 출판부.

김승곤(1996), 『현대나라말본』, 박이정.

김영석・이상억(1992), 『현대 형태론』, 학연사.

김완진(1963), 모음조화의 신고찰, 『진단학보』 24, 진단학회.

김완진(1978), 모음체계와 모음조화에 대한 반성, 『어학연구』 14-2, 서울대 어학연구소.

김종택(1992), 『국어 어휘론』, 탑출판사.

도수희(1970), 모음조화의 오산문제, 『국어국문학』 49・50, 국어국문학회.

서정수(1975), 『동사 '하-'의 문법』, 형설출판사.

서정수(1991), '하-'에 관한 여러 연구, 『현대 한국어 문법 연구의 개관』 제1권, 한국문화사.

송철의(1988), 파생어 형성에 있어서의 제약 현상에 대하여, 『국어국문학』 99, 국어국문학회.

시정곤(1993), 국어의 단어형성 원리, 고려대학교 대학원 박사학위 논문.

심재기(1982), 『국어어휘론』, 집문당.

유창돈(1975), 『어휘사 연구』, 삼우사.

임지룡(1985), 어휘체계의 빈자리에 대하여, 『소당천시권박사 회갑기념 국어학논총』, 동간
　　행위원회.

임지룡(1992), 『국어 의미론』, 탑출판사.

임홍빈(1979), 용언의 어근분리 현상에 대하여, 『언어』 4-2, 한국언어학회.

조오현(1991), 『국어의 이유구문 연구』, 한신문화사.

정원수(1989), X-하 유형의 어형성에 대한 연구, 『언어연구』 6, 충남대학교.

정원수(1992), 『국어 단어 형성론』, 한신문화사.

정 철(1969), 국어 음소결합의 GAP에 관한 연구, 『논문집』 13, 경북대학교.

최현배(1971), 『우리 말본-네번째 고침판』, 정음사.

허 발(1979), 『낱말밭의 이론』, <학술연구총서> 10, 고려대학교 출판부.

허 웅(1975), 『우리 옛말본-15세기 국어 형태론』, 샘문화사.

허 웅(1985), 『국어 음운학-우리말 소리의 오늘・어제』, 샘문화사.

허 웅(1983), 『국어학-우리말의 오늘・어제』, 샘문화사.

허 웅(1995), 『20세기 우리말의 형태론』, 샘문화사.

황도생(1991), 명사 파생 체계에 나타난 빈칸의 문제, 『주시경 학보』 7, 탑출판사.

Aronoff, M. 1976, *Word Formation in Generative Grammer*, MIT Press, Cambridge, Mass.

Jensen. J. H. 1990, *Morphology－Word Strucure in Generative Grammar*, John Benjamins
　　publishing company.

Scalise, S. 1984, *Generative Morphology*, Foris Publication.

Selkirk, E. O. 1982, *The Syntax of Words*, MIT Press, Cambridge, Mass.

Williams, E. 1981, On the notion 'lexically related' and 'head of word', *Linguistic Inquiry* 12.

Lehrer, A. 1974, *Semanatic Fileds and Lexical Structure*, North－holland.

Martinet, A. 1960. *Élement de linguistique gènèrale Paries*, Armand Colin ; 김방한 역(1963),
　　『언어학 원론』, 일조각.

Park, Sayhyon. 1990, Vowel Harmony in Korean, 『어학연구』 26-3, 서울대학교 어학연구소.

Scalise, S. 1984, Generative Morphology, Foris Publiczation.

저자 **박동근**

건국대학교 국어국문학과 졸업
건국대학교 대학원 국어국문학과(석·박사) 졸업

한글학회 사전편찬실 연구원, 연세대학교 연구교수
안양대학교 겸임교수, 건국대학교 겸임교수 역임
현재 건국대학교 교양학부 강의교수

주요 논저
〈흉내말 체계의 빈칸 연구〉, 〈흉내말의 낱말 만들기〉
〈말머리에 나타난 이유없는 된소리 현상 연구〉 외 다수

전자우편 : muse13@chol.com
홈페이지 : www.hangeul.pe.kr

한국어 흉내말의 이해

인 쇄	2008년 8월 20일
발 행	2008년 8월 29일
저 자	박동근
펴낸이	이대현
편 집	김지향
펴낸곳	도서출판 역락

서울 서초구 반포 4동 577-25 문창빌딩 2층
전화 02)3409-2058, 2060 / FAX 02)3409-2059
이메일 youkrack@hanmail.net
등록 1999년 4월 19일 제303-2002-000014호

정 가   19,000원
ISBN 978-89-5556-624-6 93710

■ 잘못된 책은 교환해 드립니다.